I0188853

Renaissance and Golden Age Essays

Scripta humanistica

Directed by
BRUNO M. DAMIANI
The Catholic University of America

ADVISORY BOARD

SAMUEL G. ARMISTEAD
*University of California
(Davis)*

JUAN BAUTISTA AVALLE-ARCE
*University of California
(Santa Barbara)*

THEODORE BEARDSLEY
*The Hispanic Society of
America*

GIUSEPPE BELLINI
Università di Milano

GIOVANNI MARIA BERTINI
Università di Torino

HEINRICH BIHLER
Universität Göttingen

HAROLD CANNON
*National Endowment
for the Humanities*

DANTE DELLA TERZA
Harvard University

FRÉDÉRIC DELOFFRE
*Université de Paris-
Sorbonne*

HANS FLASCHE
Universität Hamburg

ROBERT J. DIPIETRO
University of Delaware

GIOVANNI FALLANI
Musei Vaticani

JOHN E. KELLER
University of Kentucky

RICHARD KINKADE
University of Arizona

MYRON I. LICHTBLAU
Syracuse University

JUAN M. LOPE BLANCH
*Universidad Nacional Autónoma
de México*

LELAND R. PHELPS
Duke University

MARTÍN DE RIQUER
Real Academia Española

JOHN K. WALSH
*University of California
(Berkeley)*

Renaissance and Golden Age Essays
In Honor of D. W. McPheeters

Edited by
Bruno M. Damiani

Scripta humanistica

14

Library of Congress Cataloging-in-Publication Data
Main entry under title:

Renaissance and Golden Age essays in honor of
   D.W. McPheeters.

   (Scripta Humanistica; 14)
   English and Spanish.
   Includes bibliographies.
   1. Spanish literature—classical period, 1500–1700
—History and criticism—Addresses, essays, lectures.
2. McPheeters, D.W.—Addresses, essays, lectures.
I. McPheeters, D.W.   II. Damiani, Bruno Mario.
III. Series.
PQ6065.R36   1986   860'.9'003   84–50738
ISBN 0–916379–10–8

Publisher and Distributor:
SCRIPTA HUMANISTICA
1383 Kersey Lane
Potomac, Maryland 20854 U.S.A.

© Bruno M. Damiani
Library of Congress Catalog Card Number 84–050738
International Standard Book Number 0–9163–79–10–8

Contents

Preface

I first met Professor Dean William McPheeters in Salamanca, in the summer of 1971. The famed university of that
Castilian city was throbbing with the cultural and social activities
of the Fourth International Congress of Hispanists. The principal
speaker at one of the sessions that I attended was Professor
McPheeters himself. As I listened to him deliver his paper on
"Alegorismo, epicureísmo y escolasticismo en *La Celestina*," I
realized more than ever before the significant depth and breadth
of his scholarship which delves expertly into areas of classical
antiquity, medieval and Renaissance spirituality and art, literary
theory, and the history of ideas.

Professor McPheeters, known affectionately as "Mac" to his
friends, was born on January 6, 1917, in Milton, Iowa. He has
always felt that being born on the Day of the Three Wise Men was
a good omen, and in later years his appropriately chosen Christ-
mas cards have become a convenient way of reminding family
and friends of his birthday. McPheeters grew up in Sullivan,
Illinois, a farming community near the University of Illinois.
Perhaps because of the Scots-Irish ethnic background represented
in that community, a good education was considered highly
desirable; twenty-five percent of the graduates of McPheeters'
township high school attended a university, even though this was
a period of economic hardship and depression. While still in high

school, McPheeters began writing for the local papers, primarily as a sports writer. The only foreign language offered in his high school was Latin, and although he found this language easy, he wanted to study a living tongue. He entered the University of Illinois in Champaign-Urbana in 1936, working on a B.S. degree in journalism and in his spare time studying Spanish and French. He found it easy to acquire a reading knowledge of these languages, but he wanted to be fluent in them. With this object in mind, after his sophomore year he went to Mexico City and entered the University of Mexico for the spring and summer of 1939. By this time he had also received two years' credit in French by taking proficiency examinations. In 1940 McPheeters received the B.S. degree from the University of Illinois, with a major in journalism and sufficient credits for a major in Romance languages, although dual majors were unknown at that time.

Since jobs were scarce, McPheeters decided to enter the University of Florida in Gainesville to study for the M.A., with a major in Spanish and sufficient hours in education to obtain a teacher's certificate. In the summer of 1941 he received a grant to study Portuguese at an Institute in Laramie, Wyoming, sponsored by the ACLS. Not many graduates of this program were able to use the language professionally, but in the spring and summer of the following academic year McPheeters taught Portuguese at the University of North Carolina. After the outbreak of World War II he worked for the Navy as a cable and radio censor in Miami, Florida, where he remained until January of 1943, when he was inducted into the U.S. Army at Ft. Blanding, Florida. Because of his linguistic background, he was recommended by Professor Urban T. Holmes of the University of North Carolina for the intelligence service of the Army Signal Corps. After training in the United States and England, McPheeters was assigned to a field radio intelligence unit as a cryptanalyst.

After his discharge from the Army at the end of the war, Dr. McPheeters studied at the Sorbonne, from 1945 to 1946, and also did research at the Biblioteca Nacional in Bogotá, Colombia. Shortly thereafter he began teaching full-time at Louisiana State University. It was there that he met Anna Bess, the departmental secretary, whom he was shortly to wed. Anna Bess has been a constant help in his research and writing, a true helpmate and companion. The atmosphere she provided in their home was exactly what the professor needed: the calm and quiet abode for study, a warm and secure home for their two daughters, Linda and Leslie.

By the summer of 1949 McPheeters was enrolled as a full-time graduate student at Columbia University, where he worked under Professors Ángel del Río and Federico de Onís. He obtained the Ph.D. degree within three years, a record for Columbia, and during these years also did research for the rare book dealer H. P. Kraus. McPheeters' work for Kraus not only enhanced his love for books, old and new, but also inspired him with zeal as a collector, and colleagues and students alike are familiar with his generosity in sharing volumes from his private collections.

In the fall of 1951 Professor McPheeters was appointed Assistant Professor at Syracuse University, and in 1961 he was promoted to full Professor. In 1964 he moved to Tulane University in New Orleans, where in 1966 he was named University Chairman in charge of graduate students. Much of McPheeters' work as a teacher and scholar has centered upon the literature of the Spanish Renaissance and Golden Age, and in particular on the *Celestina* in all its aspects, an interest which dates from his days as a graduate student at the University of Florida.

While at Columbia University McPheeters established close ties with the Hispanic Society of America, to which he was elected a corresponding member in 1971 and a full member in 1976. McPheeters has also continued to do editorial work throughout his academic career for publications in this country and Europe. The distinction which marks the writings of D. W. McPheeters is also characteristic of his contributions as editor of *Symposium* and of the *Tulane Studies in Romance Languages and Literatures*, as well as associate editor of Tamesis Books. Numerous articles and monographs published in these collections bear witness to the McPheeters touch of editorial scrutiny and advice.

A frequent participant at international, national, and regional conventions, Professor McPheeters has spoken at major colleges and universities of the United States, Canada, Europe and

Latin America. McPheeters retired June 30, 1982 from Tulane University, which named him Emeritus Professor of Spanish, and he and his wife moved to Gainesville, Florida, where he has remained active in both research and teaching; he has taught Spanish and French part-time at Santa Fe Community College, and he continues to travel extensively, attending numerous meetings of learned societies.

The list of McPheeters' publications is impressive in both length and scope: six books that include studies on Alonso de Proaza and *La Celestina*, Alfonso de Madrigal and Bartolomé de Torres Naharro, a bio-bibliographical and critical study on Camilo José Cela, and an excellent edition of Homero Serís' *Guía de nuevos temas de literatura española*. Some fifty additional articles and book reviews reveal a rich and engaging treatment of an important body of the drama, poetry, and prose of Renaissance and Golden Age Spain. Equally important are several perceptive studies and reviews of works dealing with other subjects, such as Galdós, the Peruvian scholar Cosme Bueno, "tremendismo", and "casticismo".

The range of McPheeters' scholarly interests is reflected well in the present homage volume, to which sixteen scholars from the United States, Europe, and Australia have contributed. Their studies unveil lost documents, catalog important research tools, and examine the genres which McPheeters has held dearest. This volume also reflects the admiration and affection of students and colleagues across the years, who will recall how useful McPheeters' publications were as they labored on research projects or for their degrees. Many will reflect with nostalgia and gratitude on the long hours Professor McPheeters spent revising their theses and dissertations; and all will remember his kindness toward everyone, his energy, modesty, and generosity of spirit, his tireless enthusiasm and his dedication to excellence.

One of McPheeters' pupils, George Ann Huck, writes: "For me Professor McPheeters has been always kind and encouraging, inspiring me to reach beyond even my own dreams . . . the best kind of teacher". Accolades have come too from Sylvia Bowman, former Editor of Twayne's Author Series, and from Myron Lichtblau, Amelia Agostini de del Río, Carmen Iglesias, Mary Jo Dyer, and María Brey de Rodríguez-Moñino. The wife of the famed bibliophile notes with pride: "El Profesor McPheeters fue entrañable amigo de mi marido, Antonio Rodríguez Moñino, quien estimaba mucho su valía y'yo me honro en conservar esa amistad".

This homage volume is a tribute, then, to an exemplary scholar, a kind and thoughtful teacher, a man of unassuming ways, a warm human being, always generous with both his knowledge and his time, and in every way a true friend.

Bruno Mario Damiani
The Catholic University of America

Publications

Books

El humanista español, Alonso de Proaza. Valencia: Editorial Castalia, 1961. 212 pp.
Camilo José Cela. New York: Twayne Publishers, 1969. 178 pp.
Bartolomé de Torres Naharro: Comedias. Soldadesca, Tinelaria, Himenea. Madrid: Clásicos Castalia, 1973. 247 pp. Rev. Ed. 1986.
Homero Serís: Guía de nuevos temas de literatura española. Transcrita, editada y cotejada por D. W. McPheeters. Madrid: Castalia y The Hispanic Society of America, 1973. 324 pp.
Dos tratados de amor por Alfonso de Madrigal, el Tostado. In preparation.
Estudios humanísticos sobre la Celestina. Scripta Humanistica. In press.

Articles

"Piraterías contra la Nueva España, con referencias especiales a Campeche." Suplemento de *El Nacional,* No. 148 (22 de enero, 1950), 12.
"La influencia de Fray Bartolomé de Las Casas en Holanda." Suplemento de *El Nacional,* No. 158 (2 de abril, 1950), 4, 14.
"The *Cancionero* of Pedro Fernández de Velasco . . ." *Catalogue No. 54,* H. P. Kraus (June, 1950), 1–4. See Homero Serís, "Un nuevo cancionero del siglo XV," *Bulletin Hispanique,* 53 (1951), 318–320, based on my article.

xiii

"The XVth Century 'Converso' Poet Ginés de Cañizares." *Symposium*, 6 (1952), 380–384.

"The Italian Lullist Bartolomeo Gentile in 16th Century Valencia." *Symposium*, 7 (1953), 375–379.

"The Element of Fatality in the *Tragicomedia de Calisto y Melibea.*" *Symposium*, 8 (1954), 331–335.

"An Unknown Early 17th Century Codex of the *Crónica mexicana* of Hernando Alvarado Tezozomoc." *Hispanic American Historical Review*, 34 (1954), 506–512.

"Comments on the Dating of the *Comedia Thebayda.*" *Romance Philology*, 9 (1955), 19–23.

"The Distinguished Peruvian Scholar Cosme Bueno (1711–1798)." *Hispanic American Historical Review*, 35 (1955), 484–491.

"The Corrector Alonso de Proaza and the *Celestina.*" *Hispanic Review*, 24 (1956), 13–25.

"Xicotencatl, símbolo republicano y romántico." *Nueva Revista de Filología Hispánica*, 10 (1956), 403–411.

"The Present Status of *Celestina* Studies." *Symposium*, 12 (1958), 196–205.

"Camus' Translations of Plays by Lope and Calderón." *Symposium*, 12 (1958), 52–64.

"Cervantes' Verses on *La Celestina.*" *Romance Notes*, 4 (1963), 136–138.

"Newly Discovered Correspondence of Alonso de Proaza, Editor of *La Celestina.*" *Symposium*, 17 (1963), 225–229.

"Una traducción hebrea de *La Celestina* en el siglo XVI." In *Homenaje al profesor Rodríguez-Moñino*. Madrid: Editorial Castalia, 1966. Pp. 359–372.

"El *Quijote* del judío portugués Antonio José da Silva (1733)." In *Homenaje a Federico de Onís*. Vol. 1. *Revista Hispánica Moderna*, año XXXIV, Núm. 1–2 (enero-abril, 1968), 356–362.

"Melibea and the New Learning." In *Essays and Studies in Honor of Albert D. Menut*, edited by Sandro Sticca. Lawrence, Kansas: Coronado Press, 1973. Pp. 65–81.

"Ovid and the Jealous Old Man of Cervantes." In *Estudios literarios de hispanistas norteamericanos dedicados a Helmut Hatzfeld*. Catholic University of America, Washington, D. C. Barcelona: Estudios Hispam, 1975. Pp. 157–165.

"*La Celestina* en Portugal en el siglo XVI." In *La Celestina y su contorno social*. Actas del Congreso Internacional sobre *La Celestina*, ed. M. Criado de Val. Barcelona: Hispam, 1977. Pp. 367–376.

"El manuscrito clave de la 'Crónica' de Pulgar de Tulane." *Bulletin Hispanique*, 80, Nos. 3–4 (Juillet-Décembre 1978), 165–174.

"Tremendismo y casticismo." *Cuadernos Hispanoamericanos*, 337–338 (julio-agosto 1978), 137–146. This number dedicated to Camilo José Cela.

"La 'dulce ymaginación' de Calisto." Actas of the Asociación Internacional de Hispanistas. Toronto: Univ. of Toronto Press, 1980. Pp. 499–501.

"*La dama boba* como discreta y algunos antecedentes." In *Lope de Vega y los orígenes del teatro español.* Madrid: EDI-6, 1981. Pp. 405–408.

Book Reviews

Manual de bibliografía de la literatura española. By Homero Serís. Syracuse, N.Y.: Centro de Estudios Hispánicos, 1948. xlii + 422 pp. *The Romanic Review,* 41 (1950), 232–234.

La poésie lyrique espagnole et portugaise à la fin du Moyen Age, première partie. By Pierre Le Gentil. Paris, France: Plihon Editeur, 1949. 617 pp. *The Romanic Review,* 42 (1951), 284–286.

Le chansonnier espagnol d'Herberay des Essarts. By Charles-V. Aubrun. Bordeaux, France: Féret et fils. cxxii + 268 pp. *The Romanic Review,* 44 (1953), 136–139.

Scripta Minoa: The Written Documents of Minoan Crete with Special Reference to the Archives of Knossos. Vol. II. By Arthur J. Evans. Edited from notes and supplemented by John L. Myres. Oxford: Clarendon Press, 1952. vi + 258 pp. + 78 pls. *The Journal of Near Eastern Studies.* 13 (1954), 198–201.

The Book Called Celestina. By Clara Louisa Penney. New York: The Hispanic Society of America, 1954. 157 pp. *Symposium,* 8 (1954), 191–196.

Poliodorus, comedia humanística desconocida. By J. de Vallata. Introducción, estudio y notas por José María Casas Homs. Madrid: C.S.I.C., 1953. 272 pp. *Symposium,* 9 (1955), 182–185.

The Novels of Pérez Galdós. The Concept of Life as Dynamic Process. By Sherman H. Eoff. Saint Louis: Washington University Studies, 1954. 178 pp. *Symposium,* 9 (1955), 380–383.

The Hand-Produced Book. By David Diringer. New York: Philosophical Library, 1953. xii + 603 pp. *The Journal of Bible and Religion,* 24 (1956), 150–151.

La poésie lyrique espagnole et portugaise à la fin du Moyen Age, deuxième partie. By Pierre Le Gentil. Rennes: Plihon Editeur, 1953. 505 pp. *The Romanic Review,* 47 (1956), 299–301.

Himnos a Hipólito Unanue. By Carlos Enrique Paz-Soldán. Lima, Peru: Universidad Nacional Mayor de San Marcos de Lima, 1955. xv + 337 pp. *Hispanic American Historical Review,* 36 (1956), 391–393.

Métrica española, reseña histórica y descriptiva. By Tomás Navarro. Syracuse, N. Y.: Syracuse University Press, 1956. 556 pp. *Symposium,* 10 (1956), 156–159.

Manual de bibliografía de la literatura española, segundo fasículo. By Homero Serís. Syracuse, N. Y.: Centro de Estudios Hispánicos, 1954. pp. 423–1086. *The Romanic Review,* 48 (1957), 57–58.

The Pylos Tablets. Texts of the Inscriptions Found, 1939–1954. Editor, Emmett L. Bennett, Jr. Princeton: Princeton University Press for the University of Cincinnati, 1955. xxxii + 252 pp. *The Journal of Near Eastern Studies,* 16 (1957), 131–134.

Tragicomedia de Calixto y Melibea y de la puta vieja Celestina. Editors, M. Criado de Val and G. D. Trotter; and Facsimile edition of *La Celestina* by A. Pérez y Gómez, editor. *Revista Hispánica Moderna,* 26 (1960), 165–166.

Perfiles humanos de Cisneros. By José López de Toro. Madrid, 1958; and *Le Cardinal d'Espagne* by Henry de Montherlant. Paris, 1960. *Symposium,* 15 (1961), 307–310.

La Célestine selon Fernando de Rojas. By Marcel Bataillon. Paris, France: Didier, 1961. 270 pp. *Modern Philology,* 61 (1963), 46–49.

The Petrarchan Sources of La Celestina. By A. D. Deyermond. Oxford: Clarendon Press, 1961. 161 pp. *The Romanic Review,* 54 (1963), 286–288.

Christine de Pisan: Buch von den drei Tugenden, in Portugiesischer übersetzung. By Dorothy Carstens-Grokenberger. Münster, Westfalen: Aschendorffsche Verlagsbuchhandlung, 1961. 159 pp. *The Romanic Review,* 55 (1964), 119–120.

Flowers for the King. The Expedition of Ruiz and Pavón and the "Flora of Peru." By A. R. Steele. Durham: Duke University Press, 1964. xv + 378 pp. + 10 pls. *Hispania,* 48 (1965), 383.

The Evolution of the Go-Between in Spanish Literature through the Sixteenth Century. By Michael J. Ruggerio. University of California Publications in Modern Philology LXXVIII. Berkeley and Los Angeles; University of California Press, 1966. 102 pp. *Romance Philology,* 22, No. 1 (1968), 111–114.

Towards a Critical Edition of the "Celestina." By J. Homer Herriott. Madison and Milwaukee: University of Wisconsin Press, 1964. 293 pp.; and *Printing in Spain, 1501–1520, with a Note on the Early Editions of the "Celestina."* By F. J. Norton. Cambridge: Cambridge University Press, 1966. xiii + 227 pp. *Modern Language Notes,* 84 (1969), 344–348.

La Comedia Thebaida. Edited by G. D. Trotter and Keith Whinnom. London: Támesis Books, Ltd., 1969. lxi + 270 pp. *Hispanic Review,* 39 (1971), 319–322.

Allegory, Decalogue, and Deadly Sins in "La Celestina." By Dorothy Clotelle Clarke. University of California Publications in Modern Philology Vol. 91. Berkeley and Los Angeles: University of California Press, 1968. 136 pp. *Hispanic Review,* 40 (1972), 312–315.

Francisco López de Úbeda. By Bruno M. Damiani. Boston: Twayne Publishers, 1977. 180 pp. *Hispanic Review,* 46 (1978), 259–261.

Fray Luis de Granada. By John A. Moore. Boston: Twayne Publishers, 1977. 161 pp. *Hispania*, 61, No. 4 (Dec. 1978), 999–1000.

El teatro de Sebastián de Horozco. Estudio y edición crítica. By Oleh Mazur. Madrid: Colección Rocana, 1977. 217 pp. *Hispanic Review*, 46 (1978), 254–256.

A Descriptive Catalogue of Printing in Spain and Portugal: 1501–1520. By F. J. Norton. Cambridge: Cambridge University Press, 1978. xxiii + 581 pp. *Hispania*, 63 (May, 1980), 428–429.

The Birth of a Theater: Dramatic Convention in the Spanish Theater from Juan del Encina to Lope de Vega. By Ronald E. Surtz. Madrid: Castalia, 1979. 205 pp. *Bulletin of the Comediantes*. In press.

Papers Read

1955. "Xicotencatl, símbolo republicano y romántico." MLA, Dec. 27, 1955. Chicago, Illinois.

1957. "The Present Status of *Celestina* Studies." MLA, Sept. 9, 1957. Madison, Wisconsin.

1959. "A Forgotten Novelistic Work of Jorge Isaacs." MLA, Dec. 27, 1959. Chicago, Illinois.

1960. "*La Celestina* in Portugal in the 16th Century." MLA, Dec. 28, 1960. Philadelphia, Pennsylvania.

1965. "Ovid and the Jealous Old Man of Cervantes." Louisiana College Conference, March 5, 1965. Baton Rouge, Louisiana.

1965. "Una traducción hebrea de *La Celestina* en el siglo XVI." Second Congress of Asociación Internacional de Hispanistas. August 20–25, 1965. Nimegen, Holland.

1966. "The *Quijote* of the Portuguese Jew, Antonio José da Silva (1733)." South Central Modern Language Association, Nov. 11, 1966. Austin, Texas.

1966. "Tostado Influences in Salamanca at the End of the XVth Century." MLA, Dec. 29, 1966. New York, New York.

1968. "El manuscrito clave de la 'Crónica' de Pulgar de Tulane." Third Congress of Asociación Internacional de Hispanistas, Aug. 26, 1968. Mexico City, Mexico.

1968. "Diez años de estudios celestinescos." South Central Modern Language Association, Nov. 1, 1968. San Antonio, Texas.

1970. "The Vanishing Foreign Language Requirement and the Role of Honor Societies." Phi Sigma Iota Meeting, Nov. 1, 1970. Baton Rouge, Louisiana. Printed in Phi Sigma Iota News Letter, Dec., 1970, pp. 9–11, 28–30.

1971. "Alegorismo, epicureísmo y estoicismo escolástico en *La Celestina*." Fourth Congress of Asociación Internacional de Hispanistas, Sept. 2, 1971. Salamanca, Spain.

1972. "The Anti-Elitist Trend and the Future of Honor Societies." Golden Anniversary of Phi Sigma Iota, Plenary Session II, Pennsylvania State University, Oct. 6, 1972, University Park, Pennsylvania.

1972. "Melibea, the Renaissance Woman." South Atlantic Modern Language Association, Nov. 2, 1972. Invited paper. Jacksonville, Florida.

1974. *"La Celestina* en Portugal en el siglo XVI." Primer Congreso sobre *La Celestina*, June 17–22, 1974. Madrid, Spain.

1977. "La 'dulce ymaginación' de Calisto." Sixth Congress of Asociación Internacional de Hispanistas. Aug. 26, 1977. Toronto, Canada.

1979. "Antifeminism and the Education of Women." MLA, Dec. 30, 1979. San Francisco, California.

1980. *"La dama boba* como discreta y algunos antecedentes." Lope de Vega Festival, July 2, 1980. Madrid, Spain.

1980. "Influencias del Tostado en Salamanca a fines del siglo XV y después." Seventh Congress of Asociación Internacional de Hispanistas. Aug. 26, 1980. Venice, Italy.

1981. Address to Spanish General Session, "Camilo José Cela." SAMLA, Nov. 6, 1981. Louisville, Kentucky.

1983. "Ha de ser burla de fama." Paper read at Sesión IV. Tirso de Molina y Calderón. Eighth Congress of Asociación Internacional de Hispanistas. Brown University, August 23, 1983, Providence, Rhode Island.

1984. "El Cid ante el Santo Padre." Paper read at the I Congreso Internacional sobre la Juglaresca. 2 a 7 de julio, 1984. Madrid-Pastrana-Sigüenza-Hita, Spain.

Bartolomé Jiménez Patón:
The "Lost" and Unknown Works

Theodore S. Beardsley, Jr.

In their excellent study on the life and works of Jiménez Patón (1569–1640), Antonio Quilis and Juan Manuel Rozas devote a secton to "Obras que creemos perdidas" (pp. LXV–LXVII).[1] These include the following:

1. *Declaración preámbula* [sic] *del Psalmo CXVIII.* Granada, 1633. (Source: Nicolás Antonio, *Nova*, I, 204.)
2. *Victorias del Arbol Sacro con un ramillete de flores divinas.* [MS: 18 febrero 1597?] (Source: Pérez Pastor, *Bibliografía madrileña*, III, p. 391; selection in *Mercurius Trimegistus* [Baeça, 1621], fol. 93 verso).
3. Cuatro comedias: *El peregrino, El casamiento deshecho, La tugancilla princesa,* y *Los amantes engañados.* (Source: Pérez Pastor, *Bibliografía madrileña*, III, 391).
4. *Instrumento necessario para adquirir todas artes y ciencias.* [Before 1612?]. (Source: *El perfecto predicador* [Baeça,

---

[1] Bartolomé Jiménez Patón, *Epítome de la ortografía latina y castellana/Instituciones de la gramática español*, ed. Antonio Quillis y Manuel Rozas (Madrid, 1965).

1612], prologues; *Mercurius Trimegistus* [Baeça, 1621], fol. 55).

5. Horacio. [*Las obras traducidas y comentadas/El arte poético*] [c. 1600?]. (Source: Fernando de Ballesteros y Saavedra, "Elogio," *Proverbios Morales* [Baeça, 1615], fol. A3/*Mercurius Trimegistus* [Baeça, 1621], fol. 102).

6. Marcial. [*Traducción de epigramas* IX 20, IV 60, X27, III, 29]. (Source: Nicolás Antonio, *Nova*, I, 204; Maestre, p. 171).

Clarification of the foregoing can be made as well as several additions.

A curious document, appended to Patón's *Instituciones de gramática española* (Baeça, [1616]) is: "APOLOGIA EN DEFENSA/ de la dotrina del Maestro Bartolome/ Ximenez Patón, compuesta y orada en/público en Villanueva de los Infantes/ por Diego Tornel Mexía su discípulo/ y Catedratico de umanidad en/ el Colegio de la Vi-/IIa de Beas." The document suggests some kind of local controversy[2] concerning Patón and takes great pains to praise his teaching and scholarship including the following statement:

---

[2] In his prologue to the preceding *Epítome de ortografía*, Patón suggests to the Ayuntamiento of Villanueva de los Infantes that "debe V.M. ayudar con tratar la fabrica del colegio ... que à de ser un seminario de donde salgan grandes sumadores de su palabra [de Dios] ... Lo que yo puedo de mi parte ofrecer ... no sera pequeño ... También se deve estimar por ser de letras, y no pocas (aunque lo parecen) pues no se hallaran mas, que las que aqui doy en las mas famosas librerias del mundo... Estas y mi industria qualquier que sea dedico y ofrezco al servicio de V.M. para alentar a lo que tantas veces con tanta instancia é suplicado." ([sig.] 4v.-[5]r.). The *Apologia* could well be intended also as a stimulant to Patón's part in such a project (apparently never realized); however, the document is clearly a reply to some kind of criticism of Patón's professional abilities. Without indication of dates, Benito Mestres affirms the following, seemingly a separate controversy:

> Parece sin embargo que cierto mordaz quiso mancillar el ilustre linage de Paton, viviendo él, y se vió obligado á hacer justificacion de los actos positivos y limpieza de su linage ante la justicia de Villanueva de los Infantes: presentando por testigos, entre otros, á Don Diego, y a Don Luis Ballesteros, asegurando este último en su declaracion: "que el Maestro Ximenez Paton era pariente muy cercano de Santo Tomás de Villanueva, Arzobispo de Valencia; y que el que pusiese duda sobre esto ó sobre alguna parte de lo que declaraba, que fuese á su casa, y se lo haria constar por papeles auténticos." (p. 170).

Y de sus muchos muy provechosos y lucidos trabajos quiere sacar á luz uno/que la dara à todas las tinieblas de dificultades de los autores de umanidad de Oracio traducido y glosado de cuya alabança no digo mas de que deseo verle impreso para que se multipliquen los pregoneros de las suyas en las Provincias mas estrañas (fols. [35]v. / . E3v.-[36r./E44.]).

Particularly important is the brief chronological survey of Jiménez Patón's works presented by his close friend, Fernando de Ballesteros, in the latter's prologue ("Elogio," fols. A2 verso-A3 verso) to Patón's concordance of the *Proverbios morales* of Alonso de Barros (Baeça, 1615). We assign numbers in parentheses to each work or group cited:

". . . à los veynte años de su edad tenia hechas muchas Poesias (1), Comedias (2), Autos (3), y otras obras sueltas divinas (4), y humanas (5). Y particularmente/ el libro de las vitorias del arbol sacro (6), en que mostro el conocimiento que tenia de la Poesia. Despues se aplicò á traduzir y cómentar las obras del insigne poeta Horacio (7): donde con gran eminencia descubriò lo que tiene (mediante la continua lecion) en la noticia de fabulas, historias, antiguedad, propiedad, erudicion, seglar y Christiana, Filosofia natural, y moral, conocimiento de lenguas. Acabada esta obra (porque no save estar un punto ocioso como si lo fuera leer cinco leciones cada un dia), dispuso la Eloquencia Española (8), en quien se conocio quan cientificamente save esta arte, y lo confirmó en la Retorica Latina (9), y ayudó mucho á este argumento el instrumento Dialetico. La ortografía (10–11) aunque, de titulo humilde, y no mucho papel no es el menor testigo de sus cuydados, y estudios. Ordenò el Perfeto Predicador (12) bien importante para los que lo quieren ser. Años prometido á de recopilar todas sus obras en ocho tomos (13) en quarenta libros, en que sin duda hara ostentacion de un ingenio particular en este genero de letras" (folios A2 verso-A3).

Ballesteros' list is almost impeccable in terms of the titles known to be published (8–12) except for the chronological reversal of 10–11 (1614) and 12 (1612), quite possibly made on purpose in view of his context in terms of subject matter (8, 9, 10). One cannot but suspect that Patón helped Ballesteros with the list, especially for the youthful works (1–5). Ballesteros either had read, or at least browsed, in 6 and 7 or was supplied with information. Only one presumably unpublished work composed prior to this "Elogio" is missing: *Instrumento necesario para adquirir todas artes y ciencias* (cited in the preliminaries to *El perfecto*

3

predicador of Baeça, 1612). Special attention is given by Ballesteros to the still unpublished translations and commentary of
Horace already singled out by Tornel Mexía in 1612 as the unpublished work which Patón himself is most anxious to see in
print.

Another document appears in the preliminaries to Patón's
Mercurius Trimegistus (Baeça, 1612) entitled "Los Libros Que A
Impreso El Autor" (Fol. ii, v.), the appropriate items of which bear
the numbers assigned to Ballesteros' list:

> Perfecto Predicador (12). Epitome de ortografia Latina, y Española
> (10). Proverbios Morales concordados (1615/1617). Discursos de la
> Langosta (Baeça, 1619). Mercurius Trimegistus, sive de triplici elo-
> quentia sacra (1612), Española (8b), Romana (9b). Instituciones de la
> Gramatica Española (11).

The foregoing includes all of the books published by Patón
which are known to that date (cf. Quilis-Rozas, pp. [LIX]-LXI). In
this listing, the *Perfecto Predicador* (Baeça, 1612) is in correct
order, preceding the *Ortografía* (Baeça, 1614), the revised versions of 8 and 9 also appearing correctly. By contrast the *Instituciones de la Gramática*, "que andan impre/sas con nuestra
ortografia [10]" (*Mercurius*, 97v.) appear to be out of order,
however this is clarified by the remainder of that sentence: "y aun
sera posible vayan con esta Eloquencia, por consejo de amigos,/
que nos persuaden a ello." In other words Patón appeared to be
considering including a reprint or revised version of the *Gramatica* at the end of the *Mercurius* itself. Nonetheless, it is not
included in any of the copies that we or Quilis-Rozas have seen.
The list concludes with the following statement:

> "Dandole Dios vida; y fuerças imprimira ocho to/mos de Co-
> mentarios de erudicion (13), y la Historia/de la Ciudad, y Reyno de
> Iaen.// *Uno y otro sujeto à la censura de los doctos, y correcion
> de/nuestra santa madre Iglesia.*"

The *Historia de Jaén* (Iaen, 1628) is indeed the next book
published by Patón and the title *Comentarios de erudición* appears to refer to the contemplated publication already mentioned
by Ballesteros in 1615 (13) and referred to, apparently for the first
time, by Patón himself in his *Discurso de la Langosta* (Baeça,

4

1619) as "mis Comentarios de Erudicion" (fol. B3). It would seem probable that the *Comentarios* are not intended to include the *Mercurius* itself which, in turn, already incorporates revised versions of the previously published *Eloquencia Española* (8), the *Gramática* (11), and *Artis Rhetoricae* (9). In the text of the *Mercurius*, Patón himself refers to various unpublished works:

> . . . trabajè yo assi mismo en Español vna Dialectica, aquien titule instrumento necessario para adquirir todas artes y ciencias, que podra ver el afficionado a nuestra dotrina y escritos. Con lo que aqui se enseña y alli se declara constara quan poco caso se ha de hacer de la distincion de Zenon Estoico que decian se deferenciaban estas dos [Dialéctica y Retórica] (fol. 55).

> Si otras cosas nuestras agradaren en raçon de prectetos de poesia podrasever en la traducion que emos hecho de la arte poetica de Oracio, y notas sobre ella (fol. 102).

Also in the *Mercurius* Patón publishes two fragments of larger works still in manuscript:

> A imitacion de [Lorenzo de] Zamora[3] en las vitorias del Arbol Sacro (6) dice assi:

> Limpian el casco, templan las Zeladas
> El hierro engastan, friegan capacetes,
> Remiendan cotas, filos dan espadas,
> Buscan las grevas, miran los almetes.
> Compran viseras, dagas plateadas,
> Piden las golas, traen braçaletes,
> Ballestas traçan, chuços mil guarnecen,
> Puñales hacen, armas fortalecen. (fol. [93]v.-94).

As an example of rhetorical paradox, Patón gives a translation of Marcial's *Epigrams* XI, 92:

> Sustentacion (en Griego Paradojon) ... Siempre concluye con sentencia diferente que se espera. Marcial dixo.

> Miente Zoilo Quien dice eres vicioso
> No eres vicioso, no, Zoilo, ni as sido
> Mas por el mismo vicio conocido (fol. 124r.-v.).

---

[3] Patón's verses constitute a reworking in isocolon form of Canto II, Stanzas 41–42, of the *Historia Saguntina* (Madrid, 1589) of Lorencio de Zamora. The second edition is at Madrid, 1607.

Another reference to Patón's unpublished work appears in the prologue AL LECTOR of his *Historia de Jaén* (Jaen, 1628):

> ... en mis primeros años el primer asunto en que puse la pluma fue el de las vitorias deste arbol sacro con este titulo, que lo uno me dio que admirar lo otro que amar. ([Sig. 3]).

The statement in essence also appears several pages later reproduced in a letter of Patón to Ordóñez de Cevallos, originally written in 1616:

> ... en las vitorias deste arbol sagrado hizo la estrena mi pluma los años de mi juventud ([sig. 5]v.).

Apparently the last reference in Patón's own printed works to his unpublished endeavors is that which occurs in the guest prologue to Patón's *Declaración magistral* for Martial's *Epigram* VII, 56 (Baeça?, 1627?), by one of Patón's students, Gonçalo Salinas de la Cerda, directed to the boy's own father. Young Salinas forwards this brief commentary to his father "con que en parte satisfaza su deseo de gozar su dotrina [de Patón] hasta que veamos a luz los Comentarios de erudicion."

The major bibliographer contemporary with Patón, in spite of his cutoff date of 1624, only lists five works in the following order: *Perfecto Predicador* (1612), *Proverbios morales* (1614), *Ortografía* and *Gramática* (1614) and *Eloquencia española* (1604) (Tomás Tamayo de Vargas, *Junta de Libros*, I, 96). He is correct as far as he goes, lacking one reprint and two major titles between 1617 and 1621, notably the *Mercurius Trimegistus*.

By contrast, Nicolás Antonio (*Nova*, I [Madrid, 1783], 203–204) is far more complete, if occasionally confused. He has eighteen entries for Patón in essentially chronological order with various mis-steps and a few repetitions. The latter include double entries for the commentaries of Martial and that of Psalm 118. He gives the title but no publication data for the *Instituciones de gramática*, which he may have seen separated from the *Ortografía* or more likely relied on Tamayo de Vargas' incomplete entry. Of all the printed works, he only fails to cite the rare *Artis Rhetoricae* (Ballesteros, 9; Quilis-Rozas, 24) and the *Reforma de trajes* of Baeça, 1638 (Quilis-Rozas, 22). Nicolás Antonio includes one apparently unpublished work, the *Arbol Sacro* (Quilis-Rozas, 26)

6

and seems to be the first to cite the *Declaracion preambula del Psalmo CXVIII* (Granada, 1633), which Quilis-Rozas (25) presume lost.

An early 20th century scholar, Cristóbal Pérez Pastor, adds two important documents (*Bibliografía madrileña*, III [Madrid, 1907], 391):

> *18 de Febrero de 1597, Alcaraz:*
> En este día Barlolomé Ximénez Patón otorgó escritura de poder al Lic. Juan de Pasamonte, y al Lic. Juan Vázquez, estante en la ciudad de Sevilla; y á Sebastián de Bárcena, vecino de la villa de Siles; y al Lic. Francisco Torres, estante en la ciudad de Toledo; y á Alonso Martínez Cano, vecino de la dicha ciudad de Toledo, para que puedan vender el poder é imprimir un libro intitulado "Victorias del árbol sacro con un ramillete de flores divinas," y cuatro comedias: la una "del peregrino," la otra "del casamiento desecho," la otra "de la Tugancilla princesa," la otra "de amantes engañados," conforme y por el tiempo que tiene licencia de S.M. para lo imprimir etc. (Protocolo de Blas Cano, leg. 24, cuaderno 4°, fol. 64.).

> *5 de Mayo de 1598, Alcaraz:*
> Este día se trató en este Ayuntamiento que, respecto de la fiesta del Santísimo Sacramento está tan cerca y para prevenir las cosas menesterosas para ello es necesario nombrar comisarios para las dichas fiestas, á los cuales Comisarios se les dé comisión bastante para el gasto que en la dicha fiesta oviere de cera y joyas para las danzas, y para que se les dé alguna ayuda "á de coger al Precetor (1) porque haga dos comedias el dicho día" y para todo ello se nombró por Comisarios á los señores D. Francisco Noguérol y Diego de Buitrago. (Libro de Acuerdos del Ayuntamiento de Alcaraz, año 1597 al 1599, leg. 3.° sin fol.).
> Debemos estas notas á la buena amistad del Sr. D. José Marco Hidalgo, Registrador de la Propiedad de dicha ciudad.

These, it should be noted, were executed at Alcaraz during Patón's five year professorship there.[4]

A 19th century scholar refines our bibliographical knowledge of Patón. In his article of 1845,[5] Benito Mestres laments that as a consequence of the "grande descuido" of Patón's descendants, the "primeras producciones de su pluma" have been lost. Mestres first enumerates works in manuscript:

---

[4] See Quilis-Rozas, p. XXXVIII.
[5] *El siglo pintoresco*, I (1845), 169–175.

Las Victorias del Arbol Sacro de la Cruz, sic (6) ... varias comedias (2), autos (3) y otros discursos sueltos (4–5).

The lost printed works he lists as *Perfecto predicador* (1612), *Discurso sobre la langosta* (1619), *Decente colocación de la Santa Cruz* (1625), *Declaración magistral de varios epigramas de Marcial* (1628), *Declaración preámbula del Psalmo 118* (1633), *Discurso de la limpieza* (1638). Following Nicolás Antonio's confusion he then laments also not seeing "traducción de los *epigramas de Marcial*," giving Antonio's list of the same (p. 171). Mestre then continues with commentary and resumé of those works which he could find, omitting the first edition of *Eloquencia Española* (1604) and *Ars Rhetoricae* as well as the unpublished *Instrumento* and edition of Horace.

El Conde de la Viñaza describes, comments, and extracts the *Ortografía* and the *Gramática* of 1614 (nos. 559 and 127) as well as the *Mercurius* of 1621 (no. 130).[6] Menéndez Pelayo briefly comments on the *Mercurius* and on Patón's prestige among his contemporaries.[7] More recent commentators of Patón's works include Dámaso Alonso, Antonio Vilanova, Joaquín de Entrambasquas, and others.[8]

On the basis of the foregoing information we now attempt to list the works of Jiménez Patón not heretofore located or adequately described.

A. *Presumed Unpublished*
  1. *Poesías*, "à los veinte años" (c. 1590): Ballesteros (1615).
  2. *Comedias*, "à los viente años" (c. 1590) Ballesteros (1615); before February 18, 1597: Pérez Pastor (1907).
    a. *Del peregrino.*
    b. *Del casamiento desecho.*
    c. *De la Tugancilla princesa.*
    d. *De amantes engañados.*
  3. *Autos*, "à los veinte años" (c. 1590): Ballesteros (1615); two for June, 1598 at Alcaraz: Pérez Pastor (1907).

6 *Biblioteca históorica de la filología castellana* (Madrid, 1893).
7 *Historia de las ideas estéticas en España*, II (Santander, 1940), 190–192.
8 See the resumé by Quilis-Rozas (pp. XXV–XXXIV).

8

4–5. *Obras sueltas: Divinas y humanas* (c. 1590): Ballesteros (1615).

6. *Las victorias del Arbol Sacro con un ramillete de flores divinas*, "a los veinte años" (c. 1590): Ballesteros (1615); "...hizo la estrena mi pluma los años de mi juventud": Patón (1616); published fragment (8 lines): Patón (1621); "en mis primeros años": Patón (1628).

7 *Oracio traduzido y glosado*, Tornel Mexía (1614); "se aplicó a traduzir y comentar las obras del insigne poeta Horacio," Ballesteros (1615); "Se podra ver en la traducion que emos hecho de la arte poetica de oracio, y notas sobre ella," Patón (1621).

8. *Instrumento necessario para adquirir todas artes y ciencias*, Patón (1612); "que podra ver el afficionado a nuestra dotrina y escritos," Patón (1621).

9. *Comentarios de erudición*, "Años prometido á de recopilar todas sus obras en ocho tornos en quarenta libros"; Ballesteros (1615); "mis Comentarios de erudicion": Patón (1619); "Imprimira ocho tomos de Comentarios de erudición": Patón (1621); "con que en parte satisfaga su deseo de gozar su dotrina hasta que veamos a luz los Comentarios de erudicion": González de la Cerda (1627?).

The only reference we have for several of the early works of Patón is that of his friend Ballesteros (1615), a list deriving possibly from first-hand knowledge of the items listed or, perhaps more likely from information supplied by the author himself: *Poesías* (1), *Obras sueltas divinas y humanas* (4–5). Supplementary references to half of Ballesteros' listings (2, 3, 6) for the entire group (1–6) which he qualifies as completed "à los veinte años" incline us to interpret that qualification in a broad sense — that is to say completed prior to Patón's thirtieth year (1599?). Such an interpetation explains the discrepancy implied in Pérez Pastor's documentation for the power of attorney granted in 1597 at Alcaraz for the four *Comedias* (2) and the *Victorias del Arbol Sacro* (6). In spite of the term *Comedias* employed in the document of May 5, 1598 (Pérez Pastor) for the bipartite commission to the "Preceptor" of Alcaraz (Patón), we must tentatively identify these two proposed dramatic works as the *Autos* (3) of Ballesteros' list in view of the occasion of their planned performance, Corpus Christi of 1598. The qualification of *libro* for the *Victorias del Arbol Sacro*, in the document of 1597 (Pérez Pastor), the manner of Ballesteros' reference (1615), and Patón's repeated mention of the work (1616 and 1628) as well as publication of a fragment (1621) suggests, aside from the dramatic compositions, that this is Patón's first, full-fledged, book-length production. The reproduced fragment of 1621 implies that Patón still retained a copy and esteemed his *Victorias* a quarter of a century after delegation of publication rights, an option apparently and curiously never exercised by the delegatee. One must presume that the translation and commentary of Horace constitute Patón's first full-length scholarly endeavor. Ballesteros' chronology places preparation of the work just after the *Victorias del Arbol Sacro* (late 1596?), which unfortunately (and probably) places preparation between the submission for approval (Spring, 1595) and publication (Summer, 1599) of the *Obras con la declaracion magistral* of Horace by Doctor Villen de Biedma in Granada. The existence of Biedma's verson, in printed form in spite of Menéndez y Pelayo's subsequent judgment ("El pobre humanista ... bien claro demuestra que Dios no le llevaba a traducir a Horacio," *Bibliografía hispanolatina clásica*, IV, 17), is the most obvious explanation for Patón's failure to secure a publisher in spite of what appears to be a propaganda campaign for it in 1614 and 1615 (Tornel Mexía and Ballesteros). Presumably between his second and third published works (*Artis Rhetoricae* [1606?] and *Perfeto Predicador* [1612]), Patón composed the *Instrumento necessario para adquirir todas artes y ciencias*, but except for a reference in the prologue to the *Predicador* it is not mentioned again by Patón until 1621 and is the only known work prior to 1615 missing from Ballesteros' list. Finding a publisher for scholarly works has apparently never been an easy task, and no less so for Patón whose struggles in this regard emit plaintive echoes in many ways. His most successful years are 1612–1621, wherein 6 works and one reprint appear in nine years. His most substantial and enduring book, the *Mercurius Trimegistus*, appears in 1621 to be followed by a drought of seven years before the appearance of his next, and last, substantial work, a history of the city of Jaén in collaboration with Pedro Ordoñez de Caballos. The latter is also his final work from the press of Pedro de la Cuesta, his exclusive publisher from 1614 to 1628. As early as 1615 Ballesteros announces, without title, a *recopilación* of "todas sus obras" in eight volumes of forty divisions ("libros"). In the prologue to his *Discurso de la langosta* (Baeça, 1619), Patón refers in passing to his "Comentarios de Erudicion," the title and the preparation of these eight volumes being confirmed together with the first announcement of the *Historia de Jaén* in the *Mercurius* list of 1621. The title is promised again in the fall of 1627, about the time that the *Historia de Jaén* goes to press. We believe that portions of the intended content of the *Comentarios* did appear in print subsequently as separate, minor pieces: 19 *sueltos* of Martial (1627–1628), the Juvenal (1632), and perhaps the Psalm commentary (1633). With the latter, these installments of (and tacit propaganda for?) the *Comentarios de erudición* terminate. Thereafter, Patón only publishes four minor pieces (1635–1639), topical and even somewhat odd (see Quilis-Rozas, pp. LXIV–LXV). We can reasonably speculate on the intended contents of the proposed eight volumes of *Comentarios de erudición*. In the *Mercurius* (1621), Patón mentions the unpublished *Instrumento* (8) with a vague future promise ("que podra ver") and in similar fashion part of his translation (7) of Horace ("se podra ver"). Biedma's commentary of Horace would require at least three volumes in Cuesta's format. In the *Mercurius*, Patón also publishes a fragment from the *Victorias* (6), for which Ballesteros may imply some kind of poetic commentary ("en que mostro el conocimiento que tenia de la Poesia"). Of the earlier and appropriate published works we may discard *Eloquencia española*, *Artis Rhetoricae* and the *Gramatica* which appeared, revised, in the *Mercurius* (1621) itself. Thus only the *Perfecto Predicador* (1612) and the *Ortografía* (1674) remain possible but not strong candidates. An additional volume each for Martial, Juvenal, and the Psalms would complete the eight volumes without the previously published candidates. As a final word, it should be noted that Mestres' diatribe against the negligent relatives of the scholar is probably incorrect for Patón's family. One of his sons (Felix) writes the prologue for the *Mercurius* (1621), at scarcely more than the age of 20, and the other (Alonso) that of his father's commentary of Juvenal (1632), quite probably also being a prime mover in the publication. In spite of various attempts, not a single manuscript of Patón's has been found. Yet.

Various circumstances appear to link the name Gabriel de León with some of the lost works of Jiménez Patón. A possible connection is provided through a printing of *El Menandro* of Matías de los Reyes issued at Jaen by Francisco Pérez de Castilla in 1636, the work commissioned by the printer Gabriel de León.[9] At this time, Patón may still have been seeking a publisher for the works remaining in manuscript, and it is not unlikely that he might have sought out Gabriel de León, who died about 1690.[10] In any event, among the titles attributed to one or more authors named Gabriel de León, Palau includes the following two works: *Ramillete de divinas flores escogidas en el delicioso Jardin de la Yglesia para recreo de el Christiano letor. Expurgado por el oficio de la Inquisicion* (Madrid, 1689) and *Sacra y humana lyra* (Madrid, 1734). A presumed reprinting of the first work (varying in the title with *Ramilletillo* which ends on the word *Christiano*) appeared at Valencia, 1760 attributed to Agustin Labrada, printer of the work (Hispanic Society of America: 31192). The second work contains together with other material, a reprinting of the *Canto Conciso a la triunfante fuga y glorioso destierro de Maria Santissima a Egypto* by Gabriel de León y Luna, Cavallero de la Orden de Santiago, dedicated to the Archbishop of Toledo and first published at Madrid about 1723 (Hispanic Society of America: 31193). Although marginal notes to the *Canto conciso* would place the date of composition well after the death of Patón, these could be posterior additions. The *Canto* itself, in the same meter as the sample of *Victorias del Arbol Sacro* given by Patón himself, contains a substantial amount of "arbol" references and

[9] See Clara L. Penney, *List of Books Printed 1601–1700* (New York, 1938), pp. 955 *et passim*.
[10] 10 See Francisco Vindel, *Gabriel de León* (Barcelona, 1938) and also his *Libros y librerías en la Puerta del Sol* (Madrid, 1940), pp. 10–12.

imagery and in general is in keeping with Patón's style. Beyond the title, *Ramillete de flores divinas*, we find no specific links to Patón; however, it is at best an unlikely possibility that a long "arbol sacro" poem in *octavas reales* and a *Ramillete de flores divinas* (two inter-related lost works of Patón) should appear separately under the authorship of two different men named Gabriel de León. The purported author of the *Ramillete* of 1689 may have been the printer Gabriel de León, one Fray Gabriel de León ("menor capellán" in 1663 of a member of the Royal Council), or even perhaps Gabriel de León y Luna. We have been unable to discover what relationships there may be between the three, if any, or any further links to Patón or his *Victorias* and *Ramillete*.

B. *Published Works Unknown or Presumed Lost*
[1. *(Carta) A LOS PADRES GE-neral, Provinciales Difinidores, Priores, Retores, y demas Religiosos de nuestra Señora del Carmen* (Baeça? Pedro de la Cuesta? 1627?). Exemplar: Beardsley.]
2. *Declaración magistral de los Epigramas de Marcial.*
    XI, 12: *Mercurio Trimegistro* (fol. 124 r. -v.)
    Group A (Baeça?, 1627?): XIII, 75; III, 41; V, 77; I, 6 (Exemplars: Biblioteca Nacional, Hispanic Society, Beardsley), VII, 56 (Hispanic Society, Beardsley).
    Group B (Baeça?, 1627): IX, 20: IV, 60 (Exemplars: Biblioteca Nacional, Hispanic Society, Beardsley), XIV 8; X, 27; XIV, 41 (Hispanic Society, Beardsley).
    Group C (Baeça?, 1628): I, 25 (Exemplars: Biblioteca Nacional, Hispanic Society, Beardsley), XI, 13 (Hispanic Society, Beardsley).
    Group D (Madrid, 1628/n.p., n.d.): V, 33 (Exemplars: Biblioteca Nacional, Hispanic Society, Beardsley)/XIV, 122; V, 69 (Hispanic Society, Beardsley).
    Group E (Madrid, 1628; n.p., n.d./n.p., n.d.): XIV, 11; VII, 65 (Exemplars: Hispanic Society, Beardsley)/III, 29 (Beardsley).
3. *Declaración preambula del salmo 118.* Granada, 1633 (Exemplar: Hispanic Society).

1. Various factors argue for identification of the anonymous epistle to the Carmelite fathers, as Jiménez Patón. The piece (8 pages) is bound in a factitious volume (Beardsley) containing eighteen *sueltos* on Martial and one on Juvenal, all by Patón. The paper (watermark) and fonts are identical to those of five (Group A) of the Martial *sueltos*, apparently published at Baeca by Pedro de la Cuesta in the fall of 1627. The cautionary letter pleas for an end to the dispute arising in the late summer of 1627 pursuant to the Papal proclamation (July 17, 1627) elevating Saint Teresa to Patroness of Spain on equal footing with Santiago. The author reprimands the Carmelites for allowing publication of the anonymous *Justa cosa ha sido eligir por patrona de España y admitir por tal a la Santa Teresa de Jesus*, an inflamatory tract which was seized by the Inquisition and which provoked the *Memorial* of Quevedo to Philip IV, written in the fall of 1627 and published in February of 1628 (see Aureliano Fernández-Guerra ed., *Obras de Quevedo*, III [Madrid, 1852] for details of the controversy and Quevedo's text, pp. 221–234). Perhaps implying some intervention by Gaspar León de Tapia ("el cuerpo de León," [Az], who as Don Valerio Vicensio was to attack Quevedo in verse over the controversy (Fernández-Guerra, *Quevedo*, II, 450–457), the author of *A los Padres* ... hints that the name of the author of the anonymous *Justa cosa* begins with the letters *Moro* ([Az] v.) and pleads the Carmelite Fathers to desist from their intent to continue their controversy in print. Nonetheless in April of 1628, Francisco Morovelli publishes his counter-attack to Quevedo "y a otros que an escrito contra el," tacitly revealing himself as author of the *Justa cosa*. As well as Quevedo, numerous scholars (including Juan Pablo Martín Rizo), churchmen, and others published innumerable pieces in this bitter controversy which raged on through 1628. That Patón should have also introduced a printed piece is entirely in keeping with his short publications on current topics in these later years. The moderate tone of *A los Padres*, in the midst of flaming tempers, is in any event a tribute to its author. A facsimile of the letter appears here as an appendix.

A LOS PADRES GE-
NERAL, PROVINCIALES, DIFINI-
dores, Priores, Retores, y demas Religiosos
de nuestra Señora del Carmen.

DIOS inuoco en mi ayuda, para acertar, y a Dios ha go testigo de mi verdad, que no me incita aficion de vna parte, ni odio de otra, solo me mueue a dezir mi sentimiento zelo Christiano deseo de que la verdad preualezca, y por ella la paz se conserue.

Esto presupuesto por tan cierto como es, confiesso Padres mios me pesa de que con tantos escandalos como se originan, y ofensas de Dios, que ya experimentamos se quiera defender el Compatronato de la santa Madre Teresa de Iesus, pues en la gloria, que goza no necesita destas temporalidades. Antes osare afirmar, que si en ella cupiera pessar le tuuiera grande en ver, que los hijos, que ella crio a los pechos de su humildad (que fue excelente en esta virtud) pretendan con nombre suyo titulos tan ambiciosos en competencia de vn Apostol. Que quando no fuera el apellido sobre, que es el teson tan suyo, le sobraua por este de Apostol, Pero dexando esto para los que lo tienen probado (y tambien) viniendo a mi intento digo que no me puedo persuadir es accion de que se sirue Dios, antes si de que se ofende. Porque, que tiene que ver la desnudez, descalcez aspereza, mortificacion, penitencia, sayal, disciplinas, oracion continua, dura cama, miserable comida con pretensiones de primacias? Pues para la q esta triunfando enel Reyno delos Cielos có su Capitan Iesus, y le ha dado la laureola merecida, y goza della eternamé te porq peleo muy bien, y passo la carrera a la aprobacion del justo Iuez, tiene su cabeça adornada con la corona de justicia, y esta tan

A   con-

contenta,que no quiere,ni apetece otra honra,ni que con funombre
la apetezcan fus hijos.

Eſtoy tan lexos de creer,que deſto ſe ſiruen Dios,ni la ſanta Ma
dre como cierto que ſe deſagrado de la pretencion de ſus Diſcipu-
los, quando llegaron a preguntar al verdadero Maeſtro. *Quis putas
maior eſt in Regno cœlorum* (*Math.cap.12.* Pues dize dellos el Car-
tuxano. *Non dum enim humilitatis apicem attigerunt.* Por eſſo en
aquella hora llegaron con eſta pregunta , porque no eſtauan perfe-
tos en la humildad. Y no ſolo eſte Autor mas caſi todos les notan
de algo imbidioſos,y muy ambicioſos. La imbidia les laſtimaua de
ver,que a ſan Pedro ſe auia prometido las llaues del Reyno de los
Cielos,y le auia hecho clauero mayor deſu Real,y celeſtial palacio:
porque les parecia ſe lo auia preferido , y quiſieran ellos tener ofi-
cios preeminentes.Pero el verdadero Señor, que entiende los coraçones,y como Medico de las almas ſabe curallas les buelue a predi-
car la humildad de que parecian eſtar oluidados moſtrandoles vn
niño pequeño,y diziendoles para ſu deſengaño,que ſino ſe conuier-
ten , y hazen niños como aquel , no pueden gozar las dignidades,
que ſu diuina Mageſtad comunica a los grandes de ſu Reyno.

Aſi,que Padres mios dexenſe deſtas pretenſiones de primacias
en eſte mundo ſino quieren verſe confundidos en el otro , como lo
enſeña ſan Iuan Chriſoſtomo ſobre eſte miſmo lugar Homil.25.di-
ziendo.*Quicumque deſider auerit primatum in terra , inueniet confu-
ſionem in cœlo.* Y no ſe tiene por ſieruo de Chriſto el que trata deſtas
antelaciones. *Nec inter ſeruos Chriſti computatur , qui de primatu
tractauerit.* Ya oyo,que me dizen,que no lo quieren para ſi,ſino para la ſanta Madre. Ya les he dicho que no lo quiero creer , porque
no neceſita deſo,ni lo apetece:porque tiene lo que auia meneſter,y
no le falta nada No arrojemos culpas adonde no caben , ni pueden
tener lugar,ni ay para que ſaquemos la braſa con mano agena, por
que lo auemos con quien no engaña,ni puede eſſo, ni ſer engañado,
y con quien entiende coraçones. Acordemonos todos del otro ca-
ſo,que le ſucedio a la Madre,que llegò a pedir ſillas para ſus hijos,
como aqui los hijos dizen,que piden la primacia para la madre ;y
acomodenſe la miſma reſpueſta,a los intereſſados,y que disfraçada
mente auian pueſto ſu demanda en la boca de la madre, a la qual no
le reſponde ſino a ellos derechamente *Neſcitis,quid petatis.*Por ſan
Matheo capit. 20. La qual reſpueſta ſe eſta hecha al propoſito pre-
ſente para los hijos,que piden nueuo titulo para ſu madre, quitien-
dolo

dolo para fi Porque quien trata de perfecion fi quiere tenetla no puede con ambicion, que es la alma defta peticion, aunque fe le ponga mafcara de otra figura. Efta es tanto mas dañofa quanto con mas blandura, y fingida humildad apetece las prelaciones, y es enemigo tan poderofo, y mañofo, que a los que no los vencen otros vence, y atropella. Al que no le pudo acometer la luxuria, lo arrafta la ambicion: Al que la auaricia no fe acreuio, la ambicion le pone del lodo, y le haze muy culpable. Mejor que yo lo dize fan Ambrofio fobre fan Lucas lib. 3. por eftas palabras. *Hoc ipfo pernicio fior ambitio, quod blanda eft confolatricula dignitatam. & fepe quos vitia nulla delectat, quos nulla potuit mouere luxuria, nulla auaritia fubruere, facie ambitio criminofos.*

Diran que no pretenden dignidades, que antes fus inftituciones les priuan dellas en cuya obferuancia no tratan de tal. Bien dizen, que no pretenden el Obifpado particular, fino el fer patrones de toda Efpaña con nombre de la fanta Madre como fi efta no fuera mayor ambicion, que la de vna Iglefia fola, y como fino fuera lo que dizen. *Conculcas propter maiorem faftum.* Defprecias por mayor aprecio, y ambicion. Miren, y atiendan Padres mios, que es terrible enemigo: mal futil: ponçoña fecreta: peftilencia oculta: artifice de engaños: madre de la hipocrefia; padre de la imbidia : origen de vicios: carcoma de la fantidad: la que ciega los coraçones: la que de los remedios produce las enfermedades, y de la medicina engendra los males, y pefares. No me creen: crean a fan Bernardo, que en vn fermon de la Quarefma lo dize afsi. *Ambitio fubtile malum, fecretum virus, peftis oculta, doli artifex, mater bypocrifis, liberis parens, vitiorum origo, tinea fanctitatis, excaecatrix cordium, ex remedij morbos creans ex medicina langorem generans.*

Negaran fer ambicion, diziendo, que bafta la aprobacion de fu intento en tener la del Catholicifsimo Rey de las Efpañas (que Dios nos guarde muchos años) y del Sumo Pontifice Romano, como confta delos mandatos defu Mageftad, y del breue defu Santidad. A lo qual fe refponde, que muchas vezes a fuerça de importunaciones fe alcançan cofas, que no fe dieran de libre voluntad; porque importunos ruegos fon la violencia de los animos nobles, y generofos. Como es cierto, que pudiera la Iglefia de Dios paffar bien con menos Religiones, y algunas fe han concedido a fuerça de perfuafiones importunas como lo dixo el Concilio celebrado en Leon de Francia en el tiempo de Gregorio Decimo por eftas pala-

palabras. *Sed quis non solum importuna petentium inhiatio illarum post modo multiplicationem interfit, verum etiam aliquorum presumptuosa temeritas effrenatam quasi multitudinem ad inuenit.* Assi tambien en esto a sido tanta la importunacion, que se ha concedido lo que a caso ya no quisieran los que lo concedieron, no por otro, que por exonerarse de tales importunaciones. Consta de lo que sucedio en tiempo del Rey señor, nuestro Felipe Tercero: pues auiendo mandado a todas las Ciudades apercebir fiestas para la publicidad del pretendido Patronato con las aduertencias de vna docta, y piadosa carta del Arçobispo de Seuilla lo mando reponer todo, que *Sapiens sine crimine mutat.* Porque no todo lo que parece deuocion lo es, como lo aduirtio san Bernardo al Papa Eugenio Tercero diziendo (lib. 3.) *An non limina Apostolorum iam plus ambitio, qu im deuotio terit ?* La mas es ambicion, que deuocion la que frequenta los palacios, aunque sea el sacro. *An non vocibus eius veſtrum tota die reſultat palatium?* Estos ruydos, tropeles y voces la ambicion las da, y cauſa, que no la deuocion. Porque la deuocion de eſpiritu pide ſoledad, retiro, quietud, toda paz, y soſſiego, y no buſca, antes huye las inquietudes deſaſoſiegos, y eſtruendos de las Ciudades: quanto mas la diſcordia delos Reynos?

Por eſto nunca tuue yo por deuocion, ſino por zizaña ſembrada de Satanes, laq tanto dio en q entēder a Eſpaña los años paſſados haſta que la Santidad de Gregorio Decimo Quinto con ſu decreto ſacro puſo a vnos, y otros ſilencio. Ni cuerdo alguno ha dado nombre de deuocion ſino de liuiandad a la que las Religioſas oſtentan de los ſan Iuanes, porque es ocaſion no de aumento de deuocion ſino de inquietud, y peſadumbres, que cada dia ſe eſperimē tan como aquel Religioſo, que por humildad callo ſu nombre (aun que el cierto era Fray Luys de Eſcobar de la obſeruancia de ſan Franciſco) lo dixo en vna de las muchas reſpueſtas que dio al Almirante preguntado, que ſentia de la Santidad de los dos ſan Iuanes, qual era mayor, reſpondio.

> *Tengo por indiscrecion*
> *Platicas tan escusadas*
> *En juzgar con presuncion*
> *Tales cosas pues que son*
> *A solo Dios reseruadas.*

De que lo ſea, y aun mas la competencia de los años paſſados entre

18

tre Franciscos, y Dominicos dixo vn devoto Poeta Religioso de
nuestra Señora del Carmen de los Calçados (yo a esta Señora nue
stra por se digo que es la misma, que la de los Descalços, que la de
la Merced, Vitoria, Rosario, Guadalupe, Cabeça, &c. Para mi todas son vna, aunque algunos las nombran como diferentes, y demas prerogatiuas, disparate mas heretico, que loco) lo dixo en sus
Fastos Baptista Mantuano assi.

Vanus vterq; labor, pietas temeraria praceps
Relligio, leuitas velata scientia amictu.

Y mas abaxo.

Has ea mortales non sunt qua numina poscunt
Obsequi à nobis: studio dominatur in isto
Ambitio, & tumidis pugnans iactantia verbis.

Que todos estos vicios aqui notados se hallen en esta competencia, digalo la experiencia, y verdad de lo que passa: pues si bien los
mas obligados a Santiago (aunque todos los Españoles lo estamos
mucho, sin que se ceptuen frayles Descalços, ni Calçados) por ser
de su Religion, insignia, y habito han hecho doctos, y bien funda-
dos papeles por su derecho, y nuestro: porque de Religiosos refor-
mados, que han de ser exemplo de modestia a los demas Christia-
nos, auian de salir los escritos, que han salido satyricos, sin caridad
con tan mala dotrina, y proposiciones temerarias, mal sonantes,
proximas a herror, y dignas de la censura que dellos haze el Santo
Oficio de la Inquisicion. Yo no los he visto, mas he visto la censura del Santo Tribunal Apostolico, y por las vñas de las primeras,
y vltimas palabras, que alli se proponen saco el cuerpo del Leon.
Son las primeras. *Verdades bien auerignadas a los Iacopitas, &c.*
Repare en aquella palabra Iacobitas, que ostenta menosprecio de
parte del indiscreto autor, jatancia, y ambicion como dize Mantuano. Religion cubierta con velo de ciencia, vana liuiandad disfraçada con fingido zelo de virtud: porque es como haziendo ecco
de los nombres de los Dogmatistas quales son Priscilianistas, Ana
batistas, Caluinistas &c. Passando de menosprecio desuergonçado
a impia blasfemia. Desuenturado del Autor, que a los deuotos de
vn tan grande Apostol busca nombre, que parezca de menosprecio. Mas de qualquier suerte aunque salido de mala intencion el
nombre lo estimaran los que lo tienen por aficionados a tan grande, y vnico Patron.

Las

19

Las vltimas palabras del papel son nombrando a los tales deuotos del vnico Patron Santiago, que por su derecho han escrito. *In-*
sipientes, cecucientes el audicantes. Yo (como he dicho) no he visto
deste papel mas que estas palabras, ni se el nombre del Autor, mas
afirmanme, que vna parte de su nombre, y la primera es, Moro, y digo la verdad, que de los de esta nacion solo se podia temer
tal indeuocion contra tal Santo, y sus deuotos.

Mas dexando esto, para los que tienen respondido mejor, que yo
sabre entender (si bien no quisiera en algunos con tanta colera, aun
que la merece su desuerguença) dexandolo digo tal desuergonçado
temerario para tal. Boluiendo a mi intento, Padres mios, porque
auian de consentir se publicaran tales papeles: pues es cierto, que
sino los hizieron Religiosos el fingido, y falso deuoto suyo, y declarado enemigo de Santiago (triste del) lo comunicaria con ellos,
como no repararon hombres tan doctos, y quando no lo fueran
(que si lo son) por lo que deuen a su Religion, caridad, y modestia
christiana, como si no es cegandolos Dios los entendimientos pu-
dieron dexar de conocer aquella mala dotrina, digna de toda co
rreccion: y censura? Y si la conocieron, y entendieron como coho-
peraron dexandola publicar parte impressa, parte por imprimir?
Y en Padres mios como no es todo lo que Dios quiere: sino lo que
la ambicion humana instiga? Pues con dexar salir tales escritos han
ocasionado a que otros salgan contra ellos, que aunque doctos se
estuuieran mejor en el tintero, con que no ganan opinion ni credito los Religiosos, que tal consienten, patrocinan, y fomentan, pues
hazen comparaciones tan desiguales, como qualquiera lo es con la
Santidad de los Apostoles Canonizados por el mismo Dios, y pri
micias de su Iglesia Catolica, y Santa.

Pareceme Padres mios, que les estuuiera bien por la paz del
Reyno, bien de la Iglesia, y mas credito tuyo desistir deste intento
y no perseuerar en el con tesson proteruo (que dize mal en tanta
humildad como se professa en lo esterior) suplicando a su Santidad
y a la Magestad del Rey Catolico se deshaga lo hecho aduirtiendo
que se les concedio sin perjuyzio del Patronato del vnico Patron
Santiago, y que han aduertido que lo es en las contradiciones tan
bien fundadas. Y a esto obligue el bien comun, la paz de las Iglesias (que todas quieren salir a la demanda) y escusar libelos, vltra-
ges, y satyras de particulares, y comunidades. Que si esto se haze
se enmienda lo passado, y mas vale tarde, que nunca, y entendan-
do

do la inaduertencia de hombres con la aduertencia de Sabios, y
diícritos les aílentara bien aquel verío de Homero traduzido en
Latin por Ciceron.

Tarda, & íera nimis, íed fama, & laude perenni.

Serales nombre mas glorioío, y fama de mas buen nombre: la que
ganaren en eíta ceísion, que la que han alcançado en la pretenísion
de la primacia. Y les deue obligar a eíta coníideracion, y a execu-
talla auer viíto que la primera vez, que eíto íe intento a demas de
reuocaríe (como íe a dicho) los papeles, que íe hizieron en ío fauor íe mandaron recoger por el Santo Oício. Que íi bien aquellos
primeros no deuieran de tener los deíafueros, que eííos vltimos,
algo temian que obligaron a ello, pues eítos vltimos mas que algo,
y aunque mucho, tienen, Y pues es dotrina cierta, que *Non eſt fa-
ciendum bonum, vnde íequatur malum.* Deíto, quantos males íe íi-
gan coníta, quando no huuiera otres, que propoíiciones temerarias, malíonantes, dotrina ceníurable por el Santo Oício baítaua,
y juntandoíe a eíto las inquietudes, que íe leuantan, quien lo ala-
bara por bueno. Ademas, que ocaíionamos a los Hereges enemi-
gos de nueítra íanta Fè Catholica dandoles materia en que mur-
muren de noíotros los íieles Catholicos, viendo íobre colas tales
diferencias parecidas a las de íus deíconmulgadas íetas. Porque diran, que donde ay cales diícordias, y deíauenimientos no es. *Vna
fides, vnus paſtor, vnum ouile.* Por amor de Dios íe les quite eíta
ocaíion. Y pues la mayor perfeccion coníiíte en la mayor humildad, y eíta íe deue hallar mas profunda en los Religioíos, y deítos
mas en los mas mortiícados, y penitentes: mueítrenla en dar de
mano a eíte deíeo, eícuíando tantos inconuenientes como ame-
nazan íi íe períeuera en la pretenísion. Porque ya íe murmura, que
debaxo del íayal, ay al de preíumpcion, y altiuez, y que íino íe pre
tenden dignidades almenos íe apetece gouernar a los que las tienen Ecleíiaíticas, y íeglares coía con mil razones reprobada de
los Santos. Oyamos, y entendamos lo que a eíte propoíito dizen,
que el gran Maeítro de Religion San Geronymo eícriuiendo a
Marco íu amigo entre otras le dize, eítas razones. *Pudet dicere de
cauernis cellularum vrbem damnamus in íacco, & cinere, veluti de
ipsis íententiam ferimus. Quid facit íub tunica pænitentis regius ani-
mus, qui alios vult regere, & alios iudicare, & a nemine regi, a nemine iudicari?* Verguença me da tomar eíto en la boca (dize el Dotœ
Maximo) dende nueítras cobeçuelas de las celdillas veítidos de
íayal,

fayal, y mortificados con la penitencia como si fueramos juezes *pro tribunali sedendo*, condenamos a los ciudadanos, y pronuncia-mos el fallo de la sentencia contra ellos. Pregunto yo el animo ambiciolo, y con humos de gouernar a los Reyes, que tiene que ver con la runica de aspera xerga del Religioso penitente, como puede dezir bien, ni quadrar que yo quiera regir, y gouernar a o-tros, y que nadie me rija, ni gouierne? Donde reprehende con su acostumbrada entereza Religiosos, que si bien no solicitan la mi-tra, y diguidad (a casso por ser coatra los estatutos de su orden) no perdonan la ocasió de hazerse conocidos, y estimados delos Princi pes, de los Reyes, Monarcas, y de sus priuados, la qual me parece no menor ambicion que la de los que apetecen prelacias, y cossa que desdize mucho de la verdadera Religion, segun nos lo enseño nuestro vnico Patron de España, y es de Fé en su Canonica cap. 1. diziendo, *si quis autem putat se Religiosum esse, non refrenam lin-guam suam a malo, sed seducens cor suum huius vana est Religio.* No refrena su lengua del mal, el que la ocupa en congraciarse con los Principes, y sus priuados en perjuyzio de tercero. No la refrena el que dize, o consiente dezir las cosas, que por ay andan en estos pa-peles ocasionando a que les recaten. No la refrena del mal quien no la emplea en procurar el bien de la paz, vnidad, y conformi-dad de la Iglesia. Y assi les ruego por las entrañas de Dios, que si hasta aorano, luego procuren atajar el crancel, que se va encendien do en algunos miembros deste cuerpo mistico de la Iglesia en esta parte, dandonos a todos vn admirable exemplo de modestia, y ver dadera humildad, pues en la obediencia, castidad, y pobreza, que professan este es el proposito, y estatuto de que mas se han de pre-ciar, y assi por que tenga mas autoridad mi peticion concluyre esta carta con las palabras de san Augustin hablando con Eudo-xio. *Vos autem fratres hortamur in domino, vt propositum custodia tis in Domino, & vsque in finem perseueretis.* El proposito, que dize el Santo (y digo oy) es el de la modestia, y humildad como cons-ta de lo que se sigue. *Et si qua opera vestra Mater Ecclesia desidera uerit, nec dattone auida suscipiatis, nec blandiente desidia respuatis.* Assi q nada se haga por sobervia, ni lo bueno se dexe por pereza: antes con toda humildad, y diligencia se execute lo suplicado pa-ra mas seruir a Dios que VV. PP. guarde, y conserue en su gracia, Amen.

Sub *correctione Sanctæ Matris Ecclesiæ.*

Desseo de la paz.

22

2. In the recent memorial volume to Antonio Pérez Gómez (Cieza, 1978), the present author has dealt at length with the *Declaraciones magistrales* (including original Latin text, Spanish translation, and commentary) of Patón for the *Epigrams* of Martial.[9] Probably because of Nicolas Antonio's dual entries, scattered and partial *Declaraciones* of Martial have often been considered distinct from a postulated series of translations of the same. Published as *sueltos* (1627–1628), these eighteen epigrams (and one additional in the *Mercurius*) appear by implication to be part of the proposed *Comentarios de erudición*, the *sueltos* presumably offered as advance publicity "teasers" to eighteen different patrons (potential contributors to the eight-volume project?) by Patón (11 pliegos) or by one of his students (7 pliegos), four also including laudatory verses by colleagues or former students. This publicity campaign, coming to an end in the late summer of 1628, seems to reflect a grave patronage crisis for Patón, in the midst of which the long-standing relationship with his printer, Pedro de la Cuesta, comes to an end. One is tempted to speculate that his *Declaracion magistral* of Juvenal's *Satire* VI (Cuenca, 1632) and the *Declaración preámbula* (Granada, 1633) reflect a final unsuccessful attempt to elicit financial support fo the *Comentarios de erudición*. Three factitious volumes of the *Declaraciones* of Martial are extant: Biblioteca Nacional, Madrid (8 *sueltos* and the Juvenal of 1632: from the library of Pascual Gayangos); The Hispanic Society of America (17 *sueltos*); the present author's exemplar (18 *sueltos*, the Juvenal of 1632, and the anonymous, open letter to the Carmelite fathers). A facsimile of the only known exemplar of III, 29 is included in the aforementioned memorial volume.

3. Declaracion/PREAMBULA DEL/ Salmo 118. Por el Maestro/ Bartolome Ximenez Paton, de orden de don/Geronimo Antonio de Medinilla y Porres,/...A don Pedro de Vélasco y Medinilla.... Granada, Antonio René de Lazcano, 1633.
Quarto. [24]p. Leaf 19.5 x 14 cms; text-page 15.8 x 9.5

[11] *Libro-homenaje a Antonio Pérez Gómez* (Cieza, 1978), 91–101 with appendix.

2_2 -7 [8-12]: fols. 2-12. Watermark: Block cross within ovoid (fols. 2 and 3, 5 and 8, [10] and 11).

Roman type (3 sizes: .6, .4, .3); Italic (2: .4, 3).

Text: Roman .3 with occasional Italic .3 (33 lines to full page); 2 floriated initials (P: 4.2 x 4.6; N: 4.5 x 4.2). Catchwords.

Binding: 20 x 14.5, maroon buckrum with blind-stamped seal of The Hispanic Society of America. Spine-title: Jiménez/Paton//DECLA-/RACION/PREAM-/ BULA/DEL/SALMO/118//Granada/1633.

Contents: Titlepage; blank verso; [Dedication to] Pedro Velasco y Medinilla, signed "De nuestro estudio de Villa-nueva de los In/fantes, otubre 23, de 1632./ El Maestro Bartolome/Ximenez Paton." (2, r.-v.); DECLARA-CION/PREAMBULA DE SALMO 118...LAVS DEO (3-12v.).

In his dedicatory epistle to Velasco, Patón explains the circumstances for which the *Declaración* was originally prepared and read:

> Principio delas muchas y grandes honras que el señor don Geronimo de Medinilla y Porres continua hazerme ... fue mandarme hiziesse en su presencia esta licion... (2 r.).

He adds a detail in his text:

> ... la obligacion en que v.m. (Señor Governador) me pone, intento interpretacion presente, confiado en el favor del cielo, y de v.m. que me manda interprete del Salmo 118 del Real Profeta David la parte que diere lugar el espacio de un hora (que es el tiempo que se concede a qualquier leccion, y principalmente Evangelica ... (4r.).

It is difficult not to infer that the command performance for this local official, and Caballero de Santiago, dedicated in print to a superior court justice, was another instance of Patón's occasional difficulties in matters of orthodoxy (see Quilis-Roxas, p. XL). Such difficulties may also be a contributing factor to Patón's apparent failure to secure patronage for some of his work. Certainly the date of this occurrence (prior to October 23, 1632) seems to coincide with the period of Patón's frustrations with the *Comentarios de erudición*. At times the content of the latter may have also caused problems for Patón, as the following brief passage from *Discurso de la Langosta* (1615) would suggest:

> Ay otra manera de engendrarse, que aunque no es milagrosa, ni tiene parte de sobre natural, esta en cierta manera fuera de los ordenes de naturaleza, y assi los Teologos la llaman preternatural (de quien disputo en mis Comentarios de Erudicion) esta es quando en la generacion de tales cosas concurre (despues de la permission divina) la ayuda, industria, y solicitud del demonio (fol. B3).

The Hispanic Society of America

Bernardim Ribeiro and the
Tradition of Renaissance Pastoral

Bryant Laurence Creel

Bernardim Ribeiro's literary personality argues forcefully for the view that what is recognized as genius in an author is that which is absolutely unlike anything else. Ribeiro's fame rests not on his cultivation of the eclogue, by which he introduced Renaissance pastoral in Portugal: successful as he is as a writer of eclogues, that form is highly conventional and admits of relatively little originality on the part of the individual artist. Ribeiro's masterpiece is his prose work, *Menina e Moça*, whose exceptional beauty has attracted yet also perplexed readers for centuries. Critics have had little success in fathoming the work's mysteries, much of their effort having been spent just on debating the method of its classification.[1] I would describe *Menina e Moça* as a unique blend of chivalric romance, the sentimental novel, and elegiac pastoral romance, the narrative assuming its vivid natural-

---

[1] The most recent attempt to interpret Ribeiro is Helder Maçedo's ambitious and laudable *Do significado oculto da "Menina e Moça"* (Lisbon: Moraes Editores, 1977). It is the first attempt to approach the work as an extended metaphor, and in so doing it broaches subjects which, because of their difficulty, are too often overlooked: Cabalism, Gnostic dualism, Catharism, Sufism, and Illuminism. However, Ribeiro and the analysis of his novel easily become lost in the difficulty of these materials; also, there are many important and puzzling elements in the narrative which this work does not account for.

ness by virtue of a delicately patient, gentle, and plebeian interest in familiar detail, seemingly for its own sake, similar to the descriptive and psychological realism developed much later along more naturalistic lines in the prose fiction of Ivan Turgenyev and Anton Chekov.

But what is there about *Menina e Moça* that is so "mysterious"? Most obvious is the elliptical character of its plot. Although the work was first known by another title (*O Livro das Saudades*), the fact remains that the character whom we expect to be the protagonist and who states that the book is to be of her making, Menina, is neither the protagonist nor the fictional narrator, in spite of the fact that the second chapter begins with the words "em que a donzela vai prosseguindo sua história." We never find out who Menina is or what happened to her, who her "amigo verdadeiro" was or what happened to him, but instead find the story abruptly transferred to a different narrator, to "uma dona do tempo antigo," who is lamenting what seems to be the loss of her son. But who he was and what happened to him, or who Dona is and what happened to her, we never learn. Also, in the only edition recognized as entirely the work of Ribeiro (Ferrara, 1554), the novel ends abruptly, in the middle of Dona's second long narrative and in the middle of an intercalated tale told by the knight Avalor. The last words are "Laus Deo," words which traditionally mark the author's intention that the work be considered completed. The fact that we seem to have been prepared for such an occurrence in the work's prologue (where Menina tells us, "Ainda que, quem me manda a mim oulhar por culpas nem desculpas, que o livro ha-de ser do que vai escrito nele? Das tristezas nam se pode cantar nada ordenadamente porque desordenadamente acontecem ellas ..." [p. 5, l. 11–14][2]) makes it no less disorienting. Also mysterious is the extreme tension between the bucolic setting and the inward strife of the characters, yet this element is already present in Sannazaro's *Arcadia*, though to a much lesser degree, and in Garcilaso's *eclogues*. In his *Diana*, Montemayor also does not evoke the bucolic setting, making the lack of natural beauty mirror the

[2] For this and future references to the text of *Menina e Moça*, see the edition of D. E. Grokenberger (Lisbon: Studium Editora, 1947).

unfulfillment and disharmony experienced by the characters. The difference with Ribeiro is that he both evokes the beauty of nature and intensifies the tone of tortured melancholy to such a pitch that it seems to acquire ritualistic overtones. And, unlike Montemayor, that atmosphere is not relieved periodically by interpolated comic narratives. When Dona's narrative begins, the reader expects to escape into a world of adventure, but, along with his two protagonists, Bimarder and Avalor, Ribeiro renounces chivalry's heroic in favor of its romantic aspect; and just before the reader's idle curiosity might finally receive the facile gratification of witnessing a heroic rescue, the book ends. There is little of the sensational in this work and hence little of what might be considered sheer entertainment, in spite of its extremely colorful, even exotic, blending of genres and motifs.

Most unusual of all, however, is an effect which seems to have first been achieved—though, as compared to *Menina e Moça*, as hardly more than a suggestion—in the highly original *Arcadia* of Sannazaro. In pastoral literature we are accustomed to a vision of nature as a divinely sanctioned order, a heavenly, eschatological, idyllic world of finality and spiritual certainty,[3] and the patriarchal security of "the good Shepherd whose pastoral world sees no winter."[4] Yet into this Christian-pastoral and comic-romantic setting, Ribeiro introduces a flood of the tragic atmosphere and images which we associate (in the Ptolemeic scheme) with the cyclical nether world, with nature as a fallen and chaotic sphere[5] subject to demonic reversal and fullness followed by decay, the sphere of painful temporal experience, or "Mudança," in short, the vision of the Orphic-agricultural religion whose mysteries Christianity was supposed to have dispelled. In Ribeiro, where one expects images of order and friendship ("a historia dos dois amigos"), he finds irrational law and the isolated or betrayed individual; what is conventionally an Arcadian haven or garden, the pastoral world of a community of domes-

---

[3] Carl G. Jung, *Man and His Symbols* (New York: Doubleday, 1964), pp. 143–145.

[4] Northrop Frye, *Anatomy of Criticism* (Princeton University Press, 1957), p. 121.

[5] Ibid., p. 205.

ticated animals, is invaded by a sinister forest and ravaged by beasts of prey; instead of Arcadia's social equivalent, the world of houses and palaces, characters stray in solitude or inhabit secluded rocks; confronting the river as a generative principle is the sea as an image of flood and destruction.[6]

The theme that is central to *Menina e Moça* and which gives the work its unity is the opposition of fertility and sterility and the isolation of social sentiment in a world hostile to it. The fertile, healthy, or honorable (principled) personality is chiefly represented as the characteristically feminine capacity for devotion in love (*o bem amar*), which, when unrequited, assumes the concrete form of "tristeza," or melancholy. That social norm is introduced and established at the beginning of the work by the figures of Menina and Dona. Dona introduces her narrative by reviling the present age of sterility ("Se os homens nunca acostumaram agravar as donzellas, muito fora de sentir, mas das cousas costumadas, quem se deve agravar?" [p. 19, 1.11–13]) and the eclipse of the romantic by the heroic virtues, which in her youth were said to be joined harmoniously in the same pesonality, in the chivalrous idealism of devout courage:

> ... cuidava eu que hum cavaleiro apostamente armado sobre seu femoso cavallo pela ribeira de hum rio deste gracioso campo passando, nam podia hir tam triste como hua delicada donzella, em alto apossento, acostada ao seu estrado, entre paredes ... (p. 18, l. 16-20)

But since that age,

> Quantas donzellas comeo jaa a terra com as soidades que lhe deixaram cavaleiros, que comeo outra terra com outras soidades? Cheos sam os livros de historias de donzellas que ficarom chorando por cavaleiros que se hiam e que se lembravam ainda de dar d'esporas a seus cavallos, porque nam eram tam desamorosos como elles. (p. 19, l. 17-22)

Her story, she says, is of two "amigos" (which can mean "suitors"), legendary heroes of that same locale, in whom "se

---

[6] Northrop Frye, in his *Fables of Identity: Studies in Poetic Mythology* (New York: Harcourt, Brace & World, 1963), pp. 19–20, suggests terms close to these as distinguishing the patterns of the tragic and comic visions of the human, animal, vegetable, and unformed worlds.

encerrou a fe que em todolos outros se perdeo." This, she believes, is why other men betrayed them and had them killed:

> ... creo que por isso ordenarom outros homens de os matar a treiçam, porque se nam pareciam maamente com elles. Que o mal nam tam somente aborreceo o bem, mas nam quisera ainda que ouvera ahi lembrar-se. (p. 20, 1. 3–6)

The main body of the novel consists of not one but two separate "histórias" in which Dona tells of the exemplary devotion of two knights, Bimarder and Avalor, who abandoned the profession of arms to be near the women they loved, and who, when forced to be separated from those women, preferred instead to renounce life itself. Dona, then, contrasts to the norm of the masculated and callous present the examples of virile heroes who, as opposed to renouncing love for war, renounced war for love. This standpoint is consistent with the sixteenth century vogue of Reform evangelism and the pacifist, or rather irenicist, spirit of the *Philosophia Christi* as it was expounded by Erasmus and others in opposition to "el farisaísmo tiránico."[7] By the end of the decade that evangelism would be would be persecuted as heretical.

Ribeiro's technique, in *Menina e Moça*, of incorporating pastoral motifs in what is essentially a secular poem of exile was only relatively new. Sannazaro in the *Arcadia* and especially Ribeiro himself, in his eclogues, had already developed pastoral along those lines, and these were followed by Garcilasco's eclogues and Montemayor's *Diana*, which was written as approximately the same time as *Menina e Moça*. The prototype for Renaissance pastoral literature is the Jewish song of exile, Psalm 137, "By the rivers of Babylon." During the High Renaissance that Psalm was translated and paraphrased by poets throughout Europe. The adaptations of that psalm by Portuguese authors (particularly Camões and Montemayor) were by far the most ambitious and original.[8]

---

[7] See Marcel Bataillon, *Erasmo y España: Estudios sobre la historia espiritual del siglo XVI*, Antonio Alatorre, trans., 2nd edition in Spanish (Mexico: Fondo de Cultural Económica, 1966), pp. 142–146 and passim.

[8] For a survey of poetic versions of Psalm 137 in Renaissance Europe, see B. Creel, *The Religious Poetry of Jorge de Montemayor* (London: Tamesis, 1981), pp. 146–165.

As for our interpretation of the specific thematic purpose which Ribeiro had in writing a work utilizing the pastoral setting as a non-idyllic poetic metaphor, we will attempt to support that interpretation with a) evidence that poets and humanists who moved in courtly circles, such as Ribeiro,[9] personally experienced the type of isolation to which we referred and that such experience was related to the fashion for pastoral literature, and with b) consideration of the character of literary taste fashionable in Ribeiro's day, particularly that of amatory literature in the courtly love tradition. Then, perhaps, a closer examination of *Menina e Moça* will bear out our interpretation.

During Jorge de Montemor's years as a resident at court (which would have been during Bernardim Ribeiro's lifetime and in a period when the Portuguese and Spanish crowns were united through marriage), he wrote two letters which express the anxieties he experienced while living in a courtly setting. One is to Diego Ramírez Pagán and the other to Jorge Meneses.[10] In both letters he refers to the court as a "mar de divisiones" which fosters favoritism, gossip, sanctimony, corruption, backbiting and smug self-conceit. But what one discerns most clearly in Montemor's dissatisfaction is his disenchantment with a world dominated by the whims and vain pretenses of people whose culture and intellect are inferior to his own, some of whom actually felt contempt for learning. To Ramírez Pagán (whom he calls Dardanio) he writes:

¿Gustas, Dardanio, di, deste innocente
estudiantejo, nescio y confiado,
que quiere en alabar hazerse gente?

[9] One of the few assumptions that is generally made about Ribeiro is that he belonged in his youth to the courtly circles which produced the *Cancioneiro Geral* of 1516, a collection to which he was himself a contributor.
[10] For the letter to Ramírez Pagán, see Francisco López Estrada, "La epístola de Jorge de Montemayor a Diego Ramírez Pagán (Una interpretación del desprecio por el cortesano en la *Diana*)" in *Estudios dedicados a D. Ramón Menéndez Pidal* (Madrid: Consejo Superior de Investigaciones Científicas, 1956), VI, 387–406. For the letter to Jorge Meneses, see *El Cancionero del poeta George de Montemayor*, ed. Angel González Palencia (Madrid: Sociedad de Bibliófilos, 1932 rpt. 1942), pp. 427–430.

¿Gustas, también, del cortesano inchado,
muy visto y muy leido en las *Trezientas*
y que a Boscán dos vezes a passado,
     Que se quiere poner con vos en cuentas
(señor, no va este verso bien medido),
y de una necedad, llega a quinientas?
     Y el otro, que se halla muy corrido,
porque otros ve escrevir, y sonetea,
y luego está por si de amor perdido.
     Su dama sea muy vieja, nescia y fea,
luego es otra Minerva, es otra Helena,
y allá la vio en un prado en Galilea.
     Es cosa para mí de tanta pena
ver estos poetillos remendados,
que pienso ya en pregon poner la vena. (31–49)

In his letter to Jorge Meneses, recalling the types at court, he
writes:

Vereis otro que infinge de prudente
     sin dar razón querer que lo que afirma
     valga, porque lo afirma solamente.
No pone alli Aristoteles su firma
     cuando es Philosophia, ni Augustino
     se es sacra Theología lo confirma.
El solo es quien lo dize y es tan fino
     que no creerá otra cosa, ni es bastante
     ningún sabio a metelle por camino. (pp. 428–429)

In these attitudes one recognizes the confidence which Renaissance humanists felt in their own cultural and intellectual supe-
riority as compared to those who isolated, despised, and ultimately persecuted them, namely, the agents of a tyrannical
theocracy seconded by the counterreformist Church.[11]

As an alternative to a world governed by dubious temporal
authority and insincerity, Montemor proposes, stylistically of
course, the pastoral life:

Pasemos, pues, senor mas adelante:
. . . .

[11] For an excellent portrayal of the conflict between learned humanists and
other elements of 16th-century Peninsular society, see Marcel Bataillon, "La
represión cultural," *Historia 16*, Madrid, Extra I (December 1976), 59–72.

De la vida campestre ora tractemos,
   en las ribeiras verdes nos metamos,
   que todo lo demas olvidaremos. (p. 429)

And to Ramírez Pagán:

Dexemos, pues, pastor estos cuydados;
escrivanse Dardanio y Luscitano,
como siervos d'amor tras los ganados. (49–51)
. . . .
   Allí serán, pastor, nuestras vezinas
Marfira y mi Marfida, y gustaremos
de contemplar pastoras tan divinas. (109–111)

But he warns:

Mas guarde hos Dios d'ver entrar un manto,
un rostro y ojos bajos, quel primero
que assi lo ve, hos jura que es un sancto.
   Y el es un lobo en trage de cordero;
quitaros ha el bonete con risilla
y da luego del ojo al compañero.
   O, quien dixesse: ¡Hay-de ti, Castilla ...!
Mas yo, Jesus, que digo: guarda fuera
que no se usa verdad, ni es bien dezilla. (136–144)

The image of the robed wolf in sheep's clothing with the appearance of a saint, snatching off Ramírez Pagán's university cap with
smug arrogance and then winking at a companion is all too
suggestive of the vigilance and disrespect that humanists were
subjected to by a malevolent, inquisitorial element at court. It is
reminiscent of lines from Sannazaro's *Arcadia*:

Two goats and two kids by his malice
   that traitor thief stole from my flock:
      so avarice holds the governance in the world.[12].

   And what is the attraction of the pastoral life? Again in
Sannazaro's *Arcadia*, Opico recalls the Arcadia of his youth:

Then the highest Gods did not disdain
   to lead sheep to pasture in the woods;
      and, as we do now, they too would sing.

   [12] Jacopo Sannazaro, *Arcadia & Piscatorial Eclogues*, Ralph Nash, trans.
(Detroit: Wayne State University Press, 1966), p. 20.

One man could not grow wrathful toward another:
   the fields were common and without boundaries;
     and Plenty caused her fruits always to spring forth anew.
There was no iron, which today is seen to terminate
   our human life; and there were not those tares
     from which it comes that every war and evil is germinated.
These raging madnesses were not to be seen
   the people had not learned how to litigate,
     by which the world must now pull itself to pieces.[13]

In the midst, then, of one's experience of a tormenting tension between nature and civilization, the adoption of pastoral conventions gave an author the incentive to harmonize the healthy, sincere, truthful, immutable aspect of his own being, that is, his soul, with the fertility and innocence of an uncorrupted setting that mirrored the best in himself, that resisted corruption and hypocrisy, and remained, as it were, in a state of eternal springtime. The pastoral dimension, then, becomes a projection of the poet's own soul. Lured by the idyllic harmony of that dimension, which reflects the poet's candor, he is drawn away from himself, yet, paradoxically, in a process of radical introversion, which is escape only in the sense of being entry into a dimension where he can relieve his feelings and express a discontent which would have been offensive to court etiquette. Montemor writes of the court:

Quien puede lo que ve disimulallo
   y el grave descontento en todo estado,
   e aquella sed de siempre acrescentallo? (p. 427)

The result is the strangely introverted literature in a pastoral setting so peculiar to sixteenth-century Peninsular literature, including what Jorge de Sena has referred to as "o pastorilismo silopsista de Bernardim Ribeiro."[14] The phenomenon of such a literature is not gratuitous. It vividly depicts the experience of nations cut off from the rest of Europe and the isolation and consequent efforts of the Peninsula's cosmopolitan humanists to survive culturally and psychologically by retiring to the only free sphere which was left, the creative sphere. Referring to Spain, J. H. Elliott writes:

[13] Ibid., p. 67.
[14] Jorge de Sena, "Maneirismo e Barroco na Poesia Portuguesa dos seculos XVI e XVII," *Luso-Brazilian Review*, September 1965, p. 36.

Early sixteenth-century Spain was Erasmian Spain, enjoying close cultural contacts with the most active intellectual centres of Europe. From the 1550's there was a chilling change in the cultural climate. The *alumbrados* were persecuted, Spanish students were forbidden to attend foreign universities, and Spain was gradually sealed off by a frightened monarch from contact with the contagious atmosphere of heretical Europe. The conscious transformation of Spain into the redoubt of the true faith may have given an added intensity to Spanish religious experience under Philip II, but it also served to cut Spain off from that powerful intellectual current which was leading elsewhere to scientific inquiry and technical experiment.[15]

We have only to imagine the Peninsular "Arcadia" not as the Virgilian golden Age, uneclipsed by time or death, but as a redoubt within a redoubt, or as a place of refuge from the place of refuge. For in *Menina e Moça* pastoral motifs are incorporated only as a metaphor for withdrawal from the anxieties of experience. The pastoral setting is never depicted and is never inhabited by the reader. Ribeiro's solution is not the passive romanticism of a barren introspection into the self, even less so than is any work in the renaissance tradition of sentimental love literature, which conceives introversion in very special terms, as a longing for union with an ideal of goodness and beauty outside the self and represented by the beloved. *Menina e Moça* begins on a note of unprecedented, even fatalistic, disenchantment, but that tone is largely abandoned after the introductory chapters in favor of a more active romanticism and a displaced version of the heroic mode.

Adoption of the pastoral mode, of course, did not furnish authors with a means to exercise freedom of expression in the modern sense. That freedom was relative; it was freedom only to express "heterodox" emotions (not thoughts), and it was generally

[15] J. H. Elliott, "The Decline of Spain" in *Crisis in Europe, 1560-1660*, ed. Trevor Henry Aston (New York: Basic Books, 1965), p. 187. Actually, persecution of the *alumbrados* began much earlier, in 1525. Those persecuted in the 1550's were often accused of being *alumbrados* or *Lutherans* but were generally Erasmians, Catholic Reformists with Protestant leanings, or exponents of a spiritualized and personal piety reminiscent of all of the above, including the spirituality of the *alumbrados*, Lutheranism, and Augustinianism of a highly traditional sort. Elliott, by the way, indicates that, contrary to widespread belief, the social and economic crisis experienced by Spain is now seen as a general problem of European societies of the time (pp. 171–172).

purchased by authors at the cost of arraying their works in a shroud of obscurity, the tactic of Hamlet. Yet it is this same obscurity which makes much of Renaissance literature so highly suggestive. Some of the seemingly illogical and elliptical elements of such literature, often referred to in the present age as "manneristic," have been mentioned above and will be discussed again shortly. However, the most interesting and generally misunderstood ingredient of that obscurity (not to say "obscurantism") was that which donnned a mask of absolute candor and came to constitute a fashion in literary and rhetorical taste which was not only consistent with but was recognized as the better part of courtly etiquette itself: the age-old codified rhetorical idiom of courtly love.

According to the canons of that tradition, the character of romantic love is basically paradoxical: whereas it represents love as a joyous triumph of the "gentle heart," it was also the source of the most excruciating pain. Now normally the anxieties of love would be attributed to a fear of rejection or to frustrated desire and that would be the end of it. But in the literature of courtly love, it is part of the joy of love to be sad, which, though psychologically accurate, is a paradox. It becomes a rhetorical stance, and the starting point for centuries of amatory lyric, of one of the richest traditions in world literature. Maurice Valency translates a characteristic stanza written by Rigaut de Barbezieux as follows:

> I am sad, I am happy; often I sing, often I
> sorrow, now I grow thin and now I put on
> flesh, for love has divided himself in my
> heart into joy and sadness; in laughing
> and in weeping, in dreaming and in playing,
> Love shows me his qualities in the midst
> of laughter and tears.[16]

This concept of love is also introduced in *Menina e Moça*: Dona tells Menina, "... segundo entendo devem-vos aprazer as cousas tristes, como me vos a mi dezeis" (p. 14, 1. 14–15) and later describes herself as "amiga da tristeza" (p. 16, 1. 5–6). A grateful

[16] Maurice Valency, *In Praise of Love: An Introduction to the Love-Poetry of the Renaissance* (New York: The Macmillan Company, 1958), p. 157.

acceptance of the inconveniences of one's devotion to the beloved was part of a fashion in refined taste: it represented the degree of one's inclination for devotion to an ideal of beauty and virtue. Love must always be deep and painful and a source of destruction. Thus Ribeiro's "Egloga IV (Chamada Jano)" begins,

Um pastor, Jano chamado,
de amor da fermosa Dina,
andava tam tresportado
que por dita nem mofina,
nunca era outro seu cuidado:
Segundo o bem que queria
tam pouco do mal se guardou,
que vendo a Dina, um dia,
logo da vista cegou,
que dantes d'alma não via.[17]

On one level, of course, the image of physical disruption conveys the sense of how the lover dies figuratively and is reborn with a completely new psychic orientation, the lady being his cynosure. But I believe that it is also suggested in the literature of this tradition that the obstacles to the love, which cannot help but remind us of a repressive and authoritarian atmosphere (the aforementioned "sterility"), render most impractical and perilous precisely those impulses which are the most pleasureable and voluntary ("o amor, que é, se nam vontade?" [p. 48, l. 16]).

Since Boccaccio is the father of the sentimental novel (*Elegia di madonna Fiametta*), it would be well in this study to exemplify the latter point with a passage from his works. In the *questioni d'amore*, which appears in the *Filocolo*, Galeone asks the beautiful and wise Fiametta whether it is to a man's own good to fall in love. Fiametta answers that there are three kinds of love: the first is virtuous love, good, upright and loyal, the love which links man to God. It reminds us of the "chaste felicity" that Fiametta, the protagonist in the much later *Elegia*, enjoyed with the man whom she married dutifully at an early age before ever having fallen in love ("until furious Love with a secret kind of unknown fire, and never felt by me before, entered into my tender and young

[17] Bermardim Ribeiro, *Obras completas*, ed. Aquilino Ribeiro and M. Marques Braga (Lisbon: Libraria Sa da Costa, 1950), II, 91.

breast"). The second is love for delight: "that to which we are most subject and our god to whom we pray for our gratification."[18] This is the type of love which must be considered to answer Galeone's question. The third type of love is love for utility. Being exploitative, it depends on the presence of changeful Fortune and is rather "more a form of hate than love." Considering the second type of Love, it is characterized as a cruel tyrant and an instigator of vice to be fled and reproved. The only reason we submit to his power, pursue the wanton pleasures he affords and even worship him is that it is unlawful not to. He is violent, devoid of reason, and the heart wherein he lodges is forever embittered by shame, anguish, passion, grief, and complaint of the same. "Who but fools will then encourage that love be followed?"

It is not very difficult to interpret the subtle irony in these words: here the implicit denunciation of real, not figurative, corruption and despotic tyranny is coupled with a tacit affirmation of that which is seeming to be denounced. The first type of love is admirable, but it is not intriguing nor interesting: it is too strictly correct, too ruled, and too dull. The third type of love is out of the question. And what of the second? That type of love is flited to the point of persecution, yet (we somehow know) with a knowledge on the author's part that any persecuted idea acquires a certain tinge of nobility and elicits sympathy. Hence, romantic love, which the author claims to be discouraging, is actually encouraged. "Since we are caught in his nets, . . . it is better for us to follow him and be guided submissively to his pleasures." Here is an example of the profound "transvaluation of values" by means of which Renaissance secular culture overthrew the asceto-monastic traditionalism of the Middle Ages. This tacit celebration of the ecstasy of love-passion, ironically projected as an experience of agony, is what gives the literature of complaint in the courtly love tradition, even the most mournful, its subtle gaiety and its charm. One of Heine's "Reflections" is "For in the last analysis the world is right — and forgives the flame so long as it is

---

[18] This and the following quotes from the *Filocolo* are from Giovanni Boccaccio, *Thirteen Most Pleasant and Delectable Questions of Love*, Harry Carter, trans. (New York: Clarkson N. Potter, 1974), pp. 88–95.

strong and genuine, and burns long and bright."[19]

There will always be something splenetic in the despondency of the thwarted lover. For this reason a lover's patient devotion is the more laudable, and—when there is not sufficient cause—his haughty impatience the more a sign of vulgar frailty. In *Menina e Moça* the contrast the between these two types of love is exemplified in the intercalated narrative told to Avalor when, after attempting suicide for the second time, he is swept ashore and then awakened by the cries of a lady. She explains that she was seduced by the tears of a man with whom she remained for four years, until she distinctly sensed that he was in love with another woman. She ran into the forest and he followed her insisting that she was wrong. To endear her he took out a hunting net she had made for him and in which she had woven some initials. As she looked at it somehow her hands became entangled in the net. When she would not yield to his pleadings, he became angry and walked away, saying "Pois me nam quereis creer, quando vos nam peze, eu farei que me creais, quando vos nam possa deixar de pezar" (p. 134, 1. 11–12). Perhaps he did not notice, she explains, that her hands were still tied. Since that day she had wandered and was about to perish from exposure when she saw Avalor. But in contrast to her impatient lover, she did not want to take vengeance on him, only on the other woman: she tells Avalor, "... o dom que de vos aceitei, nam he para que me vingueis delle, que lhe nam quis tam pouco bem que lhe possa ainda querer este pequeno mal, mas quero-o para que me vingueis della" (p. 135, 1. 4–7).

To interpret such an episode in abstract terms, that is, as an opposition between the idealism of faithful devotion on the one hand and the capacity for sanctimonious or arbitrary violence on the other is not to diminish the personal significance of romantic love. On the contrary, it is to recognize the central place that erotic love occupies in the human psyche and the relationship of that love to every important aspect of human experience. When one considers the unrelenting insistence with which poets worked and reworked the conventional motifs of courtly love literature

[19] *The Poetry and Prose of Heinrich Heine,* ed. Frederic Ewen (New York: The Citadel Press, 1948), p. 653.

40

over a period of five centuries, one is left with the impression that such literature, especially as it developed under the influence of Renaissance Neoplatonism, was meant to refer to even more than love relations between men and women. Perhaps it was this intuition that led Maurice Valency to write of the *stilnovisti*, "Ultimately, this poetry has little to do with women";[20] and of Jaufre Rudel he writes:

> ... the poems which Rudel sings of his far-off love do not permit us to decide whether *amor de lonh* is sacred or profane, concrete or abstract, a mood or an aspiration; whether the far-off lady is an ideal of unattainable happiness, or the Blessed Virgin, or simply a lady who lived on the other side of the sea."[21]

The success of pastoral literature, which can look back on 2,000 years of uninterrupted development, is due largely to the fact that it came to serve as a vehicle of romantic sentiment. Speaking of pastoral literature in general, Arnold Hauser writes, ". . . there is probably no other subject-matter that has occupied the literature of Western Europe for so long and maintained itself against the assaults of rationalism with such tenacity."[22]

Courtly love literature developed the concept of love as an external power which cannot be resisted, as the "torture of a mortal by a god who inspires him."[23] The most elaborate development of that theme was in the story of Amor and Psyche, widely read on the Iberian peninsula in the sixteenth century in Apuleius' *Metamorphoses*, or the *The Golden Ass* (first translated into Spanish in 1513[24]). That story provides us with the starting point in a mythopoeic analysis of *Menina e Moça's* most vivid images and their relation to the aforementioned central theme of the isolation of fertility, or social sentiment, in an environment hostile to it.

[20] Valency, p. 210.

[21] Ibid., p. 126.

[22] Arnold Hauser, *The Social History of Art*, Stanley Godman, trans. (New York: Vintage Books, 1957), III, 18.

[23] Edgar Wind, *Pagan Mysteries in the Renaissance* (Yale University Press, 1958), p. 145.

[24] The 1513 translation was by López de Cortegana. It was again translated in 1543 by Alonso Fuentes (?). See R. R. Bolgar, *The Classical Heritage and Its Beneficiaries* (Cambridge University Press, 1958), p. 527.

41

After Psyche violated Eros' command not to attempt to see him, suddenly she found herself on a lonely rock on the summit of a mountain. So Menina appears at the beginning of the novel, isolated on the summit of a mountain, the bride of an invisible Love, contemplating the bitterness of her fate, and seeing the land below drop into a vast ocean. Psyche first goes to a nearby river where she attempts suicide. So Menina goes to a river in the fertile valley below. There she listens to the doleful song of a nightingale (an image of herself, as well as of fecundity and freedom) which suddenly dies, falls through the leafy branches of a tree, and is carried downstream by the river. The sterility-fertility symbolism is further reinforced by Menina's contemplation of a boulder (a symbol of sterility) obstructing the flow of the water (a symbol of fertility): "aquelle penedo . . . enojando aquella agua que queria hir seu caminho" (p. 13, 1. 12–13).

Menina then meets the "dona do tempo antigo," who, like herself, is wandering as an exile in a hostile world, alienated from the order of nature. Dona is lamenting the loss of her son, who, we are led to understand (p. 20, l. 21–p. 21, l. 2), was a True Lover like the "dois amigos" of whom she tells her story. On one level the old woman simply represents the sterility of the present age, that interpretation being further reinforced by her statement to the effect that her misfortune is the world's, or everyone's, having been deprived of her son ("a grande minha desaventura levou a todo mundo a meu ... filho" [p. 11, l. 3–4]). On another level, however, "todo mundo" is represented by Menina, and Dona's son is a symbol of Love and of general fertility, i.e. a Dionysus figure. This would mean that Dona is an analogue of Persephone, whose son Dionysus, according to Orphic legend, widespread in the Renaissance,[25] was killed by the Titans.

Dona's first story is about a knight named Bimarder, a name which is generally interpreted as an anagram of Ribeiro's own name but which seems also to encourage the interpretation *bem arder*, i.e. well-inflamed (by love). When he sees the beautiful Aonia (from *agonia*, the state of love-melancholy?) mourning her dead sister, he renounces his service to Aquelisa (whose name

---

[25] See Wind, *Pagan Mysteries.*

Helder Maçedo associates with *Ecclesia*[26]) and changes his name (it had been Narbinel) so as to stay near Aonia and not be identified. One night his horse is chased by a pack of wolves into a stream and devoured. There are several ways to interpret the symbolism of that image, but it seems most consistent with the romantic mode of the work not to interpret it in strictly Neoplatonic terms—the horse as a symbol of lust and the wolves as the retributive messengers of Satan—but to interpret the horse as representing, like the nightingale, fertility and freedom and the wolves simply as an image of the perverse and diabolical. Hence the horse is an image of the hero himself, who, we have been told, was to meet with a similar fate. Bimarder then joins a group of shepherds, who live in constant fear of wolves, but prefer wolves to hunger. Avalor becomes known as "o pastor da frauta." The flute is widely honored in myth and ritual as a phallic symbol with influence over fertility and is for this reason played at betrothals, courtships, weddings and rites of fertility and healing. In Greek art the flute is an emblem of Dionysus, of whom both Bimarder and Avalor are representatives. Like Diana in Montemayor's novel, Aonia's father married her against her will to a wealthy neighbor. The general thematic import of Bimarder's devotion in love and in the impossibility of love has been discussed above. Although in romantic literature love had gotten the better of heroism before (e.g. in the *Amadis*), this degree of a reversal of traditionalistic priorities signals an important shift away from the cold belligerence of the Middle Ages, pointing toward Céladon in d'Urfés *L'Astrée* and the eventual reassertion of feminine emotion in the ideals of sensibility developed during the Enlightenment.

Dona next tells the story of Avalor, whose name reminds one of the word *avalar*, to endorse, or make good a promise. Now that the theme of the opposition of fertility and sterility is firmly established, Ribeiro concentrates almost all his attention on depicting the scrupulous innocence and timidity of the two lovers: Avalor and Armina (the daughter of Aonia's sister). The setting of this story is the court ("onde se nao custumam senam prazeres, verdadeiros ou fingidos"), although Avalor rarely enters the pal-

[26] Maçedo, p. 89.

43

ace and it is not described to the reader. Avalor was committed to the service of one *senhora deserdada*, who had come to court to ask for the assistance of knights after the land which she was to inherit upon her father's death had been stolen from her. She is highly regarded by the King. But Avalor is seduced by Armina's modesty, by the way she lowers her eyes. His life now becomes a constant torment. At first he is torn between *a senhora deserdada* and Armina, but a vision of a delicate maiden visits him in a dream and explains to him the difference between devotion as an inspired sentiment and devotion as the mechanical performance of a duty, between a will which acts in the expression of an amorous impulse originating subjectively and a will which acts in conformity to an external command. Avalor now devotes himself to Armina, but before the two lovers are able to overcome their timidity and confess their mutual love, the envious gossips at court discover Avalor's feelings, thereby embarrassing Armina, who feels forced to return to the home of her father. Avalor is told by one of the vain courtiers that she is of the sort that cannot be loved because she is "tanto do outro mundo," which I believe is meant as a reference to her modesty, neither understood nor appreciated at court. Avalor tries to follow her but cannot. In desperation he eventually throws himself into the sea and, without knowing it, is washed ashore in the area where Menina and Dona are conversing.

At the end of the novel (that is, of the Ferrara edition) there are two reiterations of the water-stone symbolism: As Avalor is washed ashore, he tries to hold onto some rocks jutting out of the water. The sea pounds on the rocks and sweeps over them "como que se armava pera se vingar daquelles penedos que estrovo lhe faziam as suas agoas" (p. 125, 1. 16–17). While unconscious, Avalor hears a voice saying, "E nam te acordas, Avalor, que o mar nam soporta nhua cousa morta?" (p. 127, 1. 5-6). Later, when Avalor begins the story of his father's defense of a lady who had been abused, brutally mocked and then abandoned by a local tyrant, he says that his father found her "acerca de hua fonte que de hum penedo daquella cerra sahia" (p. 136, 1. 2-3). A rock swept by water, representing the emotional tension and frustration of the foresaken lover, is one of Ribeiro's favorite symbols. It also occurs in his "Ecloga I":

44

Sentava-me em um penedo
que no meo d'agoa estava;
então dali só, e quedo,
a minha frauta tocava.[27]

But the most important image at the end of *Menina e Moça*, from a structural standpoint, occurs when Avalor regains consciousness, hearing a woman call out in distress:

E sendo elle acerca de huns arvoredos grandes que sobre aquella alta rocha muito mais altos estavam, ainda olhou e vio ao pee de hua antiga arvore estar com as mãos atadas hũa donzella, segundo pareceo, nos cabellos que soltos tinha e toda a cobriam." (p. 128, 1. 11–15)

Dona is apparently referring to a great rock in the vicinity of herself and Menina, a rock analogous to the place, if not the same, where we found Menina at the novel's beginning. In the previous age of greater fertility, she explains, that rock was surrounded by forests whose trees were much taller. But most significant is that again there is introduced the image of the abandoned wife. At this point, in spite of its apparently truncated ending, the narrative, in both plot and theme, has gone in a complete circle.

The effect of the unresolved, obscure, dissonant (that is "mannerist") ending of *Menina e Moça*, its breaking off at the beginning of what promises to be the most thrilling episode of the novel from a sensationalistic point of view, is that it troubles the reader and frustrates his desire for a facile interpretation of Ribeiro's narrative. Art critics and now literary critics use the word "troubled" in describing "mannerist" style: "troublesome" might be a more appropriate term. The elliptical elements in *Menina e Moça* frustrate the reader and force upon him to an extraordinary degree a thematic appreciation of the text. For Ribeiro's novel, unlike, for example, the novels of Diego de San Pedro and Montemayor, does not even seek to appeal to the reader as a sample of courtly manners. Such structural techniques are not unique to *Menina e Moça*. That work is one of several sixteenth-century Peninsular pastoral romances which end on an unresolved note, promising, for example, a continuation that was never written.

[27] Ribeiro, *Obras*, II, 9.

Such endings make it difficult to classify works as "entertainment literature"; hence the tendency of much criticism to attempt to explain them instead in terms of an author's biography. The truncated ending, however, served the purpose of hindering the readers' tendency to dismiss a work by situating it in a neat system of classification, of frustrating the desire to dismiss a work by means of a conventional point of view. Why should we hesitate to doubt that this is the case? It is generally recognized that such features of nineteenth-century romanticism as the hero as homeless wanderer, his estrangement, his restlessness and aimlessness, his feeling of isolation, his anarchism[28] — that these are an expression of the author's rebellion against the refuge of a neatly-ordered rationalism and against social convention. Why, in the case of sixteenth-century authors, do we overlook the traditionalism of social attitudes and the hypertrophic rationalism of scholastic theology and attribute many of the characteristics of romanticism to a "reaction" (not a rebellion) against classicist stability, as though that stability even existed outside an artistic vacuum? It is as though we were seeking to avoid confronting the elements of a work which are original, unexpected, or unusual by means of placing them under the obscure and very broad heading of "mannerism."

What can be said of the reasons for *Menina e Moça*'s censorship by the Portuguese Inquisition in 1564? Apart from its untamable libidinous morality and skepticism of spirit, which must simply have gone against the grain of the counterreformist Church, the work contains certain elements which are characteristic of the doctrine of *iluminismo*, or Catholic reformism. There is the denigration of works, a sensitive issue when the institution of penance and the *satisfactio operis* were under fire from Protestant elements throughout Europe. When Lamentor sends his daughter Armina off to court, he tells her, "de quem desseja com maa tençam ou de quem desseja com boa, d'ambos sam as obras iguais ... pois Deus soo o conhecimento das tençois dos homens gardou pera si ..." (p. 100, 1. 2–9). Similarly, the maiden who appears to Avalor in his dream speaks of the dif-

[28] Hauser, p. 212.

ference between "vontade por força d'amor, e outra por amor forçado dada" (p. 103, l. 19-20). The same distinction between what could be interpreted in terms of sincere piety on the one hand and a hypocritical piety of external devotions on the other, is expressed in the following words: "Que querer bem, e nam verdadeiro, pode-se dissimular e finger, mas dissimular ou encobrir o bem que quer alguem, nunca ninguem o soube fazer, que o quisese verdadeiramente" (p. 117, l. 25-p. 118, l.3). Also, the suicide attempts of Avalor might have been dimly viewed. Cervantes' difficulty in integrating, after Trent, the suicide of Grisóstomo in the *Quijote* is well known.

Perhaps the Inquisition and the censorship of works such as *Menina e Moça* ought not to be regarded as aberrations of the times, but as phenomena which erupted at a moment (by no means unique) when circumstances happened to favor the whims of a sterile and authoritarian element which exists in all societies in all ages: the narrow and psychologically sedentary element which resents inspiration and fears individuality. *Menina e Moça* represents a triumph of the inspired individual psyche isolated at a time when true emotional fervor and honorable sentiment courageously strove to survive. By means of a sentimental ethics and a cult of sensitivity to suffering humanity (which in Ribeiro's novel is always what kindles romantic love), Renaissance humanism sought to oppose systematically the cold fanaticism reigning throughout Europe in the sixteenth century. Ribeiro's novel celebrates the sixteenth-century equivalent of the eighteenth-century man of sensibility, the good man inspired by feminine beauty, the man of feeling, the man of beautiful sentiments. Melancholy in this work (*O Livro das Saudades*) is one such beautiful sentiment. It is the melancholy of the chaste and humble heart. Yet the sentiment of melancholy is of different types,[29] some of which betray a gloomy surliness or callous malevolence, cloaked though they may be in altruism or the appearance of piety. The distinction between these two general types of sentiment—healthy inspiration and pernicious fanaticism—is crucial to an appreciation of *Menina e Moça*, for the isolation and destruction of beautiful

[29] See Louis I. Bredvold, *The Natural History of Sensibility* (Detroit: Wayne State University Press, 1962), pp. 55-59.

sentiment by arbitrary power is the subject of the book. At the very end of the final chapter, when the victimized woman whom Avalor's father had met near a fountain leads him into the castle where she had been held captive, he sees coming towards him

> hum cavaleiro grande, ao parecer de grande
> esforço, fermosamente armado, em hum
> fermoso cavalo com sua lanca na mão,
> e escudo embaraçado a ponto d'aver
> batalha e chegando onde meu pai estava,
> dezia elle [my father] que *com demasiada*
> *ira* disse escontra a donzella que o alli
> trouxera, estas palabras: LAUS DEO.
> (p. 140, 1. 5–10, my italics)

California State University, Long Beach

The Originality of Antonio Enríquez Gómez in *Engañar para reinar*

Glen F. Dille

Except for a few random dates concerning presentations and publications and what can be inferred from the facts of the author's life, relatively little is known about the chronology of the plays of the *converso* dramatist, Antonio Enríquez Gómez (1600–1663).[1] Thus it is especially interesting to find in the closing verses of his *Engañar para reinar* the following statement: "Y aqui el Poeta dà fin / à su Comedia, notando / ser la primera que ha hecho."[2]

---

[1]Critical materials on Enríquez Gómez have steadily multiplied in the past decade. The fundamental works on the author's life are I. S. Révah's "Un pamphlet contre l'Inquisition d'Antonio Enríquez Gómez: La seconde partie de la *Política angélica* (Rouen, 1647)," *Revue des Etudes Juives*, 131 (1962), 81–168, and Charles Amiel's edition of *El siglo pitagórico y vida de don Gregorio Guadaña* (Paris: Ediciones Hispanoamericanas, 1977).

[2]The first printing of this play seems to be that in *Doze comedias de las famosas que asta aora han salido de los meiores, y mas insignes poetas, 3ª parte* (Lisboa: Antonio Alvarez for Juan Leite Pereira, 1649). There are at least four manuscripts—three in the Biblioteca Nacional (Madrid) 17.011, 15.163 both attributed to Calderón) and 15.080; one in the Hispanic Society of America B2624. *Sueltas* are in most of the large *comedia* collections. Here I cite page and column from *suelta* CTAE 15,3 in the U. of North Carolina collection (Valencia: Viuda de Joseph de Orgá, 1762 [attributed to Calderón]).

One hesitates to accept this statement entirely at face value; it seems more reasonable to suppose that this play was rather the first that he thought worthy of being made public. As far as I know there is no record of its being performed, although there is no reason to suppose that it was not. But whether his earliest or not, *Engañar para reinar* is an exuberant work full of the *culteranismo* and *conceptismo* of the day, one not primarily concerned with the crafting of a well-constructed plot. The play has many excellent features, and that it was often attributed to Calderón attests to Enríquez Gómez's considerable dramatic talent. *Engañar para reinar* is doubly worthy of consideration for its topic and for many of the elements that come to be characteristic of his *comedia*:

1. a certain prosaic quality of verse that is at its worst in the lengthy and cliché-ridden *relaciones* emulating more accomplished poets, particularly Calderón, but lively and entertaining verse in the dialogue.[3]

2. along with the rhetorical fireworks, there is a fondness for the spectacular stage effect and a real compulsion for melodramatic situation.[4]

3. the general avoidance of elements that place the work in a Christian reference, to the point that even the conventional interjections and exclamations are de-Christianized. Whatever biblical elements there are almost always are from the Old Testament.

4. the message "between the lines" (not necessarily a feature of every play) so that, rather like an optical illusion, the play appears to be an orthodox presentation of society, but closely examined can also be understood as sharply critical of the Old Christian regime.[5]

[3]C. H. Rose discusses the shortcomings of his verse in her preface to an edition of *Fernán Méndez Pinto: comedia famosa en dos partes*, eds. Cohen, Rogers, and Rose (Cambridge: Harvard U. Press, 1974).

[4]N. D. Shergold in *A History of the Spanish Stage from Medieval Times until the End of the Seventeenth Century* (Oxford: Clarendon Press, 1967) notes Enríquez Gómez's elaborate staging, pp. 372, 374–75.

[5]Almost all the articles written on Enríquez Gómez, and particularly on his exile works deal with the decipherment of his message. See: J. García Valdecasas'

5. an originality of characterization and situation that often produces dramatic figures of surprising complexity or whose motivations and actions are quite different from those of the usual seventeenth-century *comedia* roles.

The originality of Enríquez Gomez has not gone unnoticed: C. V. Aubrun several years ago wrote of "la vie mouvementée du dramaturge et . . . l'extraordinaire originalité. La nouveauté, au XVIIe siècle, de son apport réside moins peut-être dans la technique que dans les thèses politiques et morales"; and A. J. Cid echoed this sentiment with reference to Enríquez Gómez's poetry, "En los versos . . . cree encontrar, al menos, algo de lo que no va muy sobrada nuestra poesía áurea, es decir ideas que necesitan de otra exégesis que la puramente mitológica o gramatical."[6] But although there has been a renewal of interest in the works of Antonio Enríquez Gómez, concerning the number of plays and other works of this author, very little has been offered to explain just what is the "extraordinaire originalité" of this dramatist.

It seems fitting that his earliest play begins at the apex of the Christian state, the king, but a plot outline of *Engañar para reinar* indicates how different is its monarch compared to the tragic or heroic, but always semidivine king of the majority of seventeenth-century *comedias*. The play is set in a Polish-Hungarian empire on the verge of civil war. The two leaders are King Iberio, supported by the commoners and by some few loyal nobles, and his illegitimate brother Ludovico, supported by the barons, chief among them Ricardo. During a hunt Iberio chances upon the mysterious Elena in an inaccessible part of the forest. He falls in love with her and resolves to marry her in spite of the fact that under the terms

Las "Academias morales" de Antonio Enríquez Gómez (Sevilla: Anales de la Universidad Hispalense, 1971), Timothy Oelman's *Marrano Poets of the Seventeenth Century* (Rutherford, N.J.: Fairleigh Dickinson U. Press, 1982) and my article "The Tragedy of Don Pedro: Old and New-Christian Conflict in *El valiente Campuzano*," *BCom*, 35, 1 (1983), 97-109.

[6]C. V. Aubrun, "Thèse, amorces de travaux, idées à creuser, *"Bulletin Hispanique* 59 (1957), 89. A. J. Cid, "Judaizantes y carreteros para un hombre de letras: A. Enríquez Gómez (1600–1663)" in *Homenaje a Julio Caro Baroja* (Madrid: Centro de Investigaciones Sociológicas, 1978), 293. Aubrun credits this originality to the author's "afrancesamiento," an idea which Cid disputes (295, n. 43).

of his father's will he is to marry Princess Isbela of Poland. Almost at the same time he learns that Ludovico plans to murder him to gain the throne. He escapes to Elena's father's secluded estate while Ludovico and the court believe that he has drowned fording a river. Elena's father, Tebandro, turns out to be Iberio's uncle, who has been in hiding for years after a falling out with Iberio's father, the late king. Iberio marries Elena and for three years takes up the pastoral life of a shepherd. During this time Ludovico continually pressures Isbela to marry him, but she, steadfast to Iberio's memory, rebuffs him. When Iberio learns of Ricardo's death he comes out of hiding and reveals himself to Isbela, seeking her support. The price she exacts is his promise of marriage, which Iberio seems to give. With her help and that of other loyal forces Iberio returns to the throne. Upon his resumption of power he acknowledges Elena as queen, he pardons Ludovico and gives him half the kingdom plus Isbela's hand in marriage.

The ending is ostensibly a happy one with the king's actions bathed in the light of approval. But it is clear that the focus of the play is not on the usual love triangle of Iberio, Elena and Isbela, nor is it on the political struggle between a usurper and the rightful king; the overriding concern of the playwright is the conduct of a prince and his responsibility to his subjects.

Almost from his first lines we recognize Iberio's lack of feeling and responsibility. He makes only a perfunctory statement about resisting Ludovico's revolt, bowing almost immediately to his constable's suggestion that he flee to Italy to wait out the events. The unseemly flight is due to his aversion to marrying Isbela, which he felt even before meeting Elena, and fear for his own life. He confesses as much to Elena's father in his dilemma speech at the end of Act 1:

> y sobre todo el estado
> de mi vida, y el peligro
> que llevo si este tirano [Ludovico]
> sabe si buelvo à mi Corte;
> porque si estàn convocados
> mis vassallos, soy perdido:
> de Isbela el pecho bizarro
> està loca en el quererme,
> y si con ella no caso,

52

pierdo à Ungrìa, y sobre todo
adoro à Elena; y hallo
por mejor, dexar el Reyno
à que le goce un bastardo
como Ludovico, que es,
como tù sabes, mi hermano,
y vivir en estos montes
hasta vèr estos tiranos,
ò con nuevos successores,
ò à la tierra tributarios. (11b–12a)

Iberio's justification of this tacit abdication is a strange mixture of pragmatism and self-indulgence. Pragmatic because Ludovico does seem to have at his command superior forces, although at no time is Iberio even remotely interested in challenging them. Indeed, fearing for his life, a very unkingly emotion, he seizes upon the rebellion as an excuse to flee from Isbela and the burdens of leadership to cavort in the woods with Elena.

It is clear, however, that Iberio will not be content to rusticate forever even if at this moment the *vida retirada* seems attractive. With some attempt at self-justification for his flight Iberio says that the shepherd's life will make him a better person — "que buen Rey nadie lo ha sido / si no ha tomado el cayado" (12a). The sentiment is noble even though the idea of a king playing at shepherd for three years in fear of his life runs contrary to the concept of kingly *gravitas*. But even in this statement Iberio includes a loophole, for implicit in it is the notion that at some time in the future, when he tires of his pastoral games, he will return to rule and, for all his humble labor, will be a better monarch.

While Iberio's dereliction of duty is unusual for the conventional *comedia* monarch, his conduct vis-à-vis Isbela is truly reprehensible, a fact that Enríquez Gómez emphasizes by creating in Isbela a superior woman who by birth and conduct well merits the title of queen. There is nothing in the play to justify Iberio's violent aversion to her ("Isbela, que aborrezco," 7b), or to excuse his cynical exploitation of her love once he tires of his charade and sees an opportunity to regain the throne. When all assume him dead, Isbela remains faithful to his memory and refuses repeated opportunities to become Ludovico's queen. Because of Ludovico's unrelenting and unwanted attentions she resolves to take the veil, a decision causing him to plan to take her by force.

When Iberio announces his intention to come out of hiding both Tebandro, his father-in-law, and the constable are concerned about how he will gain Isbela's vital support now that he is married to Elena. Iberio, however, is not at all concerned — "Dexame à mì, / . . . el modo, y la traza, / que yo sè lo que me importa" (20b). In his secret meeting with Isbela that opens Act III Iberio takes advantage of her constant love with what must be a carefully prepared *traza*. First, to cloak himself in piety, in an almost blasphemous lie, he tells her that he has just returned from a pilgrimage to Jerusalem. Even worse is a series of equivocal statements that Isbela understands, as he well intends, as a promise to marry her and make her queen. Iberio tells her:

Quien tanto, Isbela, te ama,
còmo lo podrà negar?
. . . .
Digo, Isbela, que te doy
palabra . . . .
Que serà tuyo el laurèl
. . . .
Y que acudiendo à quien soy,
mi sangre . . . . . .
te darè, y en todo estado
sabràs . . . .
Que te ha estimado tu esposo,
y que tu amor he pagado. (23b–24a)

Blinded by her love Isbela hears what she wants to hear and helps him regain the kingdom. When she sees him enthroned she publicly claims her seat beside him: "Ya que en èl [the throne], señor te veo, / pues te tengo por mi amparo, / subo al dosèl, como esposa" (31b). But her attempt to take her place is suddenly stopped by Elena with the brusque words "està, señora, ocupado" (31b).[7] Iberio's explanation to the dumbfounded Isbela is a marvel

_____

[7] Elena's words also have a vengeful edge. They are a variant of her angry statement to Iberio after overhearing him promise to marry Isbela — "*Iberio:* Querida esposa del alma: *Elena:* Còmo del alma, señor, / si la teneis ocupada?" (24b). Enríquez Gómez delighted in dialogue in which a woman heaps withering scorn on her rival or her hapless boyfriend. See my "Notes on the Agressive

of smugness and guile. He introduces Elena as his wife and admits he lied concerning his whereabouts, but he only half-acknowledges his deception about the promise of matrimony, speaking of it as "el engaño que te hice; / si puede llamarse engaño / Engañar para Reynar" (31b). The climax of Isbela's public humiliation is that Iberio forces her to give her hand to Ludovico, the man who was prevented from raping her only by the outbreak of hostilities. Iberio thereupon reveals the true meaning of his "promise" to Isbela: by "mi sangre te darè" he has tricked her, as the phrase can just as well apply to Ludovico.[8] The crown he promised ("serà tuyo el laurèl") is the territory he ceded to Ludovico when he pardoned him. Iberio's statement, "y en todo estado / sabràs . . . / que te ha estimado tu esposo," is a despicable irony much beneath the dignity of a king, for neither her intended husband, Iberio, nor her husband-to-be, Ludovico, has esteemed her in any manner.

Isbela withstands this shocking turn of events with regal composure, her character manifestly noble in comparison with the king's lack of it. The final proof of her love for the unworthy Iberio is her acceptance of Ludovico, but not without her ironical reference to the last line of the king's promise ("sabrà . . . / que tu amor he pagado") as she says:

Mal has pagado mi amor;
mas pues lo ordenan mis hados,
porque veas si te quise,
le doy la mano à tu hermano. (31b–32a)

Although it seems paradoxical to say so, another example of Iberio's deviousness is his remarkable benevolence towards Ludovico, whose crimes include attempted regicide, treason, malfeasance and conspiracy to commit rape. On all counts, a villain more deserving of execution could scarcely be found in Golden

Women in the *Comedia* of Antonio Enríquez Gómez," *Romance Notes*, 21, 2 (1980), 1–7 for other examples.

[8]The numerous statements in the play concerning *sangre* as a synonym for nobility, heritage, honor have a rather skeptical ring in view of the actions of the characters. Obviously Enríquez Gómez is criticizing the notion of *sangre limpia* so dear to Old Christians. All of his exile works take exception to the notion of honor solely as a function of birth. See, for example, "Transmigración XII, En un hidalgo" of *El siglo pitagórico* (277–284, Amiel's edition).

Age *comedia*. Yet, Iberio not only lets Ludovico live, but rewards him handsomely. True, Iberio's first inclination is to kill him, but he soon modifies his position in a speech to the constable, "mi intento es noble, que yo / no voy à matar mi hermano . . . que es mi sangre" (30b). These lines are an excellent example of Enríquez Gómez's subtlety in suggesting alternative interpretations. At first glance this statement appears quite positive—Iberio proclaims his noble intention of shrinking from taking the life of another even though legally it would be justifiable in view of the circumstances. However, the inclusion of the phrase "que es mi sange," which goes almost unnoticed, suggests that Iberio has also an ulterior motive for clemency, for it will be remembered that the phrase is a variant of the key statement in his deceiving speech to Isbela ("mi sangre te darè"). We see then that Iberio's decision to spare his brother's life is not made on the basis of morality but rather because he needs Ludovico alive as the means to rid himself of Isbela. Once he decides against the execution of Ludovico, giving half of the kingdom to him along with Isbela's hand is more expedient than magnanimous, as it would be better to try to content Ludovico in so far as possible in order to reduce the risk of further insurrection.[9] And also, under the terms of his "promise" to Isbela, he must come up with some sort of crown for her.

Superficially the play gives the impression of happy resolution—the lovers are united, Tebandro is restored to his position, civil war is ended, and Ludovico is pardoned and reconciled with Iberio. But Enríquez Gómez builds in the possibility of quite a different interpretation in that everything Iberio has done has been to attain his purely personal objectives—his crown and Elena. To accomplish this end he has allowed the realm to suffer three years of Ludovico's misrule while he played at shepherd, he has publicly degraded Isbela, he has divided the kingdom, negating the efforts of his father to unite it, and finally he has revealed a

---

[9]It is true, however, that in his plays Enríquez Gómez is remarkably reluctant to shed his villain's blood. Other similar examples of unpunished treachery occur in *A lo que obligan los celos* and *Celos no ofenden al sol*. Perhaps the author's own experience as a persecuted minority led him to create a world in which there existed the spirit of forgiveness that he himself could not find. C. H. Rose notes this "wish fulfillment" in her interesting comments prefacing *Fernán Méndez Pinto* (47–63).

devious nature that is bound to undermine the faith of his subjects.

In effect, in this play, Enríquez Gómez considers the realities of the seventeenth-century state, in which the monarchs were often capricious, selfish, neglectful and deceitful. This view is quite different from the idealized monarch that the *comedia*, as *the* genre to propagandize the status quo, normally presented.[10] Obviously in *Engañar para reinar* to trust in the ultimate authority for aid and support as did Isbela ("te tengo por mi amparo") was a chancy business unless the king's interest coincided. Nor does it seem to matter who holds power, for the thinking of Iberio "the hero" is not very different from that of Ludovico "the villain." Both stifle dissent with such statements as "este es mi gusto, ninguno / me replique" (12a), "no me repliques palabra, / que esto ha de ser" (15a), and "Yo sè lo que me importa" (20b). And, of course, neither Ludovico nor the king is necessarily truthful. The most obvious example is Iberio's deception of Isbela, but he is also suspiciously evasive with Elena (whom he professes to love) when she reproaches him for his attention to Isbela:

Rey	. . . Yo, mi bien,
	si el mundo se barajàra,
	havia de querer à otra?
Elena	Què, al fin, à Isbela no amas?
Rey	Què es amar?
Elena	Què no la quieres?
Rey	Què es querer? Elena, bastan
	tus porfias. (26a)

Elena naturally suspects that if Iberio can so unscrupulously delude Isbela he would do the same to her; she observes "que cabezas coronadas, / como solo de sì penden, / olvidan quando mas aman" (25b).[11]

---

[10]José M. Díez Borque details the relationship between the *comedia* and the state in *Sociología de la comedia española del siglo XVII* (Madrid: Cátedra, 1976)—"La monarquía es la condición *sine qua non* de la existencia social, la apoyatura en la cual descansa la sociedad, por esto — como apunta [G.W.] Ribbans —, la posición del Rey es indiscutida e indiscutible en la comedia" (129).

[11]The dramatist's negative opinion of the king is also discernible in the surprising boldness of a scene between him and the *gracioso*, Bato (Act I, 7–9). Bato ridicules his flowery speech and when Iberio embraces him for the news of

At the heart of *Engañar para reinar* is the question of a king's accountability. It is Ludovico who makes the major statement concerning the destructive nature of the desire for power:

la Corona es un hechizo,
tan vivamente animoso,
que los hijos à los padres
suelen perder el decoro. (28a)

His observation is based on family history for, according to him (10–11a), his mother was seduced and swindled of her lands by Astolfo, father of Iberio and Ludovico, and was then abandoned in somewhat the same fashion that Iberio abandons Isbela. There is also a historical parallel for the enmity between Ludovico and Iberio in the conflict between King Astolfo and his brother Tebandro that led to the latter's flight to his secluded estate. The inescapable conclusion is that to attain and keep the crown the role of deceit is practically paramount, and that the end justifies the means, as Iberio implies:

que querer cobrar mi Reyno,
es un derecho tan propio,
que solo fuera delito
no cobrarle. (27a)

King Iberio has none of the greatness of stature of the usual *comedia* monarch nor that of the kings delineated in the many political treatises of the day. In fact it may be said that Iberio is closer to Machiavelli's calculating prince, a subject of horror for the Spanish political theorists of the time.[12] But in all charity, Iberio is not so much the cold schemer as he is simply human. This

Elena's whereabouts Bato recoils—"Abrazarme . . . à mì amores? à mì alhagos?" This is not unusual buffoonery for a *gracioso*, but when a king named Iberio is the object of it, it seems very daring indeed.

[12]See, for example, selections from Pedro de Rivadeneira's *Tratado de la religión y virtudes* (1601) in *Antología de escritores políticos del siglo de oro* (Madrid: Taurus, n.d.) condemning Machiavelli and all those who affirm the maxim attributed to Louis XI "nescit regnare que nescit simulare" (158). It is tempting to see this as the inspiration for the play's title, but it is more likely that it was suggested by a play attributed to Lope, *La boba para otros y discreta para sí*, *engañar para reynar* (TAB 37,21, U. of North Carolina collection). The Biblioteca Municipal de Madrid also lists a MS with a slightly different title, *La boba fingida* [tachado] Engañar para reinar (leg. 9–14).

quality was not recognized as such by nineteenth-century critics, Amador de los Ríos, for example, writing that "los caballeros pintados por Enríquez Gómez no siempre son igualmente discretos y pundonorosos; no en todas ocasiones guardan con el mismo empeño, con la misma constancia los fueros de la hidalguía y se postran rendidos ante las aras del amor y de la belleza."[13] Amador, shocked by this debility of character, never imagined that the less than perfect heroes are all the more original for their frailties, and that the cracks in their veneer of *hidalguía* are by design and not by defect.

Iberio fascinates us because his is not the usual story of conflict between love and duty, or the struggle between good and evil, but rather because it is an examination of what motivates a king. Imbued with the spirit of absolute monarchy, Iberio does not so much "postrarse rendido ante las aras del amor y de la belleza" as he does before the altar of his own will, assuming that whatever he wants to do at a particular moment is the most important matter in the world.[14] For instance, his promise to Isbela is delivered in the name of "acudiendo a quien soy," which is to say, in the name of a king who by his extralegal position may act as he pleases without any need for justification. In spite of the play's exotic setting the choice of the monarch's name, Iberio, leaves little doubt but that Enríquez Gómez has in mind the lamentable state of the monarchy under Philip III and IV. The latter, particularly, whose reign began in 1621 was notable for his ineptitudes and debilities, and stood in sharp contrast to the Spanish kings of the preceding century. This obvious but potentially dangerous identification was possible only by the mastery of an oblique style of writing that carefully veiled criticism by presenting situations and characters in an equivocal manner.

Certainly Enríquez Gómez's originality has much to do with the fact that the *comedia* is circumscribed by the system of *hidalguía* (as Amador de los Ríos notes) from which Enríquez

[13]H. Amador de los Ríos, *Estudios históricos, políticos y literarios sobre los judíos de España* (Madrid: 1848), 555.

[14]The greatest autocrat of the century, Louis XIV, as a child practiced penmanship on this phrase "Homage is due to Kings, they act as they please," translation and quote by W. H. Lewis, *The Splendid Century: Life in the France of Louis XIV* (N.Y.: Doubleday Anchor Books, 1953), 4.

Gómez was excluded by birth. As opposed to most Golden Age dramatists, Enríquez Gómez was all his life a merchant, the direct descendant of *marrano* tradesmen. Even though he may have associated with some of the leading lights of the Old Christian literary world, the rigid caste system based on *limpiezas* made his acceptance among the ranks of *hidalgos* such as Lope, Calderón or Quevedo very problematic.[15] Thus Enríquez Gómez created protagonists as he viewed them from his bourgeois, *converso* (at times *marrano*) experience. With no vested interest in idealizing Old Christians and perhaps a real interest in exposing their hypocrisy and weaknesses, in a number of works, Enríquez Gómez created a gallery of hidalgos and their *damas* who do not hesitate to lie, cheat and murder, who confess to fear, who are bullies, and who, in effect, comport themselves exactly as most humans have done throughout history, regardless of status.[16]

Bradley University

[15]One has only to recall the insults that Pérez de Montalbán endured on the suspicion of his heritage. Of Enríquez Gómez's there was no doubt: his grandfather died in prison, and his father and uncle were forced to flee Spain to become prominent in French *marrano* communities.

[16]In addition to *Engañar para reinar* I think particularly of unusual characters and situations in *El valiente Campuzano, El noble siempre es valiente, Fernán Méndez Pinto, La conquista de México, Contra el amor no hay engaños* and *De los hermanos amantes y piedad por fuerza*. But Enríquez Gómez wrote many other plays (the majority under the alias Fernando de Zárate) that have yet to be examined. Fortunately the importance of this unique writer is being gradually established by the efforts of a number of scholars who are interested in his prose and verse as well as his drama.

Un aspecto de la poética de la *Diana enamorada*: Los planos de actuación de G. Gil Polo y su Felicia

Francisco López Estrada

La ocasión de preparar una edición de la *Diana enamorada* de Gaspar Gil Polo (Valencia, Mey, 1564) hizo que examinase la situación de esta obra en el grupo de los libros de pastores.[1] Esta *Diana enamorada* apareció muy poco después de la *Segunda Parte de la Diana* (Valencia: Mey, 1563) de Alonso Pérez, que siguió a la primera de Montemayor (hacia 1559).[2] Por tanto, ambos autores dispusieron del mismo tiempo para preparar la continuación de la primera *Diana*, y mientras que la de A. Pérez,[3]

---

[1] Envío las referencias a Francisco López Estrada, Javier Huerta Calvo y Víctor Infantes de Miguel, *Bibliografía de los libros de pastores en la literatura española* (Madrid: Universidad Complutense, 1984), mencionado por *BLP* y la página donde figura la mención, y el año de edición cuando hay varios libros de un autor.

[2] Hago las citas por: Gaspar Gil Polo, *Diana enamorada* (Madrid: Espasa-Calpe, 1953), ed. de Rafael Ferreres; y Jorge de Montemayor, *Los siete libros de la Diana* (Madrid: Espasa-Calpe, 1954), 2ª ed. de Francisco López Estrada, con las siglas respectivas de *DE* y *D*, y el número de la página de ambas ediciones.

[3] Aún no disponemos de una edición crítica de esta Segunda *Diana*, que está preparando Florián Smieja; de este crítico, véase la reivindicación de esta obra en "La señora no es para la hoguera: el caso de *La Segunda Parte de la Diana* de

por lo que dice el propio autor en el prólogo, se ha considerado como obra prematura y apresurada, la de G. Gil se tuvo por acabada y redonda.

Una parte de los juicios de la crítica tiende a diferenciar la obra de G. Gil de los otros libros de pastores. De la de A. Pérez esto resulta fácil pues la elaboración de la *Segunda Parte* se hizo siguiendo un criterio de imitación cerrado, tal como expone el autor en el citado prólogo y el lector avisado percibe fácilmente; esta *imitación* (y *hurto*) se verifica sobre los precedentes implícitos en la base humanística de los libros de pastores ("pedazos de la flor de latinos e italianos"), y se vale de ellos como es lícito en la Poética de la época para urdir la trama narrativa de su obra. En cambio G. Gil opera de una manera más cauta: su imitación elabora la materia alejándola del origen reconocible y parece más atento a la función que cada elemento obtiene dentro del orden que él impone en el curso de la narración. En este sentido no le importa quedar más cerca de Montemayor pero dando a su obra un "color" que se diferencia de la del portugués. Como sea esta matización, diferencias o cambios ha sido la cuestión que ha ocupado a los críticos.

Su último editor, Rafael Ferreres, que, como yo, tuvo que penetrar a fondo en el texto de la obra, es concluyente: "Gil Polo no introduce ninguna novedad en la novela pastoril" (*DE*, XXIX). Una afirmación tan radical ha levantado objeciones, como han expuesto cada uno por su parte y desde distintas perspectivas J. B. Avalle-Arce, A. Prieto y A. Solé Lerís.[4] A mi juicio, G. Gil prosigue la *Diana* de Montemayor persuadido de que es el modelo de los libros de pastores y la obra que los instituye como grupo genérico; estos libros implican una compleja estructura que él hace a su manera aún más variada, y sobre todo se aplica a que el lector tenga una conciencia cabal de su propósito literario. Lo que va de égloga en verso al libro de pastores, en prosa-verso, es la organización de un curso narrativo que admite variaciones dentro

Alonso Pérez", en las *Actas del VI Congreso Internacional de Hispanistas* (Toronto: Universidad, 1980), 715–718.

[4]Juan Bautista Avalle-Arce, *La novela pastoril española* (BLP, 34, 1974); Antonio Prieto, *Morfología de la novela* (BLP, 108, pp. 360–373); Amadeu Solé-Lerís, *The Spanish Pastoral Novel* (BLP, 35, pp. 50–68).

de un orden. A. Pérez se dejó llevar por el brillo externo del material reunido, y su *Segunda Parte* retrotrae hacia un academicismo de inmatura exposición lo que había sido el orden de la cohesión de los elementos reunidos. En cambio, G. Gil prefirió limitarse en la realización poética para así ganar seguridad y dominio en la escritura de la obra. Su intención fue establecer en el desarrollo de la obra un perfecto ajuste en las líneas del cauce argumental que quedase al alcance del lector; fue una labor de cuadrícula y delimitación que resultó desde el punto de vista estético opuesto a los cambiantes matices subjetivos y a la premeditada confusión impresionista en la que Montemayor es maestro, y que constituye aún el evidente encanto de su libro, compatible con un orden argumental suficientemente definido.

Dispuesto a proseguir la *Diana*, G. Gil se enseñorea de la materia que es propia de los libros de pastores y la conduce con firmeza siguiendo un criterio de *imitación* que evita el desvío hacia un excesivo papel de los antiguos o italianos, y también el aceleramiento que pudiera proceder de los libros de aventuras. Así el cruce de los casos amorosos ofrece un cuidadoso ajuste dentro de un curso análogo al de Montemayor: la peregrinación hacia el palacio de Felicia (con personajes ya conocidos y otros nuevos), donde todo se resuelve sucesivamente en poco tiempo dentro de un gradual acercamiento a la felicidad. Este *ir hacia* implica en cada caso (pareja de amantes) un ritmo diverso, rápido o lento, simple o enmarañado, al que ellos se ajustan según su condición y cuyo concierto total y armonioso es la clave de la construcción narrativa de la *Diana enamorada*.

Quiero señalar brevemente dos aspectos de la obra de G. Gil que ponen de manifiesto lo que digo. Mi comentario es de orden textual, y opera con unos pocos datos escogidos, sin levantarme más allá de una estricta interpretación. En G. Gil la sucesión del curso de la obra corre en planos que delimita de una manera cuidadosa. Por de pronto, desde el comienzo declara que para él se trata de contar "fictiones imaginadas" (*DE*, 10), en tanto que Montemayor se había referido a "muy diversas hystorias que verdaderamente an sucedido."[5] Reconocida así la legitimidad de

[5]Sin embargo, esta distinción disminuye si tenemos en cuenta que, según dice A. Pérez en el "Argumento", Montemayor trató con él sobre el curso de los amores

la ficción, G. Gil inicia la narración desde una plataforma en la que se sitúa de una manera declarada; allí establece un plano desde el que hace como que contempla el mundo de ficción que ha inventado. El lugar adecuado para esta declaración es la "Epístola a los lectores", y en ello no hay novedad pues para eso se escriben los prólogos. Allí dice que procuró "variedad de versos y de materias acomodando mi gusto a los ajenos"; esto explica el despliegue de la métrica, en él tan ostentoso, y también puntualiza el título de la obra para los pudibundos. Y aquí es donde se escribe esto que parece paradógico en un libro de amores: "el fin al que se encamina esta obra, que no es otro sino dar a entender lo que puede y sabe hazer el Amor en los coraçones [. . .]; las penas que passan sus aficionados y lo que importa guardar el alma de tan dañosa enfermedad" (*DE*, 10). Esto lo dice él como tal G. Gil: como autor, cuenta los casos y avisa al lector pero no impone el criterio declarado a los personajes que mostrarán libremente su voluntad de proseguir cada uno en su propósito, y que son los que entretendrán a los lectores. Y de acuerdo con este criterio organiza el desarrollo de la obra, y así establece unos hitos manifiestos que van señalando los límites de su opinión como autor y el curso de la ficción en el comienzo de cada uno de los libros (o divisiones internas de esta Parte)[6]:

Libro I: a) Enlace obligado con la *Diana* de Montemayor (*DE*, 15); b) Atardecer tópico del fin de égloga trasladado a fin de libro (*DE*, 71).

Libro II: a) Reflexión negativa sobre Amor y Fortuna, aplicada al caso de Marcelio y Alcida (*DE*, 73); b) expectación ante el canto de Berardo y Tauriso ("como *oiréis* en el siguiente libro", *DE*, 108).

Libro III: a) reflexión sobre las malas mujeres (DE, 109); b) expectación ante la llegada de Arethea (". . . y lo que de su vista sucedió, *sabréis* en el libro que se sigue", *DE*, 172).

Libro IV: a) reflexión sobre la Fortuna (*DE*, 173); b) expec-

---

de Diana para la segunda parte prevista, y el primer autor se avino a que la pastora enviudase para no cerrar las puertas a una tercera continuación. Por más que pudiera haber habido un "caso biográfico" en la concepción inicial de la Diana como figura del libro, Montemayor la considera ya como personaje poético cuya suerte depende del escritor.

[6]Con a) indico el comienzo del libro, y con b) el fin da cada uno.

tación ante las fiestas ("... hicieron las fiestas y juegos que en el siguiente libro *se dirán*", *DE*, 209).

Libro V: a) reflexión a modo de advertencia sobre lo pronto que se olvidan los trabajos pasados (*DE*, 211); b) expectación ante la continuidad de la obra (... aparejando los ánimos a las fiestas del venidero día. Las cuales y lo que de Narciso [...] y otras cosas de gusto y provecho, *están tratadas* en la otra Parte de este libro ..." (*DE*, 261).

Puede notarse que el autor se destaca rompiendo la impersonalidad de la reflexión y pasando la frase a la segunda persona del plural (fin de los libros II y III); en el comienzo del libro III establece el puente hacia la narración con estas palabras: "Pues prosiguiendo en el discurso della [la *historia* o 'relato'], *sabréis* que ..." (*DE*, 110); y en el comienzo del V lo hace así: "Pero dexado esto aparte, *vengamos* a tratar de ..." (*DE*, 211). Y aún llega al uso de la primera persona de singular dentro del comienzo del libro II: "Claro está lo que *digo* en ..." (*DE*, 73).[7]

Y más importante aún es que en el curso de la reflexión que encabeza el libro V escribe: "Mas los que *desde aparte miramos* las penas que [...], es razón que *vamos advertidos de no meternos* en semejantes penas" (*DE*, 211). Es decir, que el autor (y los lectores que siguen sus consejos) se sitúan *aparte*, como espectadores de lo que ocurre dentro del libro. Con ello la ficción gana autonomía frente a lo que pudiera tenerse como un resabio moralizador del autor.

Montemayor también intervenía en el curso de la narración pero de una manera distinta a como lo hace G. Gil; en el portugués hay resonancias personales que alcanzan a los lectores dentro del mismo cauce narrativo.[8] Así Sireno le dice a Selvagia esto que,

[7]Hay que contar con otras apariciones de esta primera persona del narrador: así ocurre en una distribución de personajes, donde escribe: "... junto a la fuente estaban, como *tengo dicho*, ..." (*DE*, 191). Y en otra parte, recordando lo anterior: "... como *habéis oído*" (*DE*, 178). Y como ampliación de las referencias a la *Diana* de Montemayor, puede desprenderse de largas descripciones: "Mas *no quiero detenerme en contar* particularmente su hermosura y riqueza, pues largamente fue contada en la primera Parte" (*DE*, 177); y: "Pero de la amenidad de este lugar *se trató* abundantemente en el cuarto libro de la primera Parte" (*DE*, 188).

[8]Estos aspectos del libro están abundantemente tratados en Bruno M. Damiani, *La Diana of Montemayor as Social and Religious Teaching* (*BLP*, 111), quien demuestra la intención moral implicada en la obra.

más allá de la pastora, alcanza a los lectores: "Toma exemplo en males agenos si quieres sobrellevar los tuyos . . ." (*D*, 59). Obsérvese que *sobrellevar* no es lo mismo que guardar el alma de *tan dañosa enfermedad (DE*, 10). Otra vez Sireno dice a la misma Selvagia: "Mas nadie haga cuenta sin la Fortuna, ni fundamento sin considerar las mudanças de los tiempos" (*D*, 239). Y la diferencia entre hombres y mujeres aparece así en el relato de Selvagia: "[En la tierra portuguesa] los ingenios de los hombres son aparejados para passar la vida con assaz contento; y la hermosura de las mugeres para quitalla al que más confiado viviere" (*D*, 40). Estas y otras reflexiones más [9] ocurren dentro del ámbito de los personajes, desde donde se transmiten a los lectores. G. Gil también conoce este procedimiento de Montemayor y lo usa en algún caso; así el dolor que sintió Diana al oír una canción del desamorado Sirenio se cuenta de la siguiente manera: ". . . sintió tanto dolor, que no me hallo bastante para contarlo, y *tengo* por mejor dexarlo a juizio de los discretos" (*DE*, 186). Esto puede compararse con lo que Montemayor escribe al comienzo de la *Diana* sobre Sireno: "Lo que su coraçón sintió, imagínelo aquel que en algún tiempo se halló metido entre memorias tristes" (*D*, 10–11). G. Gil usa el tópico del "no poder contar" y otra vez usa la primera persona, mientras que Montemayor inunda al lector de solidaridad sentimental con el personaje; el uno se refiere a *discretos* y el otro, a cualquiera que haya estado en la misma situación.[10]

La segunda cuestión que quiero plantear se refiere a la sabia Felicia. Y esto es por el motivo de que, dentro de estas *Dianas*, ella es el personaje más propicio para adoptar una actitud objetiva frente al torbellino de amores de los personajes que a ella acuden para encauzar su felicidad. Esto procede de la *Diana* de Montemayor (y sus precedentes), y formaba parte de la constitución de la obra: allí Felicia elabora su teoría del amor sobre la oculta maestría de León Hebreo cuando el jardín del palacio se convierte

[9]No me refiero aquí a las exposiciones doctrinales de la *Diana enamorada*, que en ambas *Dianas* ocurren de manera análoga, aunque con contenidos diferentes, que trataré en otra ocasión.

[10]Quien mejor notó la importancia de esta disposición de los comienzos de las partes fue A. Solé Lerís, *The Spanish Pastoral Novel*, ob. cit., p. 63; sobre estas introducciones a las que me referí, nota: ". . . a sort of minuscule additional *Epistles*".

en academia. Los críticos han insistido en la diferencia que hay entre la Felicia de Montemayor y la de G. Gil, en particular en cuanto a la "racionalización" de esta última, pues no se vale del agua mágica.[11] Creo que no hay que olvidar que la Felicia de G. Gil no deja de ser una sabia dotada de poderes superiores a los demás, sin que lo oculte; así en el resumen final de su actuación dice a los reunidos: "Y aunque en los remedios que yo a todos os di mostré claramente mi *saber* y *publiqué mi nombre* . . ." (*DE*, 258). *Publicar* es declarar ante todos para que algo se sepa de una manera abierta, y esto se mostró suficientemente en el curso del relato y en las manifestaciones de los personajes, cualquiera que fuese la categoría de estos. Cuando todos van hacia el palacio y conocen la noticia de la muerte de Delio, G. Gil escribe: "Allí hizo gran obra el poder de la sabia Felicia, que, aunque allí no estaba, con *poderosas yerbas y palabras* y por muchos otros medios procuró que Syreno començasse a tener afición a Diana" (*DE*, 202). Entiendo que estas palabras *poderosas* no son de razón, sino conjuros adecuados. En otra parte, la Felicia de G. Gil se ve favorecida en el curso de su acción benefactora por el hecho de que Alcida conoce las verdaderas circunstancias del caso de su Marcelio: "Oído lo cual, Alcida quedó muy satisfecha, y junto con el engaño salió de su coraçón el aborrescimiento. Y tanto por estar fuera del error passado por la obra que las *poderosas palabras* de Felicia hazían en su alma . . ." (*DE*, 179). La capacidad adivinatoria de esta Felicia se declara de una manera manifiesta: ". . . la sapientíssima Felicia, la cual, como con su espíritu *adevinasse* que . . ." (*DE*, 173). En relación con la pena que Diana siente por la muerte de su marido Delio, la consuela diciendo: ". . . y a mi *poder* conviene dar orden en lo presente. Aquí está tu amador antiguo, Syreno, cuyo coraçón, *por arte mía* y por razón que a ello le obliga, . . ." (*DE*, 205). Esta Felicia tiene la función de poner orden en el desorden que se le vino encima; y para esto se vale de los medios de su condición "sapientíssima" según el superlativo que le

[11]En cierto modo, los encabeza Cervantes por el conocido juicio del cura (no olvidemos que él es que lo emite) del *Quijote* en el escrutinio de la librería: ". . .soy de parecer que no se queme, sino que se le quite todo aquello que trata de la sabia Felicia y de la agua encantada, y casi todos los versos mayores. . ." (I, 6). G. Gil prescinde del agua mágica pero no de Felicia, que para él es necesaria en la constitución de la línea directa de la *Diana*.

aplica G. Gil, dado a ellos. De aquí se ha querido deducir que esta Felicia sea un elemento razonador en relación con la otra de Montemayor, y se aduce que dijo a Sireno que amase a Diana *por razón*. Estimo que en este caso también puede entenderse el término en la acepción de *razón* 'motivo, causa' y no sólo *razón* 'ejercicio de la inteligencia razonadora'.[12] Poco después la misma Felicia de G. Gil le dice a Diana respecto al dolor que manifiesta: "Bien conozco que tienes *alguna razón* de lamentar por él, pero en fin todos los hombres están obligados a pagar ese tributo" (*DE*, 204); en este caso es evidente que *razon* es aquí 'motivo, en el sentido de justificación', y en oración separada por el *pero* dice cuál sea esta en una reflexión general, mientras que la *razón* quedaba limitada por *alguna*. La *razón* referida al caso que está conjunta con el *arte* de Felicia no hay que entenderla como una prueba radical de racionalismo y, en todo caso, no hay que llevar esta razón más allá de una discreta aceptación de las circunstancias de los personajes, adecuada al caso.

Por tanto me parece que la Felicia de G. Gil no abandona la personalidad que le asignó Montemayor. Lo mismo que hizo la Felicia del portugués en el jardín, esta otra de G. Gil también sostiene conversaciones de gran altura después de las fiestas que había organizado: ". . . haziendo señal de querer hablar, hizo que la gente, dexado el bullicio y fiesta, con ánimo atento se sossegasse . . ." (*DE*, 257). En este punto el libro cambia la andadura expositiva, y esta Felicia tiene ocasión de exponer su teoría sobre el amor; en relación con lo que hizo para cada pareja, habla de sí misma como *ministra (DE*, 258) de la diosa Diana y declara sus princi-

---

[12]Conviene tener en cuenta que G. Gil usó *razón* como uno de los términos de rima-clave en una artificiosa canción alterna entre Tauriso y Diana; en ella aparece cinco veces en esta variedad de significaciones".

a)'motivo' 1: ". . . por qué razón / no me miras . . ."
         2: ". . . tienes razón / de remediar mi fatiga . . ."
         3: "Será porque sin razón / tu braveza me castiga"

b) 'ejercicio de la 1: "Ni hay pastor que contradiga / tan adrede la razón"
   inteligencia 2: ". . . pides más de la razón" (de la medida razonable para el caso).

El significado reducido, en cierto modo lexicalizado, del término alterna con el amplio en una graduación de matices que es la que conviene tener en cuenta cuando se trate de darle una significación filosófica.

pios. Esta teoría se entiende que es la suya, y si bien actuó en favor de los amantes, —que es lo que a ellos les importaba en cada caso particular—no se la impuso como norma general en su exigencia más alta. Felicia habla de la *razón* como principio opuesto a Cupido "desenfrenado apetito" (*DE*, 260). Esta oposición no es novedad en los libros de pastores pues Montemayor se refirió a él en su Felicia, siguiendo el patrón de León Hebreo; ". . . si el amor que el amador tiene a su dama, aunque inflamado en desenfrenada afición, nace de la razón y del verdadero conocimiento y juyzio [. . .] no es ilícito ni deshonesto" (*D*, 198); Montemayor acepta un medido desenfreno, siguiendo la maestría del tratado filosófico en el que se apoya. Por su parte, la Felicia de G. Gil en esta parte actúa a la sombra de los *Asolani* de Pietro Bembo; desde muy lejos, según es la manera de G. Gil, esta Felicia recuerda la función de Romito, el viejo sabio que cierra la obra de Bembo; él sobrepasa los criterios expuestos por Perotino, Gismondo y Lavinello volviendo en último término a lo divino la teoría de los amores de los jóvenes. La Felicia de G. Gil deja de lado el amor de los hombres por el lado de la humanidad mortal: "Hablo agora del amor terreno, que está empleado en cosas baxas, no tratando del verdadero amor de las cosas altas y perfectas, al cual no le cuadra el nombre de Cupido, pues no nasce del sensual y codicioso apetito, antes tiene puesto su fundamento en la cierta y verdadera razón" (*DE*, 260). Romito pide a los cortesanos del castillo de Asolo que ". . . il falso e terrestre e mortale amor spogliandosi, si vestiranno il vero e celeste e immortali".[13] Tal es la orientación que, en último término, señala a los oyentes: "Este es el honesto y permitido amor, con el cual a las virtudes, habilidades, perficiones, sabidurías y cosas celestiales nos aficionamos" (*DE*, 260). Expuesta la teoría, les dice a los oyentes: "Vista la diferencia de estas dos aficiones, mire agora cada cual de vosotros en cuál dellas estuvo" (*DE*, 260–261). Son aficiones diferentes en una de las cuales la razón queda vencida, y en la otra es el fundamento; pero hay que notar que aquí no es una razón que se queda en el límite humano, un ejercicio de la facultad inteligible, sino que significa algo más complejo: una vía de ascensión hacia perfecciones altas que sobre-

[13]Pietro Bembo, *Opere in volgare* (Firenze: Sansoni, 1961, ed. de M. Marti), Primo libro, p. 161.

pasan los límites humanos y llega a las *cosas celestiales*.

Todo esto lo expone la Felicia de G. Gil, y así establece el que he llamado otro plano que se sitúa en el más alto grado de conocimiento dentro de la obra. La cuestión para mí está en que, aun siendo los dos planos mencionados (el del autor aconsejando y el de Felicia exponiendo) los que mejor apoyan una interpretación "razonadora" de la *Diana enamorada*, considero que no deben sobreponerse al otro plano expositivo de los pastores, bien sean de profesión poética o advenedizos; ellos son ante los lectores los protagonistas actuantes que ponen de manifiesto los casos de amor en que se hallan envueltos, y ellos actúan con una relativa independencia en la concepción poética de G. Gil, como él se cuida de establecer de manera intencionada en el curso textual de la obra manifestando una objetividad narrativa que lo aparta del sujetivismo que es propio de Montemayor.

Visiting Professor
the University of North Carolina,
Chapel Hill

"¿Qué hará Sancho después de la muerte de Don Quijote?"

Marie-Lise Gazarian Gautier

> "Quiero decir—dijo don Quijote— que cuando la cabeza duele, todos los miembros duelen; y así siendo yo tu amo y señor, soy tu cabeza, y tú mi parte, pues eres mi criado, y por esta razón el mal que a mí me toca, o tocare, a ti te ha de doler, y a mí el tuyo."
>
> *Don Quijote*[1]

Cervantes creó a don Quijote al igual que Dios creó al hombre y le colocó en un mundo que iba a ser suyo— el de la Mancha. Pero se dió cuenta de que le faltaba algo a su personaje y creó a Sancho Panza en el séptimo capítulo al igual que Dios, el autor máximo, creó a la mujer porque no era bueno que el hombre estuviese solo.

¿Pero no tendría Cervantes algún otro plan para Sancho? ¿No pensó a caso que pudiese hacerse discípulo de don Quijote, ya que iba a ser testigo de su vida y de su muerte? Al igual que los discípulos de Cristo cantaran sus hazañas por el mundo, Sancho llegaría a cantar al "que desface los tuertos, y da de comer al que ha sed, y de beber al que ha hambre" (pág. 626). ¿No fue el oficio

---

[1]Miguel de Cervantes Saavadra, *Don Quijote de la Mancha* (Barcelona: Editorial Juventud, 1950), pág. 575. Todas las referencias al *Quijote* se basan en esta edición.

de caballero andante un santo oficio para retener la belleza ideal de la Edad Media en un mundo desprovisto de fe religiosa? Dice don Quijote: "Los caballeros somos ministros de Dios en la tierra y brazos por quien se ejecuta en ella su justicia" (pág. 119). ¿No iba don Quijote a creer ciegamente en Dulcinea, la belleza intangible a la que dió forma corpórea Sancho? "La importancia está en que sin verla lo habéis de creer, confesar, afirmar, jurar y defender" (pág. 59). ¿No dijo Jesucristo a Tomás: "Bienaventurados los que no vieron y creyeron"?

Y entonces el monólogo se hizo diálogo y del relieve de contraste entre el hidalgo y su escudero los dos personajes cobraron vida propia y se hicieron personas, a la vez que se deshacían del dominio de su autor y que se desarrollaba su personalidad.

Por lo tanto, se acrecienta la riqueza del diálogo en la segunda parte del *Quijote* y ya no se trata de aventuras locas y de historias entremezcladas, sino de la aventura interior de don Quijote y Sancho. Incluso viven fuera de la novela, al hacer comentarios sobre la primera parte de la obra y sobre la versión apócrifa de Avellaneda.

La novela se ha hecho vida. Al pasar de personajes a personas, don Quijote y Sancho no se han quedado en forma estática. Han logrado la cosa más difícil del mundo: el conocerse a sí mismo y serle fiel a uno mismo. Dice don Quijote: "Caballero soy y caballero he de morir, si place al Altísimo" (pág. 802); y Sancho añade: "Sancho nací y Sancho pienso morir" (pág. 590). También su declaración de fe consiste en decir: "Vístanme como quisieren; de cualquier manera que vaya vestido seré Sancho Panza" (pág. 873). En una voz a la que le hará eco su hermano espiritual Miguel de Unamuno, don Quijote dice: "Yo, —Sancho—, nací para vivir muriendo, y tú para morir comiendo" (pág. 1002).

El paralelismo entre la vida de ambos se hace más patente con cada nueva experiencia, como también se acrecienta el cariño que les une. En sus salidas de la aldea, tiene don Quijote que aplacar a su sobrina y su ama; Sancho aplaca a Teresa, su mujer. Dice don Quijote: "Juntos salimos, juntos fuimos y juntos peregrinamos; una misma fortuna y una misma suerte ha corrido por los dos" (pág. 574). Don Quijote va en busca de su Dulcinea encantada, esa belleza imposible de lograr en vida; Sancho va en busca de su ínsula y, cuando la consigue, se da cuenta de que es imposible gobernar con un sentido de justicia, porque no hay libertad. Y durante esos momentos en que sus caminos los apartan el uno del otro, don Quijote siente su soledad y Sancho se siente prisionero. Don Quijote se despide de los duques, dejando a un lado la riqueza de ellos y dice a Sancho, al reunirse con él: "—La libertad, Sancho, es uno de los más preciosos dones que a los hombres dieron los cielos; con ella no pueden igualarse los tesoros que encierra la tierra ni el mar encubre; . . . ¡Venturoso aquel a quien el cielo dió un pedazo de pan, sin que le quede obligación de agradecerlo a otro que al mismo cielo!" (pág. 990). Sancho deja aquella ínsula con la cual tanto había soñado, diciendo: "Yo no nací para ser gobernador" (pág. 963). A través del sufrimiento, ha descubierto que ser libre consiste en ser lo que uno es, y dice: "Abrid camino, señores míos, y dejadme volver a mi antigua libertad, dejadme que vaya a buscar la vida pasada, para que me resucite de esta muerte" (pág. 963). Y se reúne con don Quijote porque solo con él puede disfrutar de la verdadera libertad.

Sancho ocupa ya en la obra el mismo plano que don Quijote. Son dos amigos que necesitan el uno del otro, que se aconsejan mutuamente y que se alientan. Cuando a don Quijote le flaquea la fe después del encantamiento de Dulcinea, Sancho le anima: "Vuestra merced se reporte, y vuelva en sí, y coja las riendas, y avive y despierte, y muestre aquella gallardía que conviene que tengan los caballeros andantes" (pág. 634).

Se establece una interdependencia entre ambos que le lleva a don Quijote a sanchificarse y a Sancho a quijotizarse. Con el toma y daca del convivir y del compartir diario, se le pega a don Quijote el lenguaje sabroso de su escudero y por medio de sus refranes se está acercando al mundo concreto de la realidad: "Nunca te he oído hablar, Sancho— dijo don Quijote,— tan elegantemente como ahora; por donde vengo a conocer ser verdad el refrán que tú algunas veces sueles decir: 'No con quien naces, sino con quien paces'" (pág. 1071). La influencia del caballero andante sobre el escudero, ya discípulo suyo, se puede medir con la manera de hablar y de pensar de Sancho: "Cada día, Sancho—dijo don Quijote, — te vas haciendo menos simple y más discreto. —Sí, que algo se me ha de pegar de la discreción de vuestra merced—respondió Sancho . . ." (pág. 642). Su lenguaje se ha convertido como por encantamiento en el mismo lenguaje rebuscado que habla su amo. Corrige el habla de Teresa Panza, su mujer, la que llega hasta a decirle: "habláis de tan rodeada manera, que no hay quien os entienda" (pág. 592).

Don Quijote ve en Sancho a un amigo, un hermano, un hijo. Cuando duerme Sancho, don Quijote se queda velando, cual si fuera un padre o una madre, cuidando el sueño de su hijo. Lo llama "Sancho bueno, Sancho discreto, Sancho cristiano y Sancho sincero" (pág. 640). Ve en él al "mejor hombre del mundo" (pág. 521) y "no lo trocaría con otro escudero, aunque me diesen de añadidura una ciudad" (pág. 816).

En cuanto a Sancho, llama a don Quijote "loco cuerdo" (pág. 839) y cuando califican de loco a su amo, lo defiende diciendo: "No es loco, sino atrevido" (pág. 680). No obstante, se da cuenta de la locura de su amo pero también de su propia locura al quedarse con él. Sabe que su destino es seguirle y serle fiel hasta el final: "Pero ésta fue mi suerte, y ésta mi malandanza; no puedo más; seguirle tengo: Somos de un mismo lugar, he comido su pan, quiérole bien, es agradecido, dióme sus pollinos y sobre todo, yo soy fiel" (pág. 816).

Sin embargo, como San Pedro negó conocer a Jesús, Sancho se rebela en contra de su destino con don Quijote y aún llega hasta a pegarle y a decirle en una ocasión: "¿Qué tienen que ver los Panzas con los don Quijotes?" (pág. 1072).

Al igual que San Pedro ama a Jesús, Sancho le tiene a don Quijote un cariño entrañable y quisiera protegerle como si fuera a la vez un padre y un hijo para él. Nada ni nadie podría apartarle de él: "No sabe hacer mal a nadie, sino bien a todos, ni tiene malicia alguna: un niño le hará entender que es de noche en la mitad del día, y por esta sencillez le quiero como a las telas de mi corazón, y no me amaño a dejarle por más disparates que haga" (pág. 651).

Si en vida de don Quijote se conoce al caballero por la discreción del escudero, es lógico pensar que Cervantes le tenía guardado a Sancho el papel de testigo y de discípulo: "Si el criado es tan discreto, ¡cuál debe de ser el amo!" (pág. 1062). Y vuelven a

la aldea, don Quijote despojado de sus armas, derrotado físicamente, pero llevando por dentro la victoria moral de la que se da
cuenta Sancho: "—Abre los ojos, deseada patria, y mira que
vuelve a ti Sancho Panza tu hijo, si no muy rico, muy bien
azotado. Abre los brazos y recibe también tu hijo don Quijote,
que si viene vencido de los brazos ajenos, viene vencedor de sí
mismo; que, según él me ha dicho, es el mayor vencimiento que
desearse puede" (pág. 1098).

La novela entera representa el paso del hombre sobre la
tierra. Empieza con el nacimiento de Alonso Quijano a la vida de
caballería andante cuando se autobautiza con el nombre de don
Quijote de la Mancha y termina con su retorno a la aldea cuando
se acerca a la hora de la verdad, que es el morir, y recobra su
verdadero nombre de Alonso Quijano, al que añade el calificativo
de "Bueno": "—Dadme albricias— buenos señores, de que ya yo
no soy don Quijote de la Mancha, sino Alonso Quijano, a quien
mis costumbres me dieron renombre de Bueno" (pág. 1106).
"Bueno" también era el calificativo que le dio a Sancho el primer
día que le fue a visitar para que le sirviera de escudero: "hombre
de bien— si es que este título se puede dar al que es pobre" (pág.
79).

La obra tiene un movimiento circular, símbolo de la perfección divina, que se abre con el nacimiento y se cierra con la
muerte, que es el despertar a la vida eterna. Don Quijote se
acuesta porque no se siente bien y no se levantará más de su lecho
de muerte. Se le arraiga una calentura durante seis días y cae en un
sueño de más de seis horas del cual despierta cuerdo, renunciando
a la caballería andante: "—¡Bendito sea el poderoso Dios, que
tanto bien me ha hecho! En fin, sus misericordias no tienen límite,
ni las abrevian ni impiden los pecados de los hombres. ... Yo tengo
juicio ya, libre y claro,..." (pág. 1105).

Pero lo que se calla don Quijote es la aventura que ha tenido
mientras dormía aquel sueño: su encuentro con aquel Dios "que
tanto bien" le ha hecho. Delante de El, no hace falta armarse de
caballero, delante de El va desnudo, cual si fuese un niño, llevando
el nombre que sus padres le pusieron al nacer. Dios sabe la verdad
de todo y con El a solas no tiene porque aparentar, no tiene porque

hacer alarde de la orden de caballería de la cual necesitaba mientras vivía para imponer al mundo indiferente el ideal cristiano de la Edad Media.

El proceso de la locura a la cura no se hace en un instante, es un proceso que llega a la cumbre en aquel sueño de seis horas con su Hacedor, pero que tiene sus raíces en el roce diario con la realidad, ya que desde la segunda parte de la novela don Quijote ve la realidad tal como es, y los hombres alrededor de él, le desfiguran aquella realidad. La aventura ya no surge de su imaginación sino del engaño de los demás.

"Yo sé quién soy," (pág. 64) decía don Quijote en la primera parte de la novela, mientras trataba en vano de resucitar el espíritu religioso en un mundo hecho para los placeres. Pero don Quijote, en la segunda parte, exclama, al igual que Cristo cuando empezaba a flaquearle la fe: "Yo no puedo más" (pág. 786). Si a Cristo le pusieron sobre la cabeza el letrero que decía: "Éste es Jesús el rey de los judíos" y se rieron de él, a don Quijote le hicieron pasear por las calles de Barcelona, con un letrero que le cosieron sobre las espaldas donde escribieron con letras grandes: "Éste es don Quijote de la Mancha" (pág. 1030).

Para enfrentarse con su Hacedor, durante aquel sueño de seis horas, don Quijote se despoja de todos sus adornos de caballero andante y con la mayor dignidad vuelve a la vida para esperar la muerte en la aldea en la que le tocó nacer y reintegrarse a su forma primera de Alonso Quijano. Muere rodeado de su familia y amigos, con Sancho Panza en la cabecera de su lecho, después de confesarse y de hacer su testamento. Recobrar la razón es ver la realidad del otro mundo y la locura de éste. Se despide de todo lo que fue suyo, con la misma cordura y sencillez que caracterizó a Jorge Manrique y que nos hace entrever la dicha de su encuentro final con Dios, la suprema realidad. Y su bondad, ya como Alonso Quijano, ya como don Quijote de la Mancha, lo eterniza.

¿Qué hará Sancho después de la muerte de don Quijote? ¿Volverá a la vida que llevaba con Teresa Panza, antes de que conociera a su amo? ¿Habrá sido en vano la enseñanza en discreción que recibió de él? "Sé padre de las virtudes y padrastro de los vicios. No seas siempre riguroso, ni siempre blando, y escoge el

76

medio entre estos dos estremos; que en esto está el punto de la discreción" (pág. 947), le había escrito don Quijote en una carta.

El cura, el bachiller Sansón Carrasco, maese Nicolás el barbero, el ama, la sobrina y Sancho Panza al ser testigos del paso de la locura a la cura de don Quijote quedaron maravillados. Sin darse cuenta recogieron la fuerza vital del que se les iba y en aquel momento se hicieron sus discípulos.

Pero Cervantes le dio a Sancho un papel privilegiado. Le dejó quedarse en la cabecera del lecho de muerte para que recogiera el último aliento de su señor y amo y en aquel momento se convierte el escudero en caballero andante. Y al igual que Jesucristo nos ofreció el reino de su Padre, Alonso Quijano le quiso ofrecer a Sancho un reino: "y si como estando loco fuí parte para darle el gobierno de la ínsula, darle el de un reino, se le diera, porque la sencillez de su condición y fidelidad de su trato lo merece" (pág. 1107).

La fusión don Quijote-Sancho, o la fusión del pastor Quijotiz con el pastor Pancino, es por lo tanto una fusión vital y no casual. Como Dios creó al hombre y a la mujer para que fuesen una sola carne, Cervantes creó a don Quijote y a Sancho para que se hiciesen uno. Se buscaban, se atraían como un imán y eran de la misma índole. Miguel de Unamuno, otro hermano espiritual de ellos por su sentido trágico de la vida, supo ver en ellos esta relación de señor y discípulo: "Cuando tu fiel Sancho, noble Caballero, monte en tu Rocinante, revestido de tus armas y embrazando tu lanza, entonces resucitarás en él, y entonces se realizará tu ensueño. Dulcinea os cogerá a los dos, y estrechándoos con sus brazos, contra su pecho, os hará uno solo."[2]

No cabe duda entonces de que Sancho se hará portavoz de su amo. ¿No lo dice acaso él mismo? "Quiero decir que la conversación de vuestra merced ha sido el estiércol que sobre la estéril tierra de mi seco ingenio ha caído; la cultivación, el tiempo que ha que le sirvo y comunico; y con esto espero de dar frutos de mí que sean de bendición, tales, que no desdigan ni deslicen de los sen-

[2]Miguel de Unamuno, *Vida de don Quijote y Sancho*, en *Obras selectas* (Madrid: Editorial Plenitud, 1956), pág. 486.

deros de la buena crianza que vuesa merced ha hecho en el agostado entendimiento mío" (pág. 642).

Al decir "espero de dar frutos de mí que sean de bendición," Sancho piensa sembrar por donde sea, con un propósito firme, la enseñanza que recibió de su amo. Nacido en la realidad— nace como Sancho Panza y vive fiel a su condición de Sancho— se convertirá en un nuevo don Quijote, pero más apegado a la tierra, a la realidad que le rodea. Irá por el mundo, desde la tierra de España hasta América Latina, contando las hazañas de su amo y propagando la fe en la verdad, la belleza y la justicia. Como testigo de lo que fue la vida y la muerte de don Quijote, se parecerá a los discípulos de Cristo que cantaron su vida y su enseñanza a través de los Evangelios.

Sancho ya no puede aceptar el mundo tal como es, con sus engaños, con su falta de libertad, y se enfrenta con él para dar al espíritu el lugar que le corresponde. Su misión es la de despertar la conciencia de los que dormitan en una parálisis espiritual y hacerles recobrar el mundo interior. Es también la de enseñar a los jóvenes a encontrarse a sí mismos y a ser fieles a lo que son. Quiere restaurar el mundo medieval en el cual Dios era el centro de la vida y toda forma de arte era una manera de alabar al Hacedor y su creación.

Cuando Miguel de Cervantes dijo de su don Quijote, con todo el orgullo de un padre: "Para mí sola [pluma] nació don Quijote, y yo para él; él supo obrar y yo escribir" (pág. 1110), se dio cuenta de la magnitud de su personaje que ya se había hecho persona y que había alcanzado la eternidad. Al no hacer morir a Sancho, también se dio cuenta de que lo necesitaba vivo, ya que en él vibraba el espíritu de su amo y señor, don Quijote de la Mancha. El otro Miguel, Miguel de Unamuno, exclama: "Sancho, que no ha muerto, es el heredero de tu espíritu."[3]

Alrededor de Sancho se está formando una armada arcangélica que ya no necesita de la celada de don Quijote ni de sus lanzas, porque son poetas que pelean con una pluma alada. ¿No fue el sueño más grande de Cervantes ser poeta y no dijo de la poesía: "Ella es hecha de una alquimia de tal virtud, que quien la

---

[3]Miguel de Unamuno, *op. cit.*, pág. 485.

sabe tratar la volverá en oro purísimo de inestimable precio"? (pág. 675).

Estos poetas, discípulos de don Quijote y discípulos de Cristo, siguen a Sancho Panza a través de los siglos y de los países. Cantan con un alma medieval la conquista del espíritu sobre la materia. Estos poetas tienen los pies bien anclados en la realidad española e hispanoamericana y la cabeza alzada hacia el cielo. Mientras avanzan en su marcha triunfal, realizando reformas, revitalizando el cristianismo con un profundo sentido social, se destacan entre ellos los nombres de José Martí, José Enrique Rodó, Gabriela Mistral, Juan Ramón Jiménez y por supuesto el de Miguel de Unamuno.

St. John's University

El milagro de la hispanidad

La Niña, la Pinta y la Santa María
Cruzan nuevamente los mares, infatigables.
Como un faro les guía Cristóbal Colón,
Con el brazo muy en alto,
Portavoz de la gran España
Y de la fe cristiana.

Ya no llevan consigo ni soldados, ni descubridores,
Llevan una carga infinitamente preciosa, la de
Escritores, pintores, poetas, músicos y reyes.

Las velas de las tres carabelas
Se hinchan con el aliento de don Quijote de la Mancha
Que desde lo alto las acompaña y anima.
¿Adónde apresuradas se deslizan? ¿Con qué tierras sueñan?
Tantos siglos han pasado desde aquel primer viaje.

Hoy van al encuentro del encanto de una nueva conquista:
La del dominio de la lengua castellana.

Se divisa de repente otro majestuoso barco
Que iza la bandera de la América latina.
En su seno se acogen sus más abnegados hijos
Encaminados todos en una misma cruzada:
Sembrar por el mundo la cultura hispánica.

La Niña, la Pinta y la Santa María
Se citan en un diálogo largo con el Simón Bolívar.
Hablan de Castilla y de los Andes, de poesía y de las artes.
En ese encuentro mágico más allá de la mar
Pasan juntos, muy unidos por debajo del puente
Que se levanta misterioso entre dos continentes,
Como una guirnalda trenzada entre España y América.

Se oye el rugir de las olas que se estremecen
con el sonar de las notas musicales
De Claudio Arrau y Alicia de Larrocha.
Vuela de pronto la paloma de la paz
A entregar un ramo de flores a aquella gran dama,
La Estatua de la Libertad, sueño constante
De cada viajante.

Y por encima de todo
Vigila el Cristo Redentor,
Proclamando por los siglos de los siglos
El eterno milagro de la hispanidad.

Marie-Lise Gazarian Gautier
12 de septiembre de 1984

(Leyenda explicativa del collage titulado "El milagro de la hispanidad.")

Elysium and the Cannibals: History and Humanism in Ercilla's *La Araucana*

E. Michael Gerli

Alonso de Ercilla y Zúñiga's *La Araucana* is a complex work of Renaissance art that belies its unusually narrow interpretations. Throughout its critical history, critics' interpretations of this epic poem have usually been moved either by patriotic fervor, apologetic zeal, a desire to identify sources, or an obsession with its lack of a central hero.[1] However, when placed in the intellectual and literary context of the sixteenth century, it betrays an ideological bent that signals it as one of the most interesting and revealing Humanistic visions of the New World.

The events of the discovery and conquest of America were exceptional and stimulating experiences to the European imagination. Nothing quite like it had ever so challenged or so affected European man's conception of himself or of his world. These were literally occurrences of earth-shaking importance. The Discovery

---

[1] For the critical fortunes of *La Araucana* and the Spanish epic of the Golden Age in general, see Frank Pierce's excellent synthesis in his *La poesía épica del Siglo de Oro* (Madrid: Gredos, 1961), pp. 16–209.

brought a New World within the domain of European consciousness, and throughout the sixteenth century one of the great intellectual dilemmas was justifying and interpreting this astounding fact within the purview of Western Tradition. The Discovery, as Edmundo O'Gorman points out, required an invention, an imposition of meaning. Out of the vacuum of non-history, Europeans were suddenly confronted with the existence of an enormous, seemingly interminable land mass inhabited by complex civilizations. The phenomenon demanded an historical explanation in order to be understood; as such, in the words of O'Gorman, America "could acquire historical significance only by becoming another Europe."[2] And it is by means of associating the new reality to the old one that the novelty of America was finally reconciled and assimilated by the European imagination. Through interpretation in light of historical precedent and, most especially, classical myth, the events of the Discovery acquired historical identity and acceptability. Implied or direct comparison to antiquity was, then, the principal method through which America became significant and comprehensible to the Europeans of the sixteenth century.

Since the earliest writers of anitquity, the myth of an Earthly Paradise, a garden image of abundance and natural good, dominated Classical letters. Indeed, both Classical and Christian literature are fraught with far-off legendary places where men live in primeval harmony with nature and enjoy the perfect life; with the exception, however, that in the Christian tradition Paradise is forbidden to mortal men. Of course the Humanist perspective sought to focus paradise within the secular tradition rather than a mystical context.

Amongst the Greeks, Homer and Hesiod best evoke the Earthly Paradise. Homer describes Elysium, which he places in the West of the Earth near the ocean "where all existence is a dream of ease."[3] It is a happy land where there is neither snow nor cold nor rain; the home of the heroes, like Menelaus, who live under the rule of Rhadamanthus. Hesiod, on the other hand, extends the

[2] *The Invention of America* (Bloomington: University of Indiana Press, 1961), p. 139.
[3] *The Odyssey*, trans. Robert Fitzgerald (New York: Doubleday), IV, 536.

image and speaks not only of a place but of a Golden Age of human and natural harmony.[4] In Latin literature, this mythic age of Gold and place of perfection acquires the spirit of prophecy, and authors such as Ovid and Seneca prophesy a land beyond ultima Thule will be discovered in the western ocean:

venient annis saecula seria,
quibus Oceanus vincula rerum
laxet et ingens poteat tellus
Tethysque novos detegat orbes
nec sit terris ultima Thule.[5]

The classical tradition, then, provided European Humanists and explorers with prophecies of the events of the Discovery through which they could rationalize their experiences. It was specifically this tradition that offered them a touchstone in the historical definition of America, and a means by which to understand it. Pietro Martire d'Anghiera gave prominence to the relationship of classical legends in his interpretation of America and offers the following description of the Indies:

The inhabitants of these Ilandes have beene ever so used to live at libertie, in play and pastime, that they canne hardly away with the yoke of servitude, which they attempte to shake of by all meanes they may. . . . A few things content them, having no delight in such superfluities for the which in other places menne take infinite paynes, and commit manie unlawful actes, yet are never satisfied, whereas manie have too much, and none enough. But among these simple soules, a fewe clothes serve the naked . . . they are not needful of pestiferous money . . . so that if we shall not bee ashamed to confesse the trueth, they seeme to live in that golden worlde of the whiche olde writers speak so much, wherein menne lived simply and innocently without

[4] For a cogent explanation and history of the myth, see A. Bartlett Giamatti, *The Earthly Paradise and the Renaissance Epic* (Princeton: Princeton University Press, 1966), pp. 15–33.

[5] *Three Tragedies of Seneca* (Norman: University of Oklahoma Press, 1908), p. 127. Of course, tales of legendary lands to the west of the Ocean abounded in antiquity and in the Middle Ages. Plato in his *Timaeus* gave rise to the myth of Atlantis, while the fabulous voyages of St. Brendan the Navigator and the fantastical tales of Sir John Mandeville helped stoke the fires of the medieval imagination. For an appreciation of this phenomenon in a medieval Spanish context, see Richard P. Kinkade, "Mito y realidad en el mundo medieval español," in *Studies in Honor of John Esten Keller*, ed. J. R. Jones (Newark, Del.: Juan de la Cuesta, 1980), 215–28.

enforcement of lawes, with quarrelling, judges, and libelles, content only to satisfy nature, without further vexation for knowledge of things to come.[6]

Doubtless thinking of the classical image of Paradise, Columbus's first letter refers to the island of Cuba as "Paradiso," while he later named the area around the mouth of the Orinoco River "tierra de Gracia" and gave the following account:

> allí ... hallé temperancia suavísima y las tierras y árboles muy verdes y tan hermosos como en abril ... y la gente de allí de muy linda estatura y blancos más que otros que haya visto en las Indias, e los cabellos muy largos e llanos, y gente más estuta e de mayor ingenio e no cobardes.[7]

Clearly, when Columbus evoked this land, he too had in mind recollections of Elysium or the Islands of the Blest, the classical paradises of mortal men. Columbus's enthusiasm was, nevertheless, short-lived, for on his return he realized that the land and the natives were more inhospitable than he had thought. The ultimate disillusionment was, however, reserved for Giovanni de Verrazzano, who, seeking to equate America with the myths of antiquity, insisted upon calling parts of the New World *Archadia*; reality soon clashed with Verrazzano's ideal as he was eaten by *Archadia's* inhabitants.[8]

Despite the brutality and hardships of the Discovery and Conquest, the principle of comparison to the classical past governing sixteenth-century humanism's vision of America continued to flourish. Ercilla's *La Araucana* was doubtless conceived within the mainstream of this current of thought, for in it the New World is more often an image of the classical paradise than the arduous, unpleasant historical present. Ercilla's tendency to romanticize the Araucanian Indians and view them with an antiquarian's eye comes, then, not from any specific work or propensity in the

---

[6] *De novo Orbe, or the Historie of the West Indies*, trans. Richard Eden and Michael Lok (London, 1612) as cited in Harry Levin, *The Myth of the Golden Age in the Renaissance* (Bloomington: University of Indiana Press, 1969), p. 61

[7] *Los cuatro viajes del Almirante y su testamento*, ed. Ignacio B Anzátegui (Madrid: Espasa-Calpe, 1964), p. 182

[8] See Hugh Honor, *The New Golden Land: European Images of America from the Discoveries to the Present Time* (New York: Pantheon, 1976), pp. 16–18. Although this book deals principally with iconography, its exposition of how classical images were transposed upon the New World is very enlightening.

literature of antiquity,[9] but from humanism's wide-ranging desire to substantiate the events of present history in terms of the classical past.

With the humanistic proclivity to idealize the events of the Discovery in mind, we can begin to approach Ercilla's depiction of America in his *Araucana*. Indeed, in order to understand more fully his work, we must first realize that it was this principle of equation that governed both his esthetic and ethical, as well as historical, vision of the New World. *La Araucana* belongs to the Renaissance: it was conceived in a milieu of reverence and emulation of the classical past, and hence it incorporated not only the artistic but the moral values of antiquity as well. Classical myths provided Ercilla with imagery through which he sought to explain the historical and ethical implications of the New World to his countrymen. America, and most especially Chile, was in many respects the Earthly Paradise, the allegorical ideal of which the classical authors had written.

However, there is something more than a humanistic *topos* in Ercilla's projection of classical forms upon the American landscape which at a glance impresses the reader: the quality of the comparison he makes. Critics invariably point to the paradox that the exemplariness of the native characters in *La Araucana* contrasts markedly with the cupidity and ruthlessness of the Spanish conquerors. In fact, what the disparity in the equation pinpoints is an essential humanistic attitude: the nostalgia of an ideal—the Neoplatonically inspired dream of man's perfection, dignity and harmonic unity with himself and his world. In this regard, the sixteenth-century fantasies of Utopia were closely linked with the transference of classical myth to the historical present.[10] Ever in mind, they envisioned a world of moral perfection much like the one Ercilla evokes in his treatment of the Araucanians. Utopia, as the name's Greek etymology implies, was no place. It was a metaphor for humanism's belief in a primeval innocence lost

[9] See, for example, William Melczer, "Ercilla's Divided Heroic Vision: A Revaluation of the Epic Hero in *La Araucana*," *HBalt* (1973), 216–21.

[10] See Levin, pp. 84–111. On Neoplatonism's belief in the immanent goodness of all men, see Américo Castro, *El pensamiento de Cervantes*, 2nd ed. (Barcelona: Noguer, 1972), 84, 114, 155.

through man's pride and avarice: a world where there exists no lust, no greed, and no slavery. The humanists' Utopia imaginatively recreates a place where men are judged for their virtue and merit: a mythic land where all men's voices are heard and counted simply because they are men.

Ercilla's description of Araucanian society resounds with echoes of this dream. Although the Indians of Arauco, unlike the fantastical inhabitants of the Utopias and classical paradises, wage war, they do so in the defense of their way of life, in the name of freedom, and in an egalitarian manner that evokes the Renaissance moral ideal. Amongst them, Ercilla tells us:

Los cargos de la guerra y preeminencia
no son por flacos medios proveídos,
ni van por calidad, ni por herencia,
ni por hacienda y ser mejor nacidos;
mas la virtud del brazo y la excelencia,
ésta hace los hombres preferidos,
ésta ilustra, habilita, perficiona,
y quilata el valor de la persona.[11]

Moreover, their government is born of consensus, and their leaders are chosen for their merit, strength, and moral integrity, as witnessed in the second *Canto* in which Caupolicán proves himself worthy of his people's trust (ed. cit., I, 158). Colocolo, a patriarchal figure who, as Voltaire observed, evokes Nestor,[12] calls for a test of strength while exhorting the liberty that the Spanish presence menaces to suppress and exalting the natural dignity of his compatriots:

Volved las armas y ánimo furioso
a los pechos de aquellos que os han puesto
en dura sujeción con afrentoso
partido, a todo el mundo manifiesto
lanzad de vos el yogo vergonzoso,
mostrad vuestro valor y fuerza en esto:
no derraméis la sangre del Estado,
que para redimirnos ha quedado.

---

[11] Alonso de Ercilla y Zúñiga, *La Araucana*, ed. Marcos Morínigo e Isaías Lerner, 2 vols. (Madrid: Castalia, 1979), I, 132. All citations refer to this edition and are given in the text.

[12] See Pierce, p. 42.

. . . .
pares sois en valor y fortaleza;
el cielo os igualó en el nacimiento,
de linaje, de estado y de riqueza
hizo a todos igual rapartimiento (I, 156-157).

From the outset of their characterization in this work, the Araucanians, who in reality were notorious for their cruelty and cannibalism,[13] embody what Ercilla and his humanist contemporaries felt to be a mythic ideal. The Indians' physical portraits, for example, reveal that they are the incarnation of classical beauty, strength, and perfection. The poet's words, like the Renaissance painter's brushstrokes, are a pictorial attempt to transcend the limits of reality and reflect the inner moral dignity of these men who live in close communion with nature:

> Son de gestos robustos, desbarbados,
> bien formados los cuerpos y crecidos,
> espaldas grandes, pechos levantados,
> recios miembros, de niervos bien fornidos:
> ágiles, desenvueltos, alentados,
> animosos, valientes, atrevidos,
> duros en el trabajo y sufridores
> de fríos mortales, hambres y calores (I, 140).

There is, in fact, an almost preternatural quality in the portrait that Ercilla draws of this hardy race of men.

In consonance with their physical perfection and fortitude, which are the concrete images of inner strength and faultlessness, they are depicted as truly free men, because:

> No ha habido rey jamás que sujetase
> esta soberbia gente libertada,
> ni estranjera nación que se jatase
> de haber dado en sus términos pisada
> ni comarcana tierra que se osase
> mover en contra y levantar espada:
> siempre fue esenta, indómita, temida,
> de leyes libre y de cerviz erguida (I, 140).

[13] John Crow, *The Epic of Latin America* (Garden City: Doubleday, 1946), pp. 113–16. The comparison to the Indians portrayed in Montaigne's essay "Of the Cannibals" is inevitable; see *Montaigne's Essays*, trans. John Florio (New York: Dutton, 1965), 215–29.

Human liberty was, of course, the root from which humanity could blossom according to sixteenth-century thought (see Levin, pp. 61–65).

But there is more. Ercilla's Araucanians are no mere paragons of political virtue. They in turn embody even nobler human characteristics. In fact, the poet takes great pains to portray them as motivated by the forces of love and constancy. The lyrical episode of Tegualda's search for her slain husband ends with a panegyric clearly intended to underscore the value Ercilla places on the Indian lady's integrity and spiritual perfection:

> ¿Quién de amor hizo prueba tan bastante?
> ¿Quién vio tal muestra y obra tan piadosa
> como la que tenemos hoy delante
> desta infelice barbara hermosa?
> . . . .
> ¡Cuántas y cuántas vemos que has subido
> a la difícil cumbre de la fama!
> Judic, Camila, la fenisa Dido,
> a quien Virgilio injustamente infama;
> Penélope, Lucrecia, que al marido
> lavó con sangre la violada cama;
> Hippo, Tucia, Virginia, Fulvia, Cloelia,
> Porcia, Sulpicia, Alcestes y Cornelia
> bien puede ser entre éstas colocada
> la hermosa Tegualda ... (II, 105-106)

The catalogue recalls the profeminist encomiums of women from antiquity which form an important part of early Humanist literature in Spain. In Ercilla's eyes, Tegualda's loving constancy is as much a model of devotion as that symbolized in the mythical heroines of the classical and Christian past.

In *La Araucana*, the Indians are portrayed as exemplary people: ethical, humanized individuals whose images evoke humanism's wistful yearning for an irrecoverable ideal. Their fortitude and fidelity stand out amidst the poet's constant reminders of the usurpation of their liberty, the rape and plunder of their paradise by fallen men. Their moral portraits are the reverse of those of the Spaniards who are praised only for their obstinate valor, while they are portrayed as men driven by greed and lust. Vainglorious and proud, for example, Valdivia's men seem the incarnation of the Seven Deadly Sins:

la fama y posesiones que adquirían
los trujo a tal soberbia y vanagloria,
que en mil leguas diez hombres no cabían

. . . .

　　　Crecían los intereses y malicia
a costa del sudor y daño ajeno,
y la hambrienta y mísera codicia,
con libertad paciendo, iba sin freno.

. . . .

　　　Así el ingrato pueblo castellano
en mal y estimación iba creciendo
y siguiendo el soberbio intento vano
tras su fortuna próspera corriendo (I, 145–46).

The Araucanians, on the other hand, are more than just the image of defiant pride and bravery. Caupolicán, for instance, takes on the characteristics of the *varón fuerte y vencedor*, the avatar of the Renaissance Stoic ideal. At the moment of his torture and death, Ercilla describes him as a model of composure and serenity:

... con el esfuerzo acostumbrado,
sin mudanza y señal de sentimiento,
por la escala subió tan desenvuelto
como si de prisiones fuera suelto.

. . . .

　　　Llegóse él mismo al palo donde había
de ser la atroz sentencia ejecutada
con un semblante tal que parecía
tener aquel terrible trance en nada,
diciendo: "Pues el hado y suerte mía
me tienen esta muerte aparejada
venga, que yo la pido, yo la quiero,
que ningún mal hay grande si es postrero" (II, 353).

Even in death, his incorruptible arrow-ridden body, doubtless an iconographic allusion to the martyrdom of Saint Sebastian (another brave general killed by an unrighteous emperor), inspires awe and admiration:[14]

　　　Quedó abiertos los ojos y de suerte
que por vivo llegaban a mirarle;

[14] For the hagiographies of St. Sebastian and the similarity with this scene, see *PL*, 85, col. 666; *PL*, 86, col. 1948.

90

que la amarilla y afeada muerte
no pudo aún puesto allí desfigurarle.
Era el miedo en los bárbaros tan fuerte,
que no osaban dejar de respetarle,
ni allí se vio en alguno tal denuedo
que puesto cerca dél no hubiese miedo (I, 356).

If we compare this portrait to that of his Spanish counter-part, Vildivia, the contrast could not be more striking. The *conquistador* is "perezoso y negligente incrédulo, remiso y descuidado" (p. 32); qualities endemic to the majority of Spaniards, who all seem the pawns of the Deadly Sins.

In the closing cantos of *La Araucana* the image of the Spanish legions as harbingers of moral corrpution and decay plays a conspicuous role. The episode of the conquest of Ancud, for example, conceals an eloquent metaphor: the despoiling of paradise, the tragic defeat not only of a people but of a humanistic ideal. That Ercilla had the mythic vision of an earthly Eden in mind is obvious. Like Paradise, Ancud, the temperate garden land of the South, is guarded by a difficult, nearly impenetrable, forest, a *locus foedus* against which the Spaniards must struggle in order to gain access:

Pasamos adelante, descubriendo
siempre más arcabucos y breñales,
la cerrada espesura y paso abriendo
con hachas, con machetes y destrales;
otros con pico y azadón rompiendo
las peñas y arraigados matorrales,
do el caballo hostigado y receloso
afirma más seguro el pie medroso.

Nunca con tanto estorbo a los humanos
quiso impedir el paso la natura
y que así de los cielos soberanos
los árboles midiesen el altura,
ni entre tantos peñascos y pantanos
mezcló tanta maleza y espesura,
como en este camino defendido,
de zarzas, breñas y árboles tejido (II, 373).

Once the protective ring of symbolic landscape has been penetrated, however, the Spaniards behold a panorama reflecting

91

upon the American landscape an image recalling the mythic Islands of the Blest:

> Era un ancho archipiélago pobrado
> de innumerbales islas deleitosas,
> cruzando por el uno y otro lado
> góndolas y piraguas presurosas.
> Marinero jamás desesperado
> en medio de las olas fluctuosas
> con tanto gozo vio el vecino puerto
> como nosotros el camino abierto (II, 375).

The troops' entry into this elysian world is then described with imagery evoking a Biblical plague:

> Cual banda de langostas enviadas
> por plaga a veces del linaje humano,
> . . . .
> así, pues, en cuadrillas derramadas
> suelta la gente por el ancho llano (I, 376).

The inhabitants of the paradise the Spaniards invade like the plague of locusts bear a resemblance to the Hyperborei, the fabulous people of antiquity who possessed eternal youth, liberty and freedom from disease and strife.[15] Ercilla equates their coming into contact with the Spaniards to a fall from grace:

> La sincera bondad y la caricia
> de la sencilla gente destas tierras
> daban bien a entender que la cudicia
> aún no había penetrado aquellas sierras;
> ni la maldad, el robo y la injusticia
> (alimento ordinario de las guerras)
> Entrada en esta parte habían hallado
> Ni la ley natural inficionado.
>
> Pero luego nosotros, destruyendo
> todo lo que tocamos de pasada,
> con la usada insolencia el paso abriendo
> les dimos lugar ancho y ancha entrada (II, 381–382).

This historical distortion depicting indigenous Chilean society as much closer to perfection than any in the European world enabled Ercilla not only to express humanism's Utopian longing,

---

[15] See Giamatti, p. 20.

but also to set down an implicit criticism of evils in his contemporary context. Tacitly, we sense the morally inspired doubts
concerning the efficacy and goals of the Conquest, themes which
had preoccupied Spanish society since Columbus' first voyage
and had created such a sensation after La Casa's public outcries. In
La Araucana, we sense Ercilla's humanistic conscience almost
tragically at odds with the political authority that he, as a soldier,
was honor-bound to defend.[16] The transposition of a paradisiacal
image upon the American scene, one which underscores the natives' harmony with themselves and those immediately around
them, reflects a melancholy disenchantment with the present state
of civilization and accounts for *La Araucana*'s disturbing, often
elegiac, tone. Accordingly, this work is an attempt to strive for
moral clarity from a vantage point of ethical uncertainty. It is as
much a record of Ercilla's deep human aspirations as it is one of
American history or the effects of classisism upon Renaissance
art. In his poem, Ercilla pays homage to the mythic past only in so
far that it illuminates the present. His classicism and his historical
vision become vehicles for ideas; they communicate ethical preoc-
cupations and offer a moral perspective on the conquest of America. *La Araucana*, then, is the artistic revelation of a man who
hoped all men could transcend their human limitations and live a
dream. In this sense it is very much a humanistic epic.

Georgetown University

[16] It is doubtless significant that, as Morínigo and Lerner report, Ercilla was
at Valladolid in 1551 when the air was still charged with the debates between
Sepúlveda and Las Casas (ed. cit., I, 7), while the reasons for Ercilla's imprisonment in Chile still remain a mystery. For Ercilla's biography, see José Toribio
Medina, *La vida de Ercilla* (Mexico: Fondo de Cultura Económica, 1948).

93

La oralidad y *La Celestina*

Esperanza Gurza

"The word as record depends for its meaning upon the continuous recurrence of the word as event."
Walter J. Ong, *The Presence of the Word.*[1]

"In antiquity and the Middle Ages reading was necessarily reading aloud."
Marshall McLuhan, *The Gutenberg Galaxy.*[2]

"*La Celestina* demuestra cómo la pluma oral en la mano derecha de un genio oral se hizo magna creación.

"*La Celestina* apunta al oído y al corazón, es decir, los dos blancos sucesivos del lenguaje oral."
Stephen Gilman, *La España de Fernando de Rojas.*[3]

Hablando del fenómeno de la composición oral y del de la creación personal por escrito, L. P. Harvey, en su artículo "Oral

---

[1] Walter S. Ong, S. J., *The Presence of the Word: Some Prolegomena for Cultural and Religious History.* New York: Simon and Schuster, 1967, págs. 32, 33.
[2] Marshal McLuhan, *The Gutenberg Galaxy: The Making of Typographic Man.* New York: New American Library, 1962, pág. 103.
[3] Stephen Gilman, *La España de Fernando de Rojas: panorama intelectual y social de "La Celestina."* Madrid: Taurus, 1978, pág. 315.

Composition and the Performance of Novels of Chivalry in Spain,"[4] concluye que la cultura española del siglo dieciséis emerge, en muchos aspectos, como una mezcla de elementos que hemos llegado a creer incompatibles. Dice también que es lógico estudiar el *Quijote*, que en cierto sentido es la primera novela europea, como un poderoso acto de creación individual, pero que sería también conveniente recordar que estaba firmemente enraizada en una establecida y verdaderamente popular tradición oral de la diversión. *La Celestina* precede al *Quijote* por poco más de cien años. Se compone en el ocaso del siglo XV y ve la luz, como producto en el espacio propio de lo escrito, en los albores del XVI. Y como "cosa" en el espacio, es decir, como producto de la escritura, con el objeto de ser leída, se ha venido estudiando la Comedia o la Tragicomedia, en la mayoría de los casos. Sin embargo, el solo hecho de su antelación cronológica la enraiza aún más con esa tradición oral de que habla Harvey.

Frecuentemente se ha estudiado esta obra como un sistema binario que contiene ambas características de diversos pares de opuestos, tales como lo popular y lo culto,[5] lo medieval y lo renacentista,[6] lo trágico y lo cómico.[7] Stephen Gilman ha visto claramente que, cuando menos el acercamiento a través de la dicotomía medieval-renacentista, deja mucho que desear. Dice Gilman:

> Una forma tradicional y socorrida de dejar a un lado el hondo misterio literario de *La Celestina* ha sido la de etiquetarla como obra de transición. La impropiedad del término—por cuanto implica una mezcla de elementos renacentistas y medievales—es clara. Aparte el hecho de que la historia es por definición transicional, cualquier intento de dividir los contenidos de la obra en compartimentos temporales es una negación maligna de su unidad orgánica.[8]

[4] L. P. Harvey, "Oral Composition and the Performance of Novels of Chivalry in Spain." *Forum of Modern Language Studies*, 10 (1974), 270–286.

[5] Vicente Pérez Saenz, "Sobre lo popular y lo culto en *La Celestina*." *Humanities*, Tucumán, 13 (1960), 171–181.

[6] Angel del Río, *Historia de la literatura española*, Tomo I, New York: Holt, Reinhart and Winstron, Edición Revisada, July, 1966.

[7] Edwin J. Webber, "Tragedy and Comedy in La Celestina," *Hispania*, 35 (1952), 318–20.

[8] Gilman, *La España* ... , pág. 306.

Gilman se acerca a la obra de arte como lo que a mí me parece que es: producto y espejo de una sociedad todavía básicamente oral. Para Walter J. Ong,[9] un poema (y por extensión una obra literaria) es un momento en una eterna conversación en la cual lo que pasa en el alma (*psyche*) del artista y se registra en su obra, hace eco de toda la evolución del cosmos. Es un algo que nos proporciona una unidad para pausa y meditación, pero un "algo" que no está allí por sí mismo. Cada obra de literatura, nos dice Ong, marca un avance definitivo sobre aquello que la ha precedido y está preñada con promesa para el futuro. Esto es, precisamente, porque no es sólo un objeto, sino algo *dicho*, una "palabra," un momento en el eterno intercambio del habla. El pensar y hablar de una obra literaria como un momento en un diálogo, afirma Ong, nos hace conscientes de su "apertura." Una magistral interpretación de esta idea es el análisis que hace Diego Catalán de la doble "apertura" del significante y del significado en el corpus del romancero.[10]

Gilman se ha acercado a Fernando de Rojas y a *La Celestina*[11] desde el punto de vista del *habla*, y ha tratado de comprender y hacernos ver la tradición oral que subraya la "fachada impresa" de *La Celestina*. Lo ha hecho con la pasión del lector y crítico *comprometido* y con una brillantez de argumentación que es impresionante.[12] Ha reconocido su deuda a McLuhan[13] y cita varias veces a Ong, especialmente en lo que le sirve como apoyo para establecer el período de Rojas y *La Celestina* como un mundo de "transición" (dando un significado muy limitado y especial a la palabra) en el cual la experiencia diaria de un estudiante universi-

[9] Walter J. Ong, S. J., "A Dialectic of Aural and Objective Correlatives," en *The Barbarian Within and Other Fugitive Essays and Studies*. New York: Macmillan, 1962, pág. 35.

[10] Diego Catalán, "Los modos de producción y 'reproducción' del texto literario y la noción de apertura," en *Homenaje a Julio Caro Baroja*. Madrid: Centro de Estudios Sociológicos, 1979, págs. 245–270.

[11] Gilman, *La Celestina: arte y estructura*, versión española de Margit Frenk de Alatorre. Madrid: Taurus, 1974 y especialmente en el capitulo VI de *La España de Fernando de Rojas* arriba citado.

[12] Arnold G. Reichenberger, *Reseña de The Spain of Fermando de Rojas: The Intellectual and Social Landscape of 'La Celestina,'* " por Stephen Gilman. *Hispanic Review*, 45 (1977), 80–83.

[13] Gilman, *La España ...* , pág. 311.

tario individual era primordialmente auro-oral, pero cuyo mundo ya empezaba a sentir los resultados de la invención de Gutenberg. Ambos, McLuhan y Ong, van mucho más lejos en su análisis de los efectos causados por los diversos modos y medios de comunicación. La lectura de varias obras de Ong me ha hecho ver y pensar en la diferencia tan básica entre hablar y escribir, entre oir y leer[14] y en las radicales diferencias en las sociedades que van pasando por los tres estados de la palabra: 1) oral o audio-oral; 2) escrita, con sus dos etapas de invención alfabética y luego con la del tipo movible de la imprenta; y 3) electrónica.[15] Entre esas diferencias están los cambios filosóficos, científicos, político-sociales y artísticos que estudia McLuhan y que fueron posibles sólo después del cambio de sensibilidad que trajo consigo la imprenta. Esto, me parece, está directamente relacionado con el mundo de La Celestina. Según Ong, el movimiento a través de la secuencia de los medios de comunicación no es, por supuesto, solamente una cuestión de reorganización sucesiva de lo sensorio: implica también muchos otros factores sociales, económicos, psicológicos, etc. Los modos de comunicación resultan de los cambios en dichas esferas y a la vez causan esos cambios. Las invenciónes de la escritura alfabética y de la imprenta dieron ímpetu al rompimiento de las sociedades feudales y al desarrollo del individualismo. La escritura y la imprenta crearon al pensador aislado, al hombre con su libro, y disminuyeron la red de lealtades personales que las culturas orales favorecen como matrices de la comunicación y como principios de la unidad social.[16] Solamente ahora, cuando ya nos encontramos en la tercera etapa de la palabra, la electrónica, es cuando podemos interiorizar y analizar las consecuencias de estos cambios. No es sorpredente, pues, que sea también cosa reciente el que los críticos de La Celestina hayan intensificado sus estudios del panorama político y social de La Celestina.

---

[14] Reconozco mi deuda al Profesor Elias L. Rivers y su seminario NEH, dictado en Johns Hopkins University en el año escolar 1975–76. "Oral Traditions in Hispanic Literatures" como origen de mi interés en Ong y en el estudio y análisis de las diferencias a que me refiero. Prueba ésta de la asombrosa continuidad en el proceso comunicativo de la humanidad.

[15] Ong, The Presence ... , pág. 17.

[16] Ibid., págs. 53–54.

Como he dicho antes, *La Celestina* me parece producto y espejo de una sociedad básicamente oral, pero que ya está sufriendo intensamente los cambios traídos por la segunda etapa comunicativa. Lo que McLuhan dice de *King Lear*, se puede decir y en efecto se ha dicho, aunque en distinta forma, de *La Celestina*: "... is a kind of elaborate case history of people translating themselves out of a world of roles into the new world of jobs."[18] Lo ha visto así Maravall[19] y en cierto modo me parece que la misma tesis, si bien no expresada abiertamente en esa forma, subraya el libro de Jacqueline Ferreras-Savoie.[20] La posibilidad de tal mundo se intensifica con el cambio del énfasis sensorial de lo audio-oral a lo visual, ocasionado por la introducción de la palabra transcrita primero alfabéticamente y luego impresa.[22]

El nexo de *La Celestina* con lo oral y con otras obras de literatura medieval "escrita" la hace encajar en la rica tradición hispánica.[23] De importancia primordial a este respecto, es la inclusión consciente por parte de los autores[24] de la *Tragicomedia* de la poesía de los cancioneros, los que también entroncan en la

[17]McLuhan, *The Gutenberg* ... ., págs. 56–58.

[18]*Ibid.*, pág. 22.

[19] Ver: José A. Maravall, *El mundo social de "La Celestina."* Madrid: Editorial Gredos, 1968, especialmente la pág. 88. (La primera edición es de 1964.)

[20] Jacqueline Ferreras-Savoye, *"La Celestine: ou, la crise de la société patriarchale.* París: Ediciones hispano-americanas, 1977. Sin mencionar que la crisis sea causada por la imprenta, se acerca ella a *La Celestina* tomando en cuenta la crisis de la sociedad patriarcal, la que afecta "los dos pilares de la sociedad medieval: la iglesia y la nobleza" (pág. 5) y desde la nueva visión del mundo, otea la obra de Rojas. La abstracción o "apertura" de las sociedades "cerradas", según McLuhan, es la obra de la tecnología de la escritura. *Op. cit.*, pág. 17.

[21] No note 21.

[22] Ver: Walter J. Ong, *"Ramist Method and the Commercial Mind."* Studies in the Renaissance, Vol. VIII, 1961.

[23] Esto, a pesar de los que intentan negar la continuidad y aun hasta la existencia de una literatura "española" en la edad media. Ver. Keith Whinnom, *Spanish Literary Historiography: Three Forms of Distortion.* Exeter: University of Exeter, 1967. Nótese, sin embargo, que yo empleo el más amplio término "hispánica."

[24] Voy a dejar a un lado la polémica de la autoría, que si bien está básicamente relacionada a cualquier problema de *La Celestina*, afectaría a este acercamiento (éste, el escrito), sólo de manera tangencial. Ver dos opiniones recientes sobre este asunto: Salvador Martínez, "Cota y Rojas: Contribución al estudio de las fuentes y la autoría de *LC*," *Hispanic Review* 48 (1980), 37–55, y Dorothy S. Severin, "Cota, His Imitator, and *La Celestina*: The Evidence Re-Examined,"

tradición oral. Los autores "concretizan" o "literalizan" esta poesía, para emplear sus convenciones, imágenes (tales como la de la hipérbole sacro-profana), y otras figuras, como base para el diálogo de la obra y para avanzar la acción de la misma en algunos casos.[25] Parece ser que la intención de Rojas fue satírica[26] y que contenía una crítica específica y general, a nivel ético-moral y estético, de las convenciones expresadas por la poesía castellana del siglo XV.[27] A nadie se le ha escapado tampoco la importancia del refrán, producto de la sabiduría popular oral, en La Celestina. De estos se han hecho simples listas[28] o serios estudios que demuestran la importancia de ciertos refranes en la acción de la obra y en la caracterización de los personajes.[29] Falta aun un estudio completo del asunto.

Otro nexo con la cultura oral, tanto con la popular de la realidad, como con la clásica de la retórica,[30] es la abundancia del uso de expresiones formulaicas. Entre las populares están las de los encuentros y despedidas, algunas de ellas de sabor litúrgico-religioso, que nos sorprenden, ya que a menudo, Rojas emplea su sentido ya vacío por el uso y lo llena del espíritu de ironía trágica

Celestinesca, 4, i (1980), 3–8. En este estudio, me refiero a los autores de La Celestina como Rojas, Fernando de Rojas, el autor, los autores y tomo la Tragicomedia como la unidad artística heredada por nosotros. He empleado para mis citas, pues, la versión en veintiún actos, Tragicomedia de Calisto y Melibea, de Julio Cejador y Frauca, Tomo I, 1966, Tomo II, 1965.

[25] Ver: Theodore L. Kassier, "Cancionero' Poetry and the Celestina: From Metaphor to Reality." Hispanófila, núm. 56 (1976), 1–28.

[26] Erna Ruth Berndt, Amor, Muerte y Fortuna en "La Celestina." Madrid: Editorial Gredos, 1963, pág. 23. Citada en este contexto por Kassier. También: Gilman, La España ....

[27] Para la condena ética, ver también Lida de Malkiel, La originalidad ... , pág. 369, citada en este contexto por Kassier.

[28] Anastasio Oliva Martín, Sentencias, pensamientos y refranes en "La Celestina." Toledo: Impta. de Gómez-Menor, 1970. Biblioteca Toledo, 20, el cual no he podido examinar personalmente, pero véase Celestinesca, Vol. 2, no. 2, noviembre 1978, pág. 50. También: José Gella Iturriaga, "444 refranes de La Celestina; La Celestina y su contorno social: Actas del I Congreso Internacional sobre La Celestina, dirección, Manuel Criado de Val. Barcelona: Hispam: Borrás Ediciones, 1977, págs. 245–68.

[29] George A. Shipley, "Usos y abusos de la autoridad del refrán en La Celestina," La Celestina y su contorno social: Actas ... , citado en la nota 28, págs. 231–44.

[30] Para el formulismo oral del lugar común en la retórica clásica griega y latina, ver: Ong, The Presence ... , págs. 79–87.

de la obra. Por ejemplo, en el auto cuarto, al encontrarse Celestina con Lucrecia, aquella dice: "Paz sea en esta casa" (I, IV, 158) y más tarde, a Alisa: "Señora buena, la gracia de Dios sea contigo é con la noble hija." (I, IV, 161) cuando lo que en realidad viene a hacer es a alterar la paz y a acabar con "la gracia de Dios" que hasta entonces parecía reinar en la casa. Las nuevas monografías siguen confiirmando lo que ya descrubrieron hace tiempo María Rosa Lida de Malkiel, Stephen Gilman y otros: que el arte de Rojas, si bien enraizado firmemente en la tradición de la península ibérica (tradición tanto latina como hispana[31]), dista mucho de ser un arte imitativo. Es un arte consciente, de un artista que se sirve de lo que encuentra a fin de poderse comunicar con su público, pero lo hace de una manera personalísima, para darnos un contenido único, en un continente familiar.

Si bien es cierto que este continente familiar tiene algunas de sus bases (y numerosos elementos y referencias) en la cultura del manuscrito y del libro,[32] también lo es que está basado, como lo ve tan claramente Gilman, en una concepción audio-oral de la palabra y de la lengua.[33] La palabra es un verdadero acontecimiento, en realidad, un acontecimiento por excelencia. La palabra, dice Ong, vive, sílaba por sílaba, por la boca de un individuo, en el presente, y al momento de completarse, cae y muere, hasta que otro individuo la resucita, para re-trasmitirla en el continuo proceso de la comunicación. Por ello, el sonido es el más real o

[31] Para otras raíces de *La Celestina* en la tradición popular castellana y europea, ver: S. G. Armistead y J. H. Silverman, "A Neglected Source of the Prolog to *La Celestina.*" *Modern Language Notes,* 93 (1978), 310–12. Charles Faulhaber, "The Hawk in Melibea's Garden." *Hispanic Review,* 45 (1977), 435–50; G. D. Trotter, "The 'Coplas de las comadres' of Rodrigo de Reynosa and *La Celestina.*" *Studia philologica: Homenaje a Damaso Alonso,* 3 Vols. Madrid: Gredos, Tomo III, 1963, págs. 527–37; Stephen Gilman and Michael J. Ruggiero, "Rodrigo de Reinosa and 'La Celestina,'" *Romanische Forschungen,* LXXIII, 1961, 258–84; George A. Shipley, " 'Non erat hic locus': The Disconcerted Reader in Melibea's Garden," *Romance Philology,* 27 (1974), 286–303 y, del mismo autor, "Concerting through conceit: unconventional uses of conventional sickness images in '*La Celestina*,'" *Modern Language Review,* 70 (1975), 324–32, para mencionar solamente las más recientes opiniones.

[32] Ver: F. Castro Guisasola, *Observaciones sobre las fuentes literarias de La Celestina.* Madrid: Jiménez, 1924. (Revista de Filología Española. Anejos. V. 5) También: Lida de Malkiel, *La originalidad* ... .

[33] Mi deuda a Ong y a Gilman en el desarrollo de estas ideas es obvia.

existencial de los sentidos: necesita del presente para vivir. La palabra es poderosa y, en relaciones personales, las palabras tienen verdadero poder, más poder que la palabra escrita, para hacer lo que se supone que deben de hacer: establecer una comunicación. Nunca la escritura podrá dar el valor total comunicativo de la palabra como evento. Como no podemos tener voz sin presencia, las palabras habladas llevan esa presencia como no la pueden llevar las que leemos en tal o cual lpágina. Estas están allí, fijas, en el tiempo y en el espacio. Es por ello que Gilman dice que Rojas oyó a los hablantes del primer acto, se familiarizó con ellos oralmente y los siguió oyendo mientras transcribía sus propios actos.[34] Yo también creo que Rojas sabía del poder interiorizante de la palabra, de su importancia no en la presentación, sino en la re-presentación de personas. Prueba de ello es que sus personajes, también, parecen muy preocupados por el aspecto oral y auditivo de sus relaciones humanas.

En una re-lectura que hice de *La Celestina*, en silencio, lápiz y cuaderno en mano, llegué a registrar casi mil trescientas alusiones a la palabra, al habla, al oído, al sonido y a su opuesto, el silencio el cual a veces también "habla." Por el contrario, encontramos pocas referencias a la escritura, entre ellas la oración que Melibea deberá enviar a calisto. Celestina, nos dice Juan Estremera Gómez, seduce y persuade por la *palabra*, por medio del lenguaje porque conoce y maneja perfectamente el poder del habla, en su triple efecto de "logos" convincente o lógico, de "logos" retórico o persuasivo y de "logos" catárico o purgativo.[35] Sabe tan bien del poder de la palabra como evento, que en dos encuentros con Melibea, usa del poder del sonido de una sola palabra, *Calisto* con efectos curiosamente paradójicos en el proceso comunicativo. En el auto cuarto, la primera reacción de Melibea al oir el nombre es "¡Ya, ya, ya! Buena vieja, no me digas más, no pases adelante. ¿Esse es el doliente por ... quien has venido á buscar la muerte para ti?" (I, IV, 177). A la segunda, ya ha menguado algo su ira y solamente dice: "¡Jesú! No oyga yo mentar

[34] Gilman, *La España* ... , págs. 313–16.
[35] Juan Estremera Gómez, "Celestina o la seducción y persuación por la palabra," *Estudios Literarios dedicados al Profesor Mariano Baquero Goyanes.* Murcia: 1974.

mas esse loco, saltaparedes ..." y describe a Calisto como el que "me vido é commençó a desuariar comigo en razones" (I, IV, 179–80). Al final del acto reconoce que el "mensaje" (palabra) de Celestina no le ha traído ningún provecho y queda en un estado emotivo aparentemente neutral. En el décimo auto, la encontramos ansiosa y ella misma pronuncia al final de su monólogo la palabra "mágica." Pero no es lo mismo oirla de voz de otra persona. Al hablar con Celestina, cuando ésta pronuncia el nombre de Calisto por primera vez, Melibea simplemente le pide que calle. La Segunda vez, la tensión emotiva ha aumentado y reacciona "¡O por Dios, que me matas!" (II, X, 58). Es ella ahora quien va a morir, no la alcahueta. La tercera vez, el efecto es tal, que echa por tierra todas sus defensas y se desmaya. La penetración oral y el desmayo se convierten en el símbolo de su entrega.

Pero no es Celestina la única que conoce y maneja el poder del habla y de la lengua. Melibea se queja de que Calisto "se atreuió á hablar, e también pedirme palabra" (I, IV, 185). Calisto sabe "que en su boca de Celestina está agora aposentado el aliuio ó pena" de su corazón y quisiera poder dormir (lo que es una especie de muerte) "hasta ver el principio é fin de su habla" ya que en la "lengua" de la tercera está su "vida." (I, V, 200–1). Pármeno sabe que es importante examinar lo que otros dicen a fin de conocerlos mejor, así que dice: "No le pierdas palabra, Sempronio, é verás cómo no quiere pedir dinero, porque es diuisible" (I, VI, 204). Y así se podrían multiplicar los ejemplos hasta el cansancio. "La palabra no es para Rojas simplemente sonido, sino algo vivo y poseído de un ser definitivo" dice Malcom K. Read.[36] En efecto, el mundo de La Celestina, como lo indica el dato estadístico que acabo de dar, está lleno de palabras, de perros que ladran, de pájaros que cantan, de campanas que tañen, de unas voces que trovan y otras que ríen, de alaridos, quejas y lloros que llenan de pavor, de bullicio, de ruido, de sonidos. Pero para percibirlos todos y cada uno de ellos, necesitamos hacer que las palabras se levanten del lecho mortal del silencio que es la página del libro y que vivan como "palabra", dicha o hablada, como me parece que Rojas tuvo la intención que fuera.[37]

[36] Malcolm Read, "La Celestina and the Renaissance Philosophy of Language," Philological Quarterly 55 (1976), 166–67.

[37] María Rosa Lida de Malkiel, al discutir su género literario en La originali-

Gisela Tadlock, al estudiar el género de *La Celestina*, ha llegado a la conclusión de que se trata de un *Lesedrama* para el escenario mental.[38] Tal vez ... siempre y cuando estemos dispuestos a darle vida a ese escenario con la voz, a hacer el papel de cada personaje, como el corrector de la impresión, Alonso de Proaza, nos lo recomienda. Porque, después de todo, el hacer un papel significa dar voz y gesto a cada personaje, poniéndonos, por así decirlo, las sucesivas máscaras de sus personalidades, reconociendo su presencia vital, compenetrándonos de ese "yo" y 'tú" que se encuentran y van haciendo sus vidas, en comunicación unos con otros y nosotros con su creador. Porque, en último caso, para poder hacer el papel de Sempronio, de Pármeno, de Calisto, de las mochachas, de Celestina, de Melibea, o de los padres, es necesario no solamente que creamos *en* cada uno de ellos, sino también que los re-creemos, con nuestra propia interpretación, volviendo a "escribir" así, nuestra particularísima versión de la *Comedia* o de la *Tragicomedia*.[39]

Pero hay que tener cuidado, porque al hacer ésto, estamos aceptando el riesgo de tomar partido en las contiendas celestinescas. Antes de dar presencia a los personajes con nuestra voz, tendremos que decidir qué es lo que creemos sobre la autoría de la obra y sobre su circunstancia. Tendremos que escoger cual texto vamos a emplear y, en consecuencia, un aspecto de su género.

Hemos de decidir qué pasajes son irónicos y contra quién o contra qué va dirigida esa ironía. Habrá que saber qué personajes, qué situaciones, qué palabras encierran crítica ética o moral, lo que es tanto como decir que tenemos que enfrentarnos con la intención del autor. Nos veremos obligados a sentir y a inte-

dad artística de La Celestina, ha visto claramente la importancia de la intención autorial al decir: "No consiste el problema en determinar si *La Celestina* pudo o puede representarse en nuestros teatros o, como decía Lista, en los de la China, sino en determinar si sus personajes están concebidos actuando en escenarios concretos, *cambiando gestos y palabras para comunicar su pensamiento,* imponer su voluntad, y expresar sus estados de ánimo y sus reacciones ante los otros personajes." (Pág. 68. El énfasis es mío.)

[38] Gisela Tadlock, "Lesedrama: El Genero de La Celestina," *Dissertation Abstracts International,* Vol. XXXVII, Number 2, 1976, así como por conversaciones que hemos sostenido personalmente.

[39] Las ideas de este pasaje están inspiradas en "Voice as Summons of Belief" por Walter J. Ong, en *The Barbarian* ... citado en la nota 9, págs. 48–67.

riorizar seriamente esta intención y a decidir si se trata de una obra didáctica o no. ¿Fue o no compuesta con el fin de inculcar tal o cual lección? De nuestra respuesta a esta pregunta dependerá, en muchos casos, el tono que le demos a nuestra voz, a fin impartir el signficado de esta o aquella lección donde creamos que existe en el texto. El padre Ong ha escrito lo signuiente sobre *La Celestina*:

> Among the most spectacularly rhetorical vernacular works on the Continent one might cite, for example, the late fifteenth-century Spanish *La Celestina*, which for rhetorical fireworks, serious and mock-serious, probably outclasses even the works of the sixteenth-century Englishman Thomas Nashe.[40]

¿Cuáles son los pasajes de retórica seria? ¿Cuáles los que burlan? Si Cervantes "confronta al hombre tipográfico" en la figura de Don Quijote, como lo ve McLuhan,[41] "¿no confrontará Rojas al hombre oral en *La Celestina*? Si *El Quijote* es la crítica de la lectura, como lo ve Carlos Fuentes,[42] ¿no será *La Celestina* la crítica de la retórica? ¿Qué tono tendrá que tomar mi voz para impartir esta idea? Dice Read

> To hold up Celestina as a model exponent of the humanistic cult of rhetoric ... is to be grossly unjust to the humanistic movement, for nobody was more aware than the humanists of the possible dangers resulting from the abuse of rhetoric.[43]

No como modelo, no, sino tal vez como parodia de la retórica, o como modelo de esos peligros que resultan del abuso de la misma, deba, tal vez, considerarse la *Tragicomedia*. Después de todo, no hay retórica que salve a ninguno de sus personajes, aunque todos se sirvan de ella. Muy por el contrario, Melibea se pierde por la *lengua* archi-retórica de la vieja y retóricamente justifica su suicidio.

Pero hay más: también tendremos que imaginarnos exactamente cómo se comportaría tal o cual persona en la España del Renacimiento, lo que es meternos con la historia y una vez interiorizada, demostrarlo con matices de la voz.

[40] Ong, *The Presence ...* , pág. 247.
[41] McLuhan, *The Gutenberg*, pág. 256.
[42] Ver: Carlos Fuentes, *Cervantes o la crítica de la lectura*. Mexico: Joaquín Moritz, 1976, especialmente el capítulo IX.
[43] Read, "*La Celestina ...* ," pág. 174.

Tendremos que producir, sólo con el sonido de la voz, nuestro propio y muy personal retrato de Melibea, ya como una niña gazmoña engañada por la puta vieja Celestina, ya como una joven que se muere de amores por Calisto, ya como una mujer, de carne y hueso, que ha decidido tomar entre sus manos su propio destino. Habrá que interpretar a la vieja como una hechicera, horrible y repugnante, o como una astuta mujer, que debió haber sido guapa en sus tiempos de juventud, si hemos de creer los honores que había recibido. Tendremos que representar a Calisto como una figura cómica, parodia del amor cortés,[44] es decir, como una "descortesía" como una "decidida falta de respeto al estilo cortés"[45] o como un mal "interactuante" en el proceso del encuentro social de la comunicación.[46] Y tendremos que decidir si Pleberio es el hombre mercantilizado que lamenta la pérdida de la heredera de sus bienes,[47] si es el viejo solitario que se lamenta por sí mismo más que por Melibea,[48] o si es, como lo he propuesto en un trabajo anterior,[49] el más humanizado de todos los personajes, el más angustiado, el más sufriente, el que lleva la voz con la que culmina el pesimismo total y absoluto de la obra.

Entonces, y sólo entonces, habremos establecido una verdadera comunicación con el autor y sus criaturas.

University of Puget Sound

[44] June Hall Martin, *Love's Fools: Aucassin, Troilus, Calisto and the Parody of the Courtly Lover.* London: Tamesis Books Ltd., 1972.

[45] Fuentes, *Cervantes* ... , pág. 45.

[46] Malcolm K. Read, "Fernando de Rojas's Vision of the Birth and Death of Language," *Modern Language Notes* 93 (1978), 163–75.

[47] Ver: Peter N. Dunn, "Pleberio's World." *Publications of the Modern Language Association of America*, 91 (1976), 406–19.

[48] Ver: Bruce W. Wardropper, "Pleberio's Lament for Melibea and the Medieval Elegiac Tradition." *Modern Language Notes*, 79 (1964), 140–52.

[49] Esperanza Gurza, *Lectura existencialista de "La Celestina."* Madrid: Gredos, 1977, pág. 250.

*Esta investigación fue posible gracias a *The National Endowment for the Humanities* por la generosa ayuda que me concedió aceptándome como participante del 1979 *NEH Summer Seminar*, dirigido por el Profesor Samuel G. Armistead, en la *University of Pennsylvania*, en *Philadephia, PA*. Mi gratitud y reconocimiento a ambos, NEH y al Prof. Armistead.

Lope's Arte poética

Daniel L. Heiple

The mystery of poetic creation is a favorite theme among modern poets. Both Borges and Neruda have poems titled "Arte poética" treating their theories of inspiration and writing, and the poetry of Mallarmé and Valéry deals almost exclusively with the difficulties of poetic creation. The modern public lives so comfortably with the occurrence of these ideas as subject matter for poetry that it comes as something of a surprise that there seem to be no antecedents for this theme in Golden Age writers. Its absence can be explained by two factors: 1) the limited canon of thematic material in sixteenth-century poetry and 2) the Golden Age theories of imitation. Amatory poetry exemplifies both of these cases. First, its subject matter is limited almost exclusively to the theme of unrequited love, a fact recognized by the poets themselves, as Boscán announced in his first sonnet: "Oh, vosotros, que andáis tras mis escritos / gustando de leer tormentos tristes."[1] Secondly, the act of poetic composition was conceived of

I want to express my appreciation to Professor McPheeters for his kind assistance and support over the years. In addition, I would like to thank Professors Alan Trueblood and Thomas Montgomery for their help in the preparation of this article.

[1]Juan Boscán, *Obras*, ed. W. I. Knapp (Madrid: Librería de M. Murillo, 1875), 175.

as imitation, not creation. In much sixteenth-century amatory verse, the themes, metaphors, images and language in some way build upon earlier Italian or classical models. As long as the ideal of poetry lay in the imitation and emulation of other writers, not only was the thematic material of poetry limited to those sources, but the very idea of poetic creation as a mechanical imitative act remained uninteresting and not susceptible to further elaboration as a poetic theme. For these reasons, it is not surprising that individual poetic creation did not attract Renaissance writers as subject matter for their poems. In this paper I wish to 1) trace the transformation of the ideas of artistic creation among the theorists and 2) show how Lope de Vega begins to treat these ideas in his poetry.

The theories of poetics underwent a great change in Golden Age Spain. Literature in this period was achieving major accomplishments in the works of Góngora, Lope de Vega, Quevedo, and Cervantes. Poetic theory was hard pressed to keep abreast of these developments, a fact that serves to explain why the characters of Lope and Cervantes often engage in lively debates about the nature of literature. It is possible to distinguish three distinct currents of attitudes towards literary creation in the sixteenth century.[2]

The first current, the oldest, is the rhetorical tradition that advocated the improvement of style by imitating an authoritative writer. Like most rhetorical treatises, Sebastián Fox Morcillo's *De imitatione* (1554) explains the art of perfecting one's style by imitating a model.[3] This type of imitation was necessary in Latin composition where the writer was using a dead language and needed to study the great literature to learn more elegant means of expression. Neo-Latin writers had no spoken language with which to measure their creativity, hence the study of literary models provided the only means for improving style.

[2]Bernard Weinberg, *A History of Literary Criticism in the Italian Renaissance* (Chicago: University of Chicago, 1961), and Joel E. Spingarn, *Literary Criticism in the Renaissance* (New York: Harbinger, 1963), 18–30.

[3]Marcelino Menédez Pelayo, *Historia de las ideas estéticas en España*, II, in *Obras completas* (Madrid: CSIC, 1967), 161–4, and Antonio Martí, *La preceptiva retórica española en el Siglo de Oro* (Madrid: Editorial Gredos, 1972), 157–62.

This type of imitation was also useful, or even necessary, in early sixteenth-century poetry in order to adapt into Spanish the meters and style of the Italian poets.[4] The pioneers in this effort were hindered by the language and meters of the traditional *cancionero* poetry. Undoubtedly its rhythms and abstract *conceptista* vocabulary interfered with the creation of the more stately rhythms and concrete imagery of the Italian style. Boscán admitted that he found the new rhythms very difficult and would have given up had Garcilaso not been so successful (Boscán, 170). It seems logical that these early poets had to turn often to Italian poetry to keep their models fresh in their memory, and many of them either translated or adapted Italian poems into Spanish in addition to writing original verse.[5] These imitations allowed them to practice poetic composition using examples that were already semi-formed. As in the case of the Latin writer, the perfecting of the Spanish poetic style depended to a large degree on the successful imitation of foreign models. In this case, of course, the poets knew and depended on a spoken language which both helped them create new images and modes of expression and provided a standard by which to judge the eloquence of their expression.

Herrera's commentaries on Garcilaso (1580) document this meaning of "imitation." Even though he regards poetry as an imitative art, including imitation of models, he disparages simple copying. He maintains that the poet must surpass the model in some way for the imitation to be justified: "Este soneto es imitado de aquellos dulcisimos y suavisimos versos de Virgilio..., y no se puede negar que G. L. no mostró en [é]l dulce y afectuosisimo espiritu; porque en esta materia (si es licito decirlo asi) no es inferior a Virgilio; antes excede, considerando el encarecimiento del tiempo, dia, horas y una hora, terminos y los contrarios de bien y de mal; pero no por eso deja de ser menor en el modo del decir y en la suavidad y grandeza del espiritu."[6] Imitation in the

[4]Elias Rivers, "Some Ideas about Language and Poetry in Sixteenth-Century Spain," in Melveena McKendrick, ed., *Golden Age Studies in Honour of A. A. Parker*, BHS 61(1984), 379–83.

[5]Joseph G. Fucilla, *Estudios sobre el petrarquismo en España* (Madrid: Revista de Filología Española, 1960).

[6]Antonio Gallego Morell, *Garcilaso de la Vega y sus comentaristas* (Granada: Universidad de Granada, 1966), 317.

first sense is the use of another author as a model, or even for the borrowing of a word, phrase, image or idea. To be successful, the imitation must consist of an elaboration or reworking of the source material.

The second theoretical idea concerning the nature of poetic composition is the introduction of the Aristotelian concept of *mimesis*. This term was not incorporated until late in the sixteenth century from the Italian preceptists. Bernard Weinberg has demonstrated amply that imitation survived as a very ambiguous concept in Italian literary theory (I, 60-66). For most writers, *mimesis* was a kind of poetic creative act, although its precise function was never quite clear, either in Aristotle's *Poetics* or in the Italian commentaries. Defending poetry, Aristotle defined *mimesis* in view of Plato's exclusion of poets from the ideal republic. Plato claimed poetry was a far remove from the ideal forms existing in the heavens as models for nature. Poetry was a copy of a copy, for it imitated the things of the world, which in themselves were imitations. Aristotle countered that poetry and drama do not imitate nature exactly, but rather abstract general observations from nature. Unlike history which records facts, poetry idealizes life; hence it is closer to the ideal forms than nature itself. Poetry perfects nature, either adding or suppressing in order to arrive at more general, and hence ideal, ends. This *mimesis* is a type of creative act which extracts ideas from nature and presents them in an idealized or perfected form.[7] Because of the survival of the rhetorical concept of imitation and because Aristotle had not always used the term precisely, imitation existed among the preceptists as an ambiguous concept.

Even though active in Lope's period, Francisco Cascales was one of the most conservative of the Golden Age preceptists, and he enthusiastically defended Aristotelian *mimesis*. His definition

[7]Richard McKeon, "Literary Criticism and the Concept of Imitation in Antiquity," in R. S. Crane, ed., *Critics and Criticism* (Chicago: University of Chicago, 1970), 117–45, and S. H. Butcher, *Aristotle's Theory of Poetry and Fine Art* (New York: Dover, 1971). The *Encyclopedia of Poetry and Poetics*, Alex Preminger, et al, eds. (Princeton: Princeton University Press, 1965), 378–81, presents the reaction against imitation as late eighteenth century and typical of the romantics. What I wish to show here is that some Renaissance criticism and some of Lope's poetry anticipate this reaction.

of poetry in his *Tablas poéticas* (published in 1617, but prepared by 1604) shows immediately the confusion surrounding the concept. He defined poetry as "arte de imitar con palabras. Imitar es representar y pintar al vivo las acciones de los hombres, naturaleza de las cosas y diversos géneros de personas" (27).[8] With "imitar" used intransitively, the concept remains unclear. His description of lyric poetry, which unrealistically excludes amatory verse, is based on imitation. For him poetry is "Imitación de qualquier cosa que se proponga, pero principlamente de alabanças de Dios y de los santos, y de banquetes y plazeres" (231). Opposed to innovation in poetry and drama—a strong critic of both Góngora and Lope—Cascales readily defended the traditional definition of poetry as imitation and found no objections to it.

Even though somewhat earlier than Cascales, López Pinciano showed a more ambiguous attitude towards imitation. In his *Philosophia antigua poetica* (1596), he defined poetry on the basis of imitation: "Assi que poesía no es otra cosa que arte que enseña a imitar con la lengua o lenguaje" (I, 195).[9] The fact that he considered poetry to be an act of creation can be seen from the distinction between poetry and history. He places poetry in a higher category because history is a simple copying, whereas poetry is a creation of something new: "dize el Philosopho en sus Poéticos que mucho más excelente es la poética que la historia; y yo añado que porque el poeta es inuentor de lo que nadie imaginó, y el historiador no haze más que trasladar lo que otros han escrito" (I, 265–6). This passage characterizes poetry as an invention. Pinciano found imitation a difficult concept, and he failed to resolve the basic dichotomy of the poet as imitator and poet as creator. The strict Aristotelian concept was not extremely popular in Spain, partly because it seemed tied to the rhetorical practice of imitating other styles, and partly because of its ambiguity.

The third concept of poetic creation corresponds more closely to the modern idea. As the rhetorical term *invention*, referring to one of the principal parts of oratory,[10] tended to replace *imita-*

8Francisco Cascales, *Tablas poéticas*, ed. Benito Brancaforte (Madrid: Espasa-Calpe, 1975).
9López Pinciano, *Philosophia antigua poetica*, ed. Alfredo Carballo Picazo (Madrid: CSIC, 1973).
10*Encyclopedia of Poetry and Poetics*, 401–2.

tion as a descriptive term for the poetic process, other theorists either ignored or disparaged the idea of imitation. A supporter of the notion of poetry as creation, and a writer whom Lope had read, was the medical doctor Juan Huarte de San Juan. In his *Examen de ingenios* (1575 and 1594), he extolled poetry as a product of the imaginative faculty and placed poetic capacity in the most active part of the imagination. Clearly he thought of poetry as invention and not imitation: "En el catálogo de las ciencias que pertenescen a la imaginativa pusimos al principio la poesía; y no acaso ni con falta de consideración, sino para dar a entender cuán lejos están del entendimiento los que tienen mucha vena para metrificar"(200).[11] He quotes Aristotle to the effect that lovers and madmen make better poets, but emphasizes that their ability comes from their chemical makeup: "Y es la causa que la diferencia de imaginativa a quien pertenece la poesía, es la que pide tres grados de calor; y esta calidad, tan intensa, hemos dicho atrás que echa a perder totalmente al entendimiento" (200).

This praise of poetry as the highest of the imaginative arts not only influenced Lope directly, but also found its way into poetical treatises. Luis Alfonso de Carballo, whose *Cisne de Apolo* appeared in 1602, the same year as Lope's *Rimas humanas*, scarcely pays lip service to the traditional definitions of poetry as imitation. He gives the etymology of poet as "one who makes," and ingeniously sidesteps classical *mimesis*. In the same way that God created the world, so does the poet imitate His creative act; thus, poetry is creation because it imitates the divine act of creation.[12] His definition of poetry avoids the concept of imitation, and he bases his ideas of inspiration on Huarte's humoral theories, which he uses to explain why lovers make good poets: "...cuando más seco fuere el calor será mejor poeta, y de aquí se colige que en el verano se compone mejor que en hinbierno, por ser tiempo caliente y seco; y los mancebos enamorados, por esta razón dan en poetas, que con la intensa afficción del amoroso fuego, bienen al grado de calor que para serlo es necesario" (I, 71).

[11]Juan Huarte de San Juan, *Examen de ingenios para las ciencias*, ed. Rodrigo Sanz (Madrid: La Rafa, 1930).

[12]Luis Alfonso de Carballo, *Cisne de Apolo*, ed. Alberto Porqueras Mayo (Madrid: CSIC, 1958), I, 47.

The definition of imitation is given at the end of the treatise, in the same chapter with plagiarism and literary pastiche, titled: "De la immitacion, del contrahazer y hurtar agenas poesias" (II, 171), which he labels as merely unoriginal. This treatise which appeared in the same year as the sonnet in which Lope proclaimed his poems to be his own creation barely takes into account the traditional ideas of imitation, and exalts poetry as individual creation.

The concept of imitation was clearly less viable in seventeenth-century Spain than it had been in the sixteenth. Not only did the thematic material of poetry expand greatly, but the writers were more innovative. One effect of the conceit is surprise, suggesting that each one carries a degree of originality, a quality not expected in traditional Petrarchan imagery, but one which the *conceptista* poets prized in their compositions. Gracián complained that the lack of a systematic treatment of the art of the conceit required writers to rely on imitation and resulted in a lack of variety: "Concebíanse otros acaso, salían a luz sin magisterio. La imitación suplía el arte, pero con desigualdades de substituto, con carencias de variedad" (237b).[13] At the end of his treatise, Gracián again advocated variety, at the same time criticizing the limited thematic material of the Petrarchists: "Ni todo ha de ser jocoso, ni todo amoroso, que tantos sonetos a un asunto liviano, más sentidos que entendidos, en el mismo Petrarca, en el mismo Herrera, empalagan" (515a).

Lope's literary works are replete with references to poetics, and the terms "imitación" and "invención" appear often. Lope did imitate other writers, and some of his poems are so labeled. A recent study of imitation in Lope's theater concludes that, like his contemporaries, Lope favored the concept of invention.[14] In *La Dorotea*, he implies imitation is an act of creation: "Porque como la inuención es la parte principal del poeta, si no el todo, y inuención y imitación sean también vna misma cosa... ."[15]

[13]Baltasar Gracián, *Obras completas*, ed Arturo del Hoyo (Madrid: Aguilar, 1967).
[14]Luis C. Pérez and F. Sánchez Escribano, *Afirmaciones de Lope de Vega sobre preceptiva dramática* (Madrid: CSIC, 1961).
[15]Lope de Vega, *La Dorotea*, ed. Edwin S. Morby (Berkeley: University of California Press, 1968), 320. See also Alan S. Trueblood, *Experience and Artistic*

In general, the conceptions of poetic creation in Spain followed the developments in Italy, but they also changed to reflect the new currents of poetry. When it was necessary to imitate foreign models in order to establish a poetic language, the rhetorical concept of imitation applied very easily to poetry. However, as poetry became more personal, and was prized for its originality, the concept of imitation no longer served as descriptive term. Introduced in Spain as part of Huarte's clearly defined psychological system, the idea of poetry as a creative act was popular among the theorists and writers, demonstrating that it satisfied the need for a new theory of the creative process. Using the concept of invention, the seventeenth-century writer described with more accuracy the poetry of his age.

In the sixteenth century, the occurrence of poetic composition as subject matter in poetry is indeed rare, and when it appears, it is in reference to a muse, as in this sonnet by Hernando de Acuña:

> Atenta al gran rumor la Musa mía,
> del armígero son de Marte fiero,
> cessó del dulce estilo, que primero
> en sujeto amoroso se estendía:
>   mas hora con la vuestra en compañía,
> me buelue al sacro monte, donde espero
> leuantarme más alto, y por grossero
> dexar con nueuo canto el que solía:
>   assí sus horas con la espada a Marte,
> y los ratos del ocio con la pluma
> pienso señor endereçar a Apolo:
>   dando a los dos de mí tan larga parte,
> y tomándola dellos tal, que en suma
> no me cause tristeza el verme solo.[16]

Through obscure personal references, Acuña speaks of having changed poetic styles, leaving the "dulce estilo" of the "sujeto amoroso." This change occurred when his muse heard the sound

Expression in Lope de Vega (Cambridge, Mass.: Harvard University Press, 1974), 625.
    [16]Hernando de Acuña, *Varias poesías*, ed. Elena Catena de Vindel (Madrid: CSIC, 1954), 261.

of battle, a possible reference to his translation of *El caballero determinado*. Now in the company of another, his muse will sing a new song which will again take him to the sacred mount, Parnassus, where he hopes to rise to new heights, leaving behind the old song "por grossero." By occupying his time between Mars and Apollo—the duality of arms and letters—he hopes to avoid depression. The theme of poetic inspiration is conventionalized through references to the muses and the pagan gods Mars and Apollo. The shift of poetic material from his accustomed low style to a new song occurs through the association of his personal muse with another. The poem is personal, or at least refers to events in his life, to his poetry, to his military career, and in the last line to his sadness and loneliness. The achievement of poetic creation either comes from the poet's hours of dedication, suggesting a studied verse, more appropriate for the poetry of imitation than inspiration, or it is out of his hands and dependent on his muse, a conventionalized reference that does not explain the poet's relationship to his poetry. Even though he does not present his poetry as his own creation, his treatment of composition as a poetic theme marks the beginning of a new trend.

Even more conventional is Fernando de Herrera's "Canción IV" which begins "Desciende de la cumbre de Parnaso" (II, 144-150).[17] He invokes the inspiration of "Talía," asking her for "nuevo aliento al corazón." In the last stanza, he returns to the theme of poetry:

> yo (aunqu'el osado Amor me da la mano)
> temo d'el hondo Pado la corriente,
> i el mar; que dentro siente
> d'el atrevido Ioven la caida.
> no soi el insolente Salmoneo;
> qu'imitó con desseo
> vano d'el rayo la ira embravecida. (149–50)

---

[17]Fernando de Herrera, *Obra poética*, 2 volumes, ed. José Manuel Blecua (Madrid: Real Academia Española, 1975). M. J. Woods traces a similar aspect of Herrera's poetry in "Herrera's Voices," in F. W. Hodcroft, et al., *Medieval and Renaissance Studies on Spain and Portugal in Honour of P. E. Russell"* (Oxford: SSMLL, 1981). 121–132.

Describing his poetry as an ascent, he fears his praise has carried him to dangerous heights from which, like Phaeton or Icarus, he may fall, but he has not gone as far as Salmoneus who imitated lightning and was destroyed by the wrath of Zeus. In addition to inspiration Herrera also supports the idea of imitation by characterizing his poetry metaphorically as an imitation of mythological feats of flight and daring.

Herrera comes closer to presenting his poetry as a personal creation in one of his most famous sonnets:

> "¿Do vas?, ¿do vas, cruel, do vas?; refrena,
> refrena el pressuroso passo, en tanto
> que de mi dolor grave el largo llanto
> a abrir comiença esta honda vena.
> Oye la voz de mil suspiros llena,
> i de mi mal sufrido el triste canto;
> que no podras ser fiera i dura tanto,
> que no te mueva esta mi acerba pena.
> Buelve tu luz a mi, buelve tus ojos
> antes que quéde oscuro en ciega niebla,"
> dezia en sueño, o en ilusion perdido.
> Bolvi, halléme solo i entre abrojos,
> i en vez de luz, cercado de tiniebla,
> i en lagrimas ardientes convertido. (I, 316)

The sonnet treats the topic of seeing the beloved in a dream. The complicated syntax of the first quatrain involves a wordplay. His weeping and pain begin to open a deep vein, but the context does not make clear whether it is a corporal vein leading to a suicide of despair, or a vein of poetic inspiration which the *Diccionario de Autoridades* (s.v. *vena*) defines as "La facilidad de componer versos y figuradamente se toma por la misma composición poética." The studied ambiguity of the first quatrain is broken in the second where the poet clearly refers to his poem with the words "voz" and "el triste canto." His poetry not only records his sighs and torments, but his frustrated love itself is the cause of the suffering which opens the vein of poetic inspiration. Saying his poetry springs from his suffering hints at a new attitude, suggesting that it is created out of intense personal pain rather than in imitation of previous models. The poem, however, seems to be an imitation in a broader sense in which words and meter imitate the

115

emotional state of the poet. The opening line with its surprisingly short phrases—further emphasized by the monosyllabic words—effectively presents the poet's agitation at seeing his beloved depart, and it contrasts with the long measured phrase describing his suffering. These rhythms, designed to imitate his emotional states, recall Cascales' definition of poetry as "arte de imitar con palabras." However, Herrera stops short of calling this sonnet a creation or referring to the creative act, and the sharp preterites of the last tercet reduce the immediacy created by the imperative mood of the opening. The sonnet clearly marks a step towards treating poetry as a poetic theme, but it falls short, since the main theme is not poetic composition but the dream of the beloved.

The first sonnet of Lope de Vega's *Rimas humanas* (1602) shows a decidedly different attitude towards poetic creation:

> Versos de amor, conceptos esparcidos,
> engendrados del alma en mis cuidados;
> partos de mis sentidos abrasados,
> con más dolor que libertad nacidos;
> expósitos al mundo, en que, perdidos,
> tan rotos anduvistes y trocados,
> que sólo donde fuistes engendrados
> fuérades por la sangre conocidos;
> pues que le hurtáis el laberinto a Creta,
> a Dédalo los altos pensamientos,
> la furia al mar, las llamas al abismo,
> si aquel áspid hermoso no os aceta,
> dejad la tierra, entretened los vientos:
> descansaréis en vuestro centro mismo. (23)[18]

The poem is highly witty and *conceptista*, with many of the words used equivocally, making it at times difficult to understand. Addressed to his own poetry, the sonnet compares the poems, "versos de amor," to children whom he has conceived and borne through pain. The word *amor* is ambiguous. Even though the poems were engendered by love, they do not issue forth from an act of love. Like all sixteenth-century love poetry, the love is

[18]Lope de Vega, *Obras poéticas*, I, ed. José Manuel Blecua, (Barcelona: Editorial Planeta, 1969). This poem is also analyzed by E. George Erdman, Jr., "Lope de Vega's 'De Absalón,' a *laberinto* of *concetos esparcidos*," *Studies in Philology* 65(1968), 753–67.

116

unrequited; hence the poems are borne out of pain caused by love, recalling the divine punishment meted out to mankind at the time of the expulsion.

The substance of his poetry is thoughts, *conceptos*, engendered by the soul from the poet's sufferings, and borne from his burning senses, that is, his passionate love. Like abandoned children, his poems have gone about the world shabbily dressed and switched about—references to the circulation of his poetry in manuscript: "perdidos" would mean anonymous; "rotos," torn and tattered, not properly dressed in a bound volume; and "trocados," either rewritten or attributed to another author. His poetry has been so carelessly treated that only he can recognize it as his own. The phrase "por la sangre" has a double meaning. In the first place it can refer to the blood or lineage of the poems by which the poet is able to recognize his own vagabond creations. The blood pertains to the poems, which, as an essential part of their breeding, can only receive proper recognition by their own family. Alternatively, "la sangre" may refer to the poet's own blood from whose vital spirits the poems were engendered. In this sense, the lines would mean that only the poet and the vital spirits in his blood are capable of recognizing the lost poems. The concept recalls the physiological theories of Huarte de San Juan and further suggests that the act of creation is an emotional experience personal to the poet.[19]

He then proceeds to characterize his poetry. Recalling the conceits of the first line, he refers to the complexity and subtlety of the poetry, comparing it to the labyrinth of Crete. The high tone and originality of the poetic flight is characterized by the high thoughts of the maker of the labyrinth, Daedalus—a reference to the Greek inventor's escape from Crete on wings he had created for himself and his son Icarus. By recalling Daedalus, rather than the more famous Icarus, he suggests a more balanced and successful flight without abandoning the reference to the labyrinth and invention. Not only is his poetry subtle and intellectual, but it is also passionate and fiery having stolen fury from the sea and flames from Hell.

[19]Lope shows familiarity with these ideas in another sonnet: "Espíritus sanguíneos vaporosos / suben del corazón a la cabeza" (1347).

The last tercet is the most difficult of all. Erdman has dedicated a long discussion to the multiple meanings of "centro." In essence, Lope says that if the poems do not please his mistress, they should leave their earthly life as vagrants and enter a life of entertaining the spirits, for they will find rest with the poet in his collection. Here Lope distinguishes between literature written for a specific occasion and that which has more transcendental values. Removed from their traffic with the world, that is, the amorous occasion for which they were written, the poems will now retire into a spiritual life as a volume of poetry to be judged on aesthetic merits.

Even though Lope and Herrera both refer to their poetry as the product of their suffering, Lope goes much further and presents his poetry as children he has conceived and borne with pain. In his sonnet the poems, not his unrequited love, are the central topic. His mistress appears only at the end, and only as one sector of his reading public. Lope's sonnet clearly has little to do with poetry as imitation or inspiration from the muses, for he characterizes his poetry as his own creation. This is not to say that he never practices imitation, or that he never refers to the muses or Parnassus. What I have tried to show is that alongside the traditional references is a new attitude whose originality may not at first be obvious.

This attitude recurs in the first sonnet of *Rimas del Licenciado Tomé de Burguillos*, published in 1634. Setting himself against Gongorist poetry, Lope-Burguillos writes: "que en lengua pura, fácil, limpia y neta, / yo invento, Amor escribe, el tiempo limpia" (1338). He again reiterates the idea that the poetry grew out of his love when he says the poems are remnants of his youthful passion: "Estas, en fin, reliquias de la llama / dulce que me abrasó" (1338).

Even though these ideas may seem conventional to the modern reader familiar with nineteenth-century aesthetics, it is important to realize their novelty for the seventeenth century. Within the context of the academic definitions of poetry as imitation, Lope is one of the first poets to bring to the poem itself the topic of poetic inspiration. Dámaso Alonso says of Lope's use of personal material in his poetry: "es totalmente nuevo en poesía española y aun europea. ... Sólo en el siglo XVII lo podía hacer un gran temperamento desbordado como Lope, y no tiene continuación en el XVIII. Lope ... empalma en este sentido con el Romanticismo."[20] Also in the area of poetic inspiration, Lope seems to take a giant step over the Neo-Classicism of the eighteenth century towards the romanticism of the nineteenth, and it is in these areas that he seems most modern.

Tulane University

---

[20]Dámaso Alonso, *Poesía española* (Madrid: Editorial Gredos, 1971), 428.

The Role of Deception in
La vida es sueño

Everett W. Hesse

Deception plays an important role in the lives of almost all the characters of *La vida es sueño* in their relationships with one another; it exists also as self-deception in their own personal lives. Deception is practiced when a character wishes to gain an advantage (s)he would not otherwise have over an impediment or adversary to the realization of his (or her) goals. Deception may vary from a white lie to a subtle artfulness adroitly contrived to victimize, mislead or redirect another. It makes use of disguise, dissemblance and duplicity to achieve its ends. In the case of self-deception, a character on the stage, like a person in real life, sometimes takes a partial truth for the entire truth since it is humanly impossible to be omniscient.

Segismundo, the protagonist, has been born under inauspicious circumstances: the death of his mother in childbirth, an eclipse of the sun, and violent upheavals of nature including an earthquake and heavy rain and hail. His father Basilio, an erudite astrologer, learned from his studies that his son would be "el hombre más atrevido, / el príncipe más cruel/ y el monarca más impío. (711–13).[1] To prevent the fulfillment of the horoscope, and to avoid a cruel dictatorship in Poland, Basilio had his son incarcerated from birth and the news proclaimed that the prince had been born dead. Basilio may be regarded as Segismundo's antagonist since he is blocking the son's growth as a member of society. Early in the play, his conscience apprizes him that it is not Christian charity to deprive his son of his human and divine right to rule. Moreover, Basilio begins to doubt the validity of the horoscope and questions his hasty acceptance of its prognostication since he realizes that the stars "sólo el albedrío inclinan, / no fuerzan el albedrío" (790–91). Therefore, he has decided to subject his son to a test. If the son is "prudente, cuerdo y benigno," thus belying the stars' forecast of his cruelty, then he will be proclaimed ruler. But if he is "soberbio, osado, atrevido / y cruel ..." (817–18), he will be returned to prison. The prince is to be drugged and secretly taken to the palace and, according to Basilio, the truth of his identity is to be concealed, "sin que él sepa que es mi hijo" (797). It is abrogated, however, early in Act Two at Basilio's behest (1160, 1274–75). Furthermore, in the event that Segismundo fails, he will be told a falsehood, "... que fue soñado / cuanto vio...." (1136–37), and returned to prison. This untruth is designed with good intention to avert disconsolateness in the prince. Basilio's premise is predicated on the assumption that, "podrá entender que soñó / y hará bien cuando lo entienda; / porque en el mundo, Clotaldo, / todos los que viven sueñan." (1146–49)

Once Segismundo awakens in the palace and finds himself surrounded by liveried servants ready to cater to his every whim, he thinks he is dreaming. Yet he knows this must be a self-deception and yearns for enlightenment, "Decir que es sueño es engaño; / bien sé que despierto estoy, / ¿Yo Segismundo no soy?/ Dadme, cielos, desengaño. / Decidme, ¿qué pudó ser que a mi fantasía / sucedió mientras dormía, /que aquí me he llegado a ver?" (1236–43). Since no *desengaño* is forthcoming to relieve the anxiety arising from his inability to explain his predicament, he

[1] Edition consulted, Calderón, *La vida es sueño*, Ed. E. W. Hesse (New York: Charles Scribner's Sons, 1961).

121

finds it easier to allow his behavior to follow the pleasure principle, "Pero sea lo que fuere, / ¿quién me mete en discurrir? / Dejarme quiero servir, / y venga lo que viniere" (1244–47). Little by little Calderón sets in motion a series of *desengaños* which will culminate in Segismundo's 'transformation.' Once he learns his real identity as heir apparent, he behaves like a tyrant toward others, "nada me parece justo / en siendo contra mi gusto" (14417–18). This philosophy of self-indulgence will turn out to be a kind of self-deception and will ultimately be replaced by one of self-restraint.

The thought that first occurred to Segismundo that he may be dreaming (an *engaño*, 1236), is now used by Clotaldo and Basilio as a stratagem by which they will attempt to change the prince's anti-social behavior. When Segismundo threatens to kill Clotaldo, the latter comments, "qué soberbia vas mostrando, / sin saber que estás soñando" (1317–18). When Segismundo attempts to kill Clotaldo a second time, the latter again admonishes him, "y no ... / seas cruel, porque quizá es un sueño" (1678–79). The untruth once more provokes Segismundo to anger as the pleasure principle more and more collides with the reality principle of repression and reorientation of his behavior; Clotaldo comments "...que seas / más apacible, si reinar deseas" (1676–77). When Segismundo's deportment finally becomes intolerable, Basilio repeats the lie, "que cuanto te ha pasado, / como fue bien del mundo, fue soñado" (1722–23).[2]

We will now turn our attention briefly to the role of deception as it affects the characters in a segment of the main action (Sagismundo's self-mastery) and in the secondary action (the clearing of Rosaura's honor). Astolfo has deceived Rosaura by abandoning her after seducing her and courting Estrella, his cousin, with a view toward ascending the throne. If Segismundo fails to meet Basilio's requirements, the succession will pass to Estrella and Astolfo. The latter feels that he ought to be ruler because of his sex, "yo, que varón he nacido, / y aunque de hermana menor, / os debo ser preferido" (542–44). In other

---

[2] This remark is an echo of a somewhat similar utterance by Basilio earlier, "porque quizá estás soñando, / aunque ves que estás despierto" (1530–31).

words, it would be a marriage of convenience, not one anchored on love. Astolfo flatters Estrella in baroque rhetoric. She perceives the falsity of his intentions and chides him for his dupliciy, "Y advertid, que es baja acción, / que sólo a una fiera toca, / madre de engaño y traición, / el halagar con la boca / y matar con la intención" (505–9). Astolfo still wears Rosaura's picture around his neck. This is another link in the chain of evidence that proves to Estrella the falseness of his courtship, "si en cuanto decís sospecho / que os desmiente ese retrato / que está pendiente del pecho" (570–74). Later, In Act Two, Astolfo again resorts to conventional flattery in courting Estrella, and she once more accuses him of falseheartedness (1750–55). In an aside Astolfo decides to remove Rosaura's picture, "(Perdona, Rosaura hermosa, / este agravio, porque ausentes, / no se guardan más fe que ésta los hombres y las mujeres" (1774–77). Calderón, like other dramatists of his day, clearly perceived the contradictoriness of the human condition and that it was not solely characteristic of one sex.

Rosaura, who plays a decisive role in Segismundo's transformation, underscores the commonplace notion that the senses cannot be trusted. In the opening scene she discerns a building that seems the be a boulder dislodged from the mountain, "Mas si la vista no padece engaños / que hace la fantasía, / ... / que parece ... / peñasco..." (50-51; 61; 64). Since she is attired as a man, Segismundo does not fully perceive her identity in the "medrosa luz" (52). Nevertheless, her voice, her nondescript appearance and her respect capture his imagination. The two are united as companions in misery, one suffering the perfidy of a faithless lover, the other a political deception. For trespassing on forbidden territory, Rosaura and Clarín are arrested by Clotaldo and some guards whose faces are masked, "que no nos conozca nadie" (294). When Clotaldo recognizes the sword Rosaura is wearing as his own, he judges her (dressed as a man) to be his 'son' (413). If he takes the prisoners to the king, his 'son' may be killed, so he decides to conceal his relationship to her, "sin saber que soy su padre" (468). Later, Rosaura comments on her male attire, insinuating her femine sex, "que no me atrevo a decirte / que en este exterior vestido / enigma, pues no es de quien / parece; juzga

123

advertido / si no soy lo que parezco" (966–70). Calderón here employs the key word *"parece"* and again raises the point that the senses (especially that of sight) cannot be trusted. Rosaura has been deceived by Astolfo whom she is trying to locate in a man's world.

To accomplish this difficult task, she disguises herself as a man, a phenomenon which has startled Clotaldo, her father and left him confused once her real sexual identity has been disclosed.[3] Having recovered from the shock of finding himself obliged to defend his daughter's honor, Clotaldo later advises her to serve Estrella as a lady-in-waiting under the assumed identity of Astrea. (1548–55). She withholds her true identity from Estrella while seeking to spy on Astolfo. When Segismundo recognizes her at court, Rosaura decides to deceive him with a partial truth, "Disimular me importa.) Soy de Estrella una infelice dama" (1591–92). When Astolfo meets Rosaura disguised as Astrea, he recognizes her. Just as Astolfo has deceived her, in turn she has decided to continue her masquerade: "¿Yo Rosaura? Hase engañado / vuestra alteza si me tiene / por otra dama; que yo / soy Astrea ..." (1888–90). Intuitively, Astolfo senses it is Rosaura, "Basta, Rosaura, el engaño / porque el alma nunca miente, / y aunque como a Astrea te mire, / como a Rosaura te quiere" (1894–97).

But Astolfo cannot be deceived; he recognizes her voice, "Aunque más esfueerzos hagas, / ¡oh, qué mal, Rosaura, puedes / disimular! Di a los ojos que su música concierten / con la voz; porque es forzoso / que desdiga y que disuene / tan destemplado instrumento / que ajustar y medir quiere / la falsedad de quien dice / con la verdad de quien siente (1912–21). Now Astolfo elects to continue the hoax pursued by Rosaura who is seeking to recover her portrait, by telling her to present herself to Estrella as a living picture. In the struggle to retrieve her picture, Estrella arrives. Rosaura deceives both Astolfo and Estrella by stating that she had dropped her own picture and that Astolfo had picked it up

---

[3] For more on women disguised as men to achieve their objective in a male-dominated society, see Carmen Bravo-Villasante, *La mujer vestida de hombre en el teatro español* (Madrid: Revista de Occidente, 1955), and Melveens McKendrick, *Woman and Society in the Spanish Drama of the Golden Age. A Study of the 'Mujer varonil'* (Cambridge: Cambridge University Press, 1974).

and refused to return it to her. The one he has in his hand is hers'. Estrella verifies it and Rosaura leaves with it. When Estrella demands the picture of the 'other' woman, Astolfo, of course, does not have it. Thus Rosaura attains her goal/'engañando con la verdad.'

We now return to our consideration of the role of deception at the point where the two actions intersect. Clarín's perception of Rosaura as she approaches on a fast steed resembles a map: its froth is el mar, and its breath el aire, its body la tierra and its soul el fuego, the four elements of which the universe was composed, according to the ancients. But the figure is distorted because of the horse's speed, "en cuya confusión un caos admiro" (2679), as Clarín envisages horse and rider as a monster, "monstruo es de fuego, tierra, mar y viento" (2681). Rosaura arrives in a blaze of light; she will disillusion (or undeceive) Segismundo concerning the validity of his court experience. Hence she symbolizes the light of truth. But the blazing light blinds Segismundo, "... su luz me ciega" (2687) for reasons that will soon become clear. Rosaura reminds Segismundo he has seen her on several different occasions attired in diverse costumes, first as a man, second as Astrea, and now "entre galas de mujer / armas de varón me adornan (2726–27).[4] She adds to his confusion by alluding to his palace encounter as a dream, "...me admiraste / mujer, cuando fue la pompa / de tu majestad un sueño, / una fantasma, una sombra" (2720–23). She recounts how Astolfo deceived her. As a result, "...quedó toda / la confusión del infierno / cifrada en mi Babilonia" (2801–3). She will help him gain the throne if he will clear her honor. Next she relates familiar past events that happened at court. Segismundo is disillusioned, "luego fue verdad, no sueño; / y si fue verdad—que es otra / confusión y no menor - / ¿cómo mi vida le nombre / sueño? Pues, ¿tan parecidas / a los sueños son las glorias / que las verdaderas son / tenidas por mentirosas, / y las fingidas por ciertas?" (2934–42). To relieve his confused state of mind, Segismundo turns to some aspects of ancient Greek philosophy and the Christian religion. He now rationalizes, "que es el

---

[4] For an interpretation of this play as metatheater, see my essay, "El arte de metateatro en La vida es sueño," in Interpretando la comedia (Madrid: Porrúa, 1977), pp. 115–130.

gusto llama hermosa, / que le convierte en cenizas / cualquiera
viento que sopla, / acudamos a lo eterno" (2979–82), and renounces pleasure for austerity.[5] In doing so he repudiates the truth
of his palace experience as verified by Rosaura, considering it so
much like a dream that for him it cannot have been real. An
inkling of his chaotic state of mind and a form of self-deception
can first de detected when the prince had concluded that the only
certainty was uncertainty.[6] Calderón seems to have been influenced by Stoicism and Gnosticism; the latter contends that
matter is evil and that emancipation comes only through knowledge gained by experience.[7] At the end of Act Two, having experienced a *desengaño*, Segismundo is ready to declare "que el
vivir sólo es soñar; / y la experiencia me enseña / que el hombre
que vive, sueña / lo que es hasta despertar" (2154–57). The
technique of the 'big lie' repeated often enough "viz., that he may
be dreaming even though he is awake), has exerted a powerful
influence on the prince's thinking and behavior as a 'lie' now
passes for the 'truth.' Segismundo now equates *vivir* and *soñar*.

Convinced that if he wants the throne, Segismundo will
have to conquer his father. During the confusion of the struggle,
Clarín, Rosaura's servant, experiences a *desengaño*. Thinking that
the safest place to hide is behind some rocks, he falls mortally
wounded and realizes how he had deceived himself, "que quien
más su efecto huye, / es quien se llega a su efecto" (3082–83).
Clarín's death teaches Basilio a lesson, for he too like Astolfo and

[5] Segismundo reasons, "Si es sueño, si es vanagloria, / ¿quién por vanagloria
humana / pierde una divina gloria?" (2969–71).

[6] "Todavía estoy durmiendo, / y no estoy muy engañado / porque si ha sido
soñado / lo que vi palpable y cierto, / lo que veo será incierto/ y no es mucho que,
rendido, pues veo estando dormido, / que sueñe estando despierto" (2098–
2107). In this question the reader perceives that Segismundo deceives himself since
the reader knows that the prince has now awakened. Right after this Clotaldo asks
him what he dreamed. Segismundo wavers and then states, "Supuesto que sueño
fue, / no diré lo que soñé; / lo que vi, Clotaldo, sí" (2109–11).

[7] Gnosticism derives from *gnosis*, the Greek word for 'knowledge,' which is a
means for the attainment of salvation. It believed that inner illumination replaced
rational argument and brought with it a modification of the human condition.
Man in his unredeemed state is unconscious of itself. Its awakening and liberation
is effected through knowledge which is gained through experience. See Hans Jones,
*The Gnostic Religion. The Message of the Alien God and the Beginning of
Christianity* (Boston: Beacon Press, 1958), pp. 32–44.

Clotaldo wished to flee the battle. Basilio also suffers a *desengaño*, "Pues yo, por librar de muertes / y sediciones mi patria, / vine a entregarla a los mismos / de quien pretendí librarla" (3108–11). Basilio's final *desengaño* occurs after Segismundo has conquered him. The prince delivers a long tirade excoriating the father's method of child rearing (3177–3227) which had turned him into "un bruto, una fiera humana" (3174–75), the opposite of what Basilio had expected. For all his study of the occult science and his faith in it (726–37), Basilio turns out to be less "*docto*" than he had thought. Early in Act One in his arrogance he had boasted of his erudition, "por mi ciencia he merecido / el sobrenombre de docto, / pues, contra el tiempo y olvido / los pinceles de Tamantes, / los mármoles de Lisipo, / en el ámbito del orbe / me aclaman el gran Basilio" (605–11). But following Clarín's warning, Basilio recognizes a higher power at work and suffers a *desengaño*, "¡Qué bien! ¡ay cielos! persuade / nuestro error, nuestra ignorancia / a mayor conocimiento / este cadáver que habla / por la boca de una herida, / siendo el humor que desata / sangriehta lengua que enseña / que son diligencias vanas / del hombre cuantas dispone / contra mayor fuerza y causa!" (3098–3107).

Many factors have been suggested for Segismundo's transformation from a child of nature to a civilized human being[8] But what caused him to reject truth and accept what he himself knew was a lie? For our answers we must turn to the text of the play. One response has already been given in part (cf., the quote given above, 2934–42). It is also neatly summed up in the following passage spoken by Segismundo, "¿Tan semejante es la copia / al original, que hay duda / en saber si es ella propia?" (2946–49), which is psychological in nature since his intellect cannot distinguish between reality and the illusion of reality. The prince has come to this conclusion through his ability to reason, "Mas ¡con mis razones propias/ vuelvo a convencerme a mí!" (2967–68). Another possible explanation is the power of the unconscious in human life as confirmed by the findings of modern psychologists, especially Jung.[9] The suggestions made by Basilio and Clotaldo

[8] See my forthcoming essay, "La transformación de Segismundo."
[9] See *The Structure and Dynamism of the Psyche*, in the *Collected Works* of C. G. Jung, Trans. R. F. C. Hull, Bollingen Series XX (Princeton: Princeton University Press, 1966), Vol. 8, passim.

during Act Two have apparently been apprehended by Segismundo's mind. Upon awakening, what was earlier deposited in the unconscious, now surfaces to consciousness and helps him reorient his thinking.

Stephen H. Lipmann has underscored Segismundo's fear of awakening again in prison which he had described in Act One thus, "que cuna y sepulcro fue / esta torre para mí" (195–96).[10] Fear, which motivated Segismundo to order the rebel soldier to the tower, also impelled Basilio to remand his newly born son to the tower to forestall the accession of (what he thought would be) a tyrant to the throne of Poland. In both instances fear dominates their thinking and causes a self-deception which terminates in a *desengaño*.[11] Basilio's power to reason convinced him that the stars do not force the will but merely incline it. Had he realized this before he had imprisoned his son, the young prince might have been spared a miserable and abused childhood.

The role of deception permeates the entire play and is usually accompanied by its counterpart, *desengaño*, with the connotation of 'undeceiving.' The addition of self-deception lends a wider dimension to the action and reaction of all the characters whose lives are touched in one way or another by deceit.

Basilio deceives himself, 1) by giving too much credit to the horoscope, knowing that the stars do not force the will but mearly incline it; and 2) by thinking that he can spare Poland the rule of a tyrant by imprisoning his son. He deceives Segismundo by withholding the prince's real identity for a while. He suffers a humiliating *desengaño* at the hands of his son who berates his father for his cruel method of child rearing.

Clotaldo deceives Rosaura by keeping secret the true relationship existing between himself and his daughter until later.

---

[10] "Segismundo's Fear at the End of *La vida es sueño*," *MLN*, 97 (1982), 380–390. Lipman quotes the following passage to demonstrate his point: "¿Qué os admira? ¡Qué os espenta, / si fue mi maestro un sueño, / y estoy temiendo en mis ansias / que he de despertar y hallarme / otra vez en mi cerrada / prisión?" (3305–10).

[11] See "Fear and Courage as Psycho-Literary Motifs in the *Comedia*," in my forthcoming book, *Comedia and Points of View* (Potomac, Md.: Scripta Humanitatis, 1984). Lipmann, op. cit., writes that "[Segismundo] realizes that he is awake, but affirms that merely imagining that he might reawaken in the tower would have the same effect as fearing it in earnest" (p. 387).

Both Clotaldo and Basilio delude Segismundo by suggesting that he may be dreaming when he knows he is awake. The repetition of the 'big lie' penetrates the prince's psyche and after he re-awakens back in prison, it emerges as 'truth' when Segismundo equates *vivir/soñar*, "... pues estamos / en mundo tan singular, / que el vivir sólo es soñar; / y la experiencia me enseña / que el hombre que vive, sueña / lo que es hasta despertar" (2152–57). The prince turns out to be something of a solipsist since he believes that what he has experienced is the only reality even though he does not know the whole truth of his second imprisonment. Put another way, it doesn't matter what he believes so long as he believes it and experiences it. Segismundo's inability to distinguish between waking and dreaming produces a tension that generates a mental conflict, creates uncertainty and underscores the contradictions in the human condition.

Rosaura hoaxes Segismundo by appearing in three different disguises all designed to further her own ends. She victimizes Astolfo by insisting on her new identity as Astrea. She gulls Estrella by retrieving her picture from Astolfo by a ruse. Astolfo has victimized Rosaura and is finally forced to marry her.

Clarín deludes himself into thinking that he can find safety behind some boulders while a war is raging. He suffers a *desengaño* when he is struck by a stray bullet and draws the ironic conclusion that the only safe place during a war is on the battlefield.

The play mirrors the seventeenth century peoccupation with the undependability of the senses, especially of sight. It brilliantly portrays the perennial battle between instincts and reason and how both can deceive humankind. It underlines the contradiction and foibles of the human condition. The effect of deception and self-deception is not only to produce conflict, the essence of drama, but also to teach a lesson in moral philosophy with its emphasis on the quest for enduring values over temporal pleasures.

San Diego State University

New Data—Mira de Amescua, Royal Chaplain

George Ann Huck

Philip III appointed Antonio Mira de Amescua as Chaplain to the Royal Chapel at Granada in September of 1609. Yet until now, scholars have found no information to document Mira's performance in that position during the years that followed. There has been no proof that Mira fulfilled the obligations of the post at all. Data available in the "Libro sobre fundaciones de la R. C. y sucession del capellania y capellanes" (folio 121-1) at the Royal Chapel Archives in Granada suggest the contrary. The record of possession reads: "Antonio Mira de Mesqua, natural de Guadix y inmediato poseedor de esta prenda tomo la posecion de ella a _____." The date of possession is blank.

Even assuming, as Cotarelo did (*BRAE*, XVII, 480), that Mira accepted the post, and the consequent salary, it has never been clear that he actually performed the duties of Royal Chaplain then or later. The fact that he accompanied the Conde de Lemos to Italy in 1610 and returned with the Conde's entourage in 1616 to establish residence in Madrid has caused most investigators to surmise that he neglected those duties. Scholarly suspicion has been that Mira did a slip-shod job at best.

Obviously Mira's own efforts to rid himself of the Granada

obligation (Rodríguez Marín, *BRAE*, V, 327–28) in order to accept a position with the Cardenal Infante seems evidence enough to support his former acceptance of that responsibility. We know that he was only legally freed from the Royal Chapel post in 1622 when the King arranged for him to be made beneficiary of a post in Medina Sidonia while remaining at court in Madrid. Biographical information (Catedral de Granada. Legajo 221, 2) discovered in the summer of 1980 in the Cathedral Archives of Granada should lead investigators to reassess Mira's performance as Royal Chaplain during those in-between years. At least it takes us a step further in piecing together the unknowns in Mira's life, and in correcting another of the clichés which have plagued most attempts to sort out his life, or evaluate his work.

The following autographed letter, written by Mira to the King, proves that in 1618 Mira was assuming responsibility for the post of Royal Chaplain, though not residing in Granada. The letter was among the documents of "Limpieza de Sangre" for Lic. Fray Andrés Muñoz (Legajo 221, 2). The tone of this letter, at some points almost gossipy, reveals Mira's intimacy and confidence in correspondence with the King, verifying our belief that he was on good, if not intimate, terms with his sovereign. Such royal favor was to keep him at Court and away from dull parish posts until 1632 when he retired to his hometown of Guadix (Huck, *La tercera*, 9). Even though he obviously did not reside full time in Granada, his link to the Royal Chapel and his responsibility for the position were strong enough so that he could be delegated the task of screening another aspiring Royal Chaplain.

According to the "legajo" containing the "limpieza de sangre" testimonials for Fray Andrés Muñoz, Mira's involvement begins in Madrid on February 1, 1618. At that time Mira swears to have known Fray Andrés for "mas de treynta años," and though he did not know the father, Alonso Muñoz, he did admit to having "muchas noticias de él de la villa de Priego." Mira continues to acknowledge his acquaintance with the priest's brothers, all of which information leads us to surmise that Mira met Fray Andrés during his youth, perhaps in school at Granada, and later spent some time in Priego where he met other members of the family after the father had died. A notarized document, dated February 11, officially designates Mira as the person to investigate the genealogy. Mira signs a document to that effect on February 12, making possible the investigation which will permit Fray Andrés to replace Lic. Pedro Gascón in the Royal Chapel at Granada. The pursuit of information takes Mira first to Priego, Cuenca. He hears testimonies there documented on April 1. Another document of those testimonies heard by "el clerigo Doctor Mira de Mescua, Capellan de su Majestad" is dated April 8, still in Priego. If Mira had left Priego on horseback the next day, we can imagine that he had only a very short rest before listening to the testimonies received in the "Villa de Medinazeli, Siguenza" on April 12. Then, possibly feeling that he needed to tie up some loose ends, he returns to Priego, and hears another witness after his three-day ride on April 16.

Mira wrote the following letter to his sovereign after having returned to Madrid. He had spent a month "in the field," had interviewed over 114 witnesses, and had arrived at certain conclusions with regard to Fray Andrés. The letter is copied as it was written (abbreviations were expanded, but no accents were added nor spelling changed), and it is transcribed with no modernization of the Spanish. As an important document of biographical data, the letter speaks directly to the accusation of professional negligence that has plagued Mira's reputation over the years. It proves that he did comply with the obligations which were his duty as Royal Chaplain, even when that meant leaving the comforts of Madrid.[1]

Por mandado y comission de vuestra señoria ilustrissima hice con todo rigor y diligencia, en Madrid, Siguenza y otras partes, las informaciones del licenciado fray Andres Muñoz presentado a vna capellania de la Real Capilla de Granada; por escrito con el numero de sesenta testigos como vuestra señoria ilustrissima vera; y a boca con mas de otros sesenta que en dias de fiesta y a la salida de missa hablaba inquiriendo la limpieza del dicho y nemine discrepante; averigue que es cosa llana y asentada que es limpio cristiano viejo sin raza de moro

[1]Archivo de la S. I. Cathedral de Granada. Legajo 221, pieza 2. Cotarelo y Mori, Emilio. "Mira de Amescua y su teatro," BRAE, XVII (October 1930), 467–505.

ni judio; y ansi por esto como por el acto prosimo a ser fraile de la religion de Su Magestad, le tengo por benemerito y capaz de qual quiera prebenda, dignidad y officio en que se requiera limpieza. Y este es mi parecer.

Sólo ay contra esto (si bien me parece que no obsta) que al dicho licenciado fray Andres hiso los dias passados Su Magestad merced de vna plaza de capellan de honor en su real capilla de Palacio y auiendo-le dado informante y vistas las pruebas por el capellan mayor y capellanes le an suspendido hasta aora el darle posession; aunque no ay auto en que declaren no deberselo dar, pero se le an dilatado, y yo quando supe esto hice diligencia por saber de raiz y con fundamento el casso; y parece que auiendo el dicho fray Andres acussado vn enemigo suyo que vibia en la villa de Priego donde es originario; el informante que no le debiera de ser affecto lo primero que hiso fue verse con el acussado y pedirle testigos de su madre, y el enemigo le truxo por testigos a vn deudo suyo, a vna mujer y a un pastor, los quales dixeron que no tenian por limpio al dicho licenciado; y con el dicho de estos tres aunque vbo, a varios que passaban las pruebas; otros no quisiesen passarlas; asi el capellan mayor opuso dar segundo informante, dicien-do que no se ussaba en la capilla y que no era bien introducirlo; quexose al juez el pretendiente y tomaron por medio prouerle en el patrimonio real para que hiciesse pruebas otra vez; y entiendo a lo que puedo colegir de lo que e oydo al Patriarca y capellanes que es para que saliendo buenas las informaciones se le de aca tambien posesion; aunque esto no me lo an dicho espressamente, pero colijolo yo de lo que me an dicho y el mesmo pretendiente se va con este animo y satisfacion, tiniendolo por seguro.

Y esto es puntualmente lo que passa, y es sin duda alguna que es cristiano viejo y merecedor de la prebenda y merced que Su Magestad le hiso y este es mi parecer saluo el de vuestra señoria ilustrissima que es el que se a de mandar. En Madrid, a 24 de abril 1618.

El Doctor Mira de Amescua

Central College

Huck, George Ann. *A critical edition of Mira de Amescua's "La tercera de si misma."* Valencia: Hispanófila, 1981.

Rodríguez Marín, Francisco. "Nuevos datos biográficos," BRAE, V (June 1918), 312–32.

Hercules in Alfonso de Madrigal's
In Eusebium

Ronald G. Keightley

Although not a fully independent work, the treatise on
Hercules by Alfonso Fernández de Madrigal *el Tostado* is of major
importance. Occupying some twenty-six folios, it forms one-sixth
of all that was completed of his Latin commentary on Jerome's
version of the *Chronici canones* of Eusebius.[1] Longer by at least a
quarter than the 'Estoria de Ercoles' in the *Segunda Parte* of
Alfonso X's *General estoria* and the portions of the *Sumas de
historia troyana* and Juan Fernández de Heredia's *Grant cronica
de Espanya* derived from that compilation, and roughly twice as
long as Enrique de Villena's *Los doze trabajos de Hercules*, el
Tostado's version of the myth is unmatched for erudition among
pre-Golden Age accounts of Hercules in Spain. Unfortunately it
did not pass intact into his Spanish *Comento de Eusebio*, which in
its printed form was much admired in the Golden Age, but, as
occurred with other material drawn from the Latin commentary,

---

[1]Unlike the great majority of el Tostado's works, the *In Eusebium* is not
preserved in an autograph manuscript but in a copy by four different hands, MS
1799 of the Biblioteca Nacional, Madrid. All reference in the text are to this unique
manuscript.

those passages on Hercules which do appear in the *Comento* were in most instances considerably extended in the process of transfer, which can only increase one's regret that the vernacular work also remained unfinished.[2]

Nowhere mentioned in el Tostado's Latin Hercules narrative, nonetheless Boccaccio's *Genealogia deorum gentilium* undoubtedly furnished its basic structure and material; indeed, the greater part of Boccaccio's text, both from 13.1 'De Hercule XXVIII Jovis filio' and from other relevant chapters, whether or not cross-reference is made to them in 13.1, is incorporated in more or less recognisable form into the Eusebius commentary. As regards structure, el Tostado follows the pattern of *Genealogia* 13.1, which can be divided into five sections, of varying length: (i) an account of the circumstances of the birth of Hercules and the reasons for his subjection to Eurystheus; (ii) a succinct recital of thirty Labours, for each of which at least one classical source is cited; (iii) an account of Hercules' death, in conjunction with his service under Iole, counted as thirty-first Labour; (iv) discussion of the matters dealt with under (i); and (v) discussion of those Labours which present a difficulty, usually arising out of some supernatural element contained therein. But even if el Tostado does rely heavily on Boccaccio, he does so far from uncritically.

For most of sections (i) and (ii) differences are slight, albeit in several of the Labours Alfonso de Madrigal adds one or more citations from the *auctores* to those supplied by Boccaccio. The only noteworthy change occurs in the thirteenth Labour, though both writers cite Pomponius Mela and Seneca as their sources for the Pillars of Hercules. Otherwise general agreement is maintained until after the completion of the thirtieth Labour, the slaying of Licus on Hercules' return from Hades. At this point Boccaccio introduces a brief reference to the founding of the "Olympiaca certamina" in honour of Pelops, before dealing with Hercules in Iole's service as the thirty-first and last of his Labours. Not so Alfonso de Madrigal, who here inserts the killing of Eryx,

[2]For a full discussion of the manuscripts and editions of el Tostado's translation of Eusebius and his Latin and Castilian commentaries on the work, see R. G. Keightley, "Alfonso de Madrigal and the *Chronici canones* of Eusebius," *Journal of Medieval and Renaissance Studies*, 7 (1977), 225–48.

surprisingly overlooked for the Hercules narrative by Boccaccio, as he does treat the incident in *Genealogia* 10.5. This thirty-first Labour by el Tostado's reckoning is followed by two more, for both of which phrases in the *Hercules furens* of Seneca provide the source: the diversion of a Thessalian river (*HF* 283–88) and walking over the water when crossing the Syrtes (*HF* 319–24). All three fit rather uncomfortably into the recital of the Labours at this particular point, and the awkwardness becomes still more obvious when the labours are later discussed in detail in section (v). The institution of the Olympic games is ignored, though it features among the acts of Hercules recorded in both Latin and vernacular chronicles of Spain since mid-thirteenth century.[3] On the other hand, el Tostado does not count Hercules' behaviour in the service of Iole as a Labour and also differs from Boccaccio over several matters of detail regarding Hercules' death and subsequent deification.

Discussing the name 'Hercules' at the beginning of section (iv), Alfonso de Madrigal merely adds a few clarifying phrases, but the continuation dealing with Hercules' identity, conception and birth is greatly expanded, though covering essentially similar ground. In particular, he goes into considerable detail to dispel false ideas about the relationship between the sexual act and the size and strength of the child engendered thereby, and pours copious cold water on Juno's supposed powers to control childbirth with the aid of Lucina (132ab). The true originality of el Tostado's work, however, comes in his treatment of the Labours in section (v), which stretches over fifteen folios (133b–148a), as he subjects to thorough and painstaking scrutiny virtually every phrase of the relevant material garnered from the *Genealogia* and other sources. That section therefore demands closer attention here, as an introduction to el Tostado's attitudes to classical myth.

From the outset, however, it should be remembered that the context of el Tostado's treatise is a commentary upon an historical text, and specifically upon a chronology, for which the establishment of precise facts and their correct sequence must be para-

---

[3]The use of the Hercules myth in Spanish chronicles is a major topic in R. B. Tate, "Mythology in the Spanish historiography of the Middle Ages and the Renaissance," *Hispanic Review*, 22 (1954), 1–18.

mount. Seen in that light, Alfonso de Madrigal's problems arise basically out of two interconnected circumstances, which he treats at length before commencing his examination of the Labours themselves. The historians accessible to him record the existence of more than one Hercules, indeed of as many as forty-three bearing that name,[4] but relate the deeds of only a very few of these even when the trouble is taken to draw the distinction. By contrast, some writers, and particularly the poets, not only ascribe to a single Hercules all the feats associated with the name, but also add to them exploits rightfully attributable to others. Thus, "non sunt omnes isti labores unius hominis, sicut neque fuit unicus Hercules sed plurimi" (133a).

At the root of these twin problems lie the true meaning and value to be attached to the name 'Hercules' in its original Greek form; whether this was—as el Tostado found it transliterated by previous scholars—"*era ... cleos ...* gloriosus in terra," "*heros cleos ...* heros gloriosus," "*heris ... cleos ...* gloriosus in litibus" or "*heroun cleos ...* virorum forcium fama" (128a), it should not be regarded as a proper name so much as a description or appellation, and thus of general applicability rather than particular, so that, as Varro is reported to have written: "omnes qui fortiter fecerunt Hercules vocabant" (129a). Poets could therefore label their heroes 'Hercules', "unde invenietur quosdam horum laborum competere Theseo, allios Perseo, allios aliis, sicut in eorum prosecutiones aparebit" (129b). Acceptance of this proposition resolves immediately one set of apparent contradictions, since those who have come to be known as Hercules existed at various times over a period of some three hundred years by Eusebius' calculations, and in several places, so that Eusebius can speak of a "Hercules Dephinaus" and other *auctores* refer to the Tirynthian, Argive or Theban Hercules (129a). Though he does not do so at this point, el Tostado is later (145d) able to apply this principle to another set of seeming contradictions, namely those posed by the extremely varied range of qualities and achievements attributed to Hercules either directly or in interpreting his feats, apparently

---

[4]The source is ultimately the lost work by Varro, the relevant passage becoming a commonplace of medieval mythography through its citation by Augustine, *De civitate Dei*, 18.12, where it is in turn taken from Servius, *In Aeneidem*, 8:564.

137

beyond the capabilities of a single hero. But these problems have a corollary, for which el Tostado is quick to supply the answer: the purpose of converting the many Hercules into a single heroic figure was, quite simply, "ad amplioris laudis materiam; nam cum omnia que singulorum sunt in unum contulerint, habundantius ille laudatur quam si solum ei tribuantur que sua sunt" (129b). There remains to be explained only the choice of the Theban Hercules as sole recipient of the glory accumulated by the many: "ex favore Grecorum; Greci enim universa antiqua literis tradiderunt, ideo quos voluerunt obscuros reliquerunt, allios vero fecerunt illustres, et quoniam Hercules Alcmene filius Grecus erat, in hunc universa conferre voluntati placuit" (129b).

For well over half of the discussion of the Labours in section (v), the primacy of historicity and factualness defines the scope of the argument. This becomes very clear at the end of the treatment of Antaeus, where the standard euhemeristic version, which makes the giant son of Earth a king of Mauretania defeated by drawing him away from his sources of supplies, is followed by Fulgentius' moralization (*Mythologiae* 2.4) in terms of fleshly lusts controlled by abstinence, after which el Tostado roundly declares: "sed cum constet de litterali sensu, non est nobis moralis necessarius volentibus rerum veritatem inquirere, cum non sit ille quem intendit fabule fictor" (137a).[5] The pursuit of facts dominates all other considerations, with results that for familiar topics can often prove refreshing. For example, the treatment of the Labour of Diomedes' Horses offers a standard interpretation of the tyrant who fed the flesh of his murdered guests to his horses, as the maintenance of a powerful cavalry force using the proceeds on goods confiscated from travellers. The unusual feature is el Tostado's reason for presenting this version: "aliqui autem dicunt historiam fuisse; quod sy intelligatur per omnia fuisse hystoriam, falsum est, nam equi non manducant carnes humanas nec aliquas carnes, sed frumenta, olera et herbas" (136b). Thus, while most authors remain silent, either accepting the myth at face value or interpreting its barbaric elements, presumably in an attempt to

---

[5]Interestingly, Alfonso de Madrigal here uses three terms corresponding to those which appear in the margin beside the appropriate sections of Enrique de Villena's *Los doze trabajos de Hercules* in MS 6599, Biblioteca Nacional, Madrid: Fabula, Veritas, Moralitas.

remove from the virtuous Hercules the taint of an act as reprehensible as Diomedes' own when he feeds the defeated king to his own horses, el Tostado singles out the false note in the story which cries out for explanation. Similar practical doubts are expressed about the credibility of one of the standard interpretations of the Hydra; while accepting that the monster can represent a marsh fed by several streams, el Tostado points out that the solution suggested by Albericus (*Mythographus Vaticanus* III 3.4) simply will not work: "exustio nichil proderat cum non tolleretur origo interior, sed necesse erat semper aquas erumpere eciamsi semper exureretur terre superficies" (133d). He therefore prefers an alternative interpretation by Paulus Peruginus (*apud Genealogia* 13.1) which has Hercules drain the marsh by diverting the course of the streams which flow from the springs and waterlog the area, although his real choice is the version of the myth attributed by Eusebius to Plato, in which the Hydra is a Sophist whose intricate arguments are defeated by Hercules' clear reasoning. Elsewhere he shows scepticism about Cacus' ability to drag bulls backwards by the tail all the way to his cave, "quod nemo satis cogitat" (140a), and readily accepts a remark by Servius (*In Aeneidem* 8:216) to the effect that the hidden beasts were not revealed by one of them answering a call from the departing herd, but by Cacus' sister (140a). Perhaps the neatest debating point is scored over the Nessus shirt: even if a thing possessing such properties were given credence, "non enim erat verisimile quod Hercules indui vellet juxta carnem camisia sanguine tincta, quia suspecta res illa erat" (150a).

Nevertheless, there are occasions when a modern reader finds Alfonso de Madrigal over-credulous or, more accurately, too trusting towards his sources. While rejecting any notion that Antaeus was a son of Earth, he states quite baldly that "iste gigas erat" (136d), on the strength of two passages in Pomponius Mela (*Chorographia* 1.5.25–26 and 3.10.106). The sea-monster at Troy for which Hesione was left exposed is also accepted: "credibileque est extitisse factum; scimus enim simile ex causa Andromedam in saxo belue marine expositam, quod veritas historica nobis prodidit, ut supra dictum est" (143c). The cross-reference is to earlier pages dealing with Perseus, where the evidence for the reality of that monster is quoted from Pomponius Mela (*Choro-*

graphia 1.11.64) and Solinus (*Memorabilia* 34.1–3). As for the pursuit and capture of the Menalian Hind, there remains only the doubt as to whether the Theban Hercules could have been so fleet of foot, "quia ista erat nimis velocitas, et viris valde robustis non convenit nimia velocitas" (134d). Such speeds in themselves are not beyond humans, as not only Solinus (*Memorabilia* 1.96–97) testifies of Ladas and Polymestor, but as is also recorded of the Biblical Asahel (*2 Samuel* 2:18–19). Likewise infallible Holy Writ provides ample evidence for the slaying of lions barehanded, as is twice reported of Hercules; besides the well-known instance of Samson (*Judges* 14:5–6), whom Eusebius himself mentions as being thought equal in strength to Hercules, there are David (*1 Samuel* 17:34–36) and Benaiah.[6]

The *auctores'* testimony alone does not always suffice to demonstrate the truth as Alfonso de Madrigal sees it, and at times they even contradict each other. Well practised in harmonizing conflicting Biblical passages after working his way through most of the historical books of the Bible,[7] el Tostado employs a neat and highly effective logic in pursuit of acceptable interpretations, bringing in the *auctores* to support his points as required. The arguments used to demolish the centuries-old error, followed by Boccaccio,[8] according to which the Stymphalian Birds were to be equated with the Harpies, provide a fine example of the technique

---

[6]Benaiah's capabilities are recorded twice in two identical passages (*2 Samuel* 23:20 and *1 Chronicles* 11:22), which el Tostado quite inexplicably interprets as two separate events: "Banajas, qui fuit de Capseel, fuit fortissimus qui occidit duos leones" (134b). An earlier passage in the *In Eusebium* deals briefly with a remark in Eusebius' prologue: "Samson autem est quem in corporis robore Herculi similem ferunt posteri Judeorum" (62b).

[7]Descriptions of these works may be found in Florencio Marcos Rodríguez, "Los manuscritos de Alfonso de Madrigal conservados en la Biblioteca Universitaria de Salamanca," *Salmanticensis*, 4 (1957), 3–50. The account of the works in the only modern monograph, Silvano Bosi, *Alfonso Tostado. Vita ed opere* (Rome: Pontifica Universitas Gregoriana, 1952), is woefully inaccurate.

[8]Coluccio Salutati, *De laboribus Herculis*, 3.13, is obliged to come to the defence of his friend and mentor Boccaccio, who must be accounted among the "viri doctissimi" who erred in this matter (ed. B. L. Ullman, 2 vols, Zurich: Thesaurus Mundi, 1951). On the other hand, commentators on Boethius, *De consolatione Philosophiae*, 4. m 7:16, such as Nicolas Trevet, may be held responsible for the similar mistake on the part of Enrique de Villena; see R. G. Keightley, "Boethius, Villena and Juan de Mena," *Bulletin of Hispanic Studies*, 55 (1978), 189–202.

in operation. No source is given for the erroneous view, which is simply stated to be that held by "quidam viri doctissimi" (134d). The first argument concerns place: the birds were killed beside the Stymphalian waters according to Ovid (*Metamorphoses* 9:187), whereas Virgil (*Aeneid* 3:247–49) attests the infestation of the Strophades by the Harpies. Next there is the matter of numbers, as the multitude of Stymphalides was sufficient to black out the sun's light, contrasting with only three Harpies known by name. The nature and degree of their harmfulness constitutes the third point, the Stymphalian birds merely darkening the sky as described by Seneca (*Hercules furens* 243–44), in sharp contrast to the foul rapacity of the Harpies in Virgil's account. The two remaining discrepancies are linked: though Hercules is generally held to have killed the Stymphalides, the Harpies were under Jupiter's protection and merely driven off by Zetes and Calais, and were still to be found on the Strophades when Aeneas reached the islands after the Trojan War, which took place long after the death of Hercules. Thus the Harpies cannot have been the Stymphalian birds killed by Hercules.

A similar approach to the Labour of Minos' Bull adds a dash of common sense to reason, though in a mistaken cause. Alfonso de Madrigal argues that, had there been a white bull provided by Jupiter for Minos to offer a worthy sacrifice, the beast would surely not have been permitted to survive after discovery of Pasiphae's shameful passion, and there is no record of Theseus taking a bull from Crete to Athens. These arguments justify recourse to a euhemeristic explanation which awards Theseus the honour of performing this feat, slaying the bull in Crete; in later times, el Tostado tells us, "quia omnes qui fortiter agebant Hercules dicebantur, iste actus Thesei Herculi datur, scilicet quia ipse vocetur Hercules" (135b). Somewhat ironically, el Tostado had no access to Diodorus Siculus, who tells (4.13.4) how Hercules captured the Cretan bull and took it back to Eurystheus at Mycenae, or to Plutarch's *Theseus*, where (12a) it is related how Theseus indeed killed the bull, but many years later, after it had strayed through the Peloponnesus to Marathon. The killing of the Centaurs is another Labour attributed to Theseus-Hercules, on the grounds that Hercules does not appear so named in Ovid's account (*Metamorphoses* 12:205–531) of the slaughter at the wedding-feast of Pirithous and Hippodamia, in which Theseus played a prominent role; the discrepant version of Lactantius Placidus (*In Thebaidem* 5:263) is summarily dismissed: "sed hoc a raris habetur" (142a). Here el Tostado somewhat ingenuously ignores the context of Ovid's account, which is put into the mouth of Nestor, himself a Centaur, whom Tlepolemus challenges, asking why Hercules has not been mentioned (12:538–39).

In at least one major instance Alfonso de Madrigal's attempts to dispel confusion are quite unsuccessful and indeed only make matters worse. Ovid and Boccaccio may be blamed for his hesitations over the Apples of the Hesperides, where, though he begins uncompromisingly: "hunc laborem refferunt plurimi ad Perseum, quod satis rationi convenit" (137c), and adduces arguments favouring that proposition, half-way through he switches tracks: "sed alii volunt poma ista aurea fuisse in ortis Hesperidum et inde rapta non a Perseo sed ab Hercule. Hoc eciam teneri potest, scilicet quod fuerit Hercules, sive Thebanus filius Amphitrionis sive aliquis allius Hercules, qui Speridum poma rapuerit" (137c). After each of these statements el Tostado sets out the evidence as though the alternative did not exist, and there is no subsequent attempt either to choose between them or harmonize the details. Ovid's account (*Metamorphoses* 4:616–61) links Perseus, the Gorgon Medusa and Atlas' tree bearing golden fruit; Boccaccio (*Genealogia* 4.30) suggests that Hesperides and Gorgons are one and the same without ever fully substantiating the claim, and also mentions interpretations of both Medusa's hair (10.10) and the golden apples (4.30) as signifying great riches. Yet it seems to be el Tostado himself who makes the crucial deduction, on no solid grounds, that "ista autem poma aurea rapuit Perseus" (137c), as both Boccaccio (13.1) and Ovid (9:189) elsewhere count the Apples of the Hesperides among the Labours of Hercules. For once, too, the ritual reference to the plurality of Hercules is not invoked, though it would appear to have offered the simplest solution to the fundamental problem of chronology posed by the fact that Perseus was Hercules' great-great-grandfather, a matter which el Tostado simply ignores.[9]

[9]This is clear from *Genealogia*, 12.26–28, which deal with Alcmena's descent; 12.26 and 29–30 do the same for Hercules putative father Amphitryon, so

For the most part Alfonso de Madrigal eschews allegorical interpretations before the twenty-fourth Labour, the Wounding of Juno. As it happens, Juno figures prominently in the few exceptions to that pattern and in the allegorical element generally, along with Hades. In the first place the myth of Juno controlling Eurystheus and through him seeking the destruction of Hercules is one of the few aspects to survive in any form el Tostado's criticism of the tales surrounding Hercules' parentage, conception and birth. Even so, this part of the myth is accepted only as figure, inasmuch as suspicion of Hercules and fears that he could challenge him for the throne cause Eurystheus to order him to undertake the Labours; Juno's part is as "dea regnorum" (133a), symbolizing the power the king wields and jealously guards. The same concept is applied, as in most previous treatments, to the origins of the Centaurs, with Ixion representing the base, foolish man ambitious for royal power who gains only its vain shadow, the trappings of tyranny propped up by military force. While expounding this interpretation at length, Alfonso de Madrigal appears to hesitate between the specific case of Ixion and the universal type of the tyrant; in what follows, the Centaurs are euhemerized as Thessalian cavalry rather than dealt with as allegorical symbols, and in any case, as has already been noted, their slaughter is to be associated with Theseus rather than with Hercules, on Ovid's authority. Juno reappears in the twenty-fourth Labour, wounded in the breast with a trident, and any possibility of a literal interpretation is swiftly dismissed: "nam Juno aliquando fuerat mortalis femina et uxor Jovis, et tunc vulnerari poterat et mori, quia aliquando mortua est. Sed tunc cum vivebat Hercules, mortua erat Juno, ydeo neque poterat percuti neque occidi" (144d). It follows that the incident has symbolic value, standing for the wise man's scorn for wealth and power, as el Tostado proceeds to demonstrate in great detail. The twenty-sixth Labour is very similar in nature, concerning this time the wounding of Dis in Hades. As Dis here represents riches, careful distinctions have to be made, especially since in many of his exploits the Theban Hercules appears to have been motivated by the desire for mater-

that Perseus was doubly great-great-grandfather to the later hero whose fame apparently eclipsed his own in some exploits.

ial gain. Thus Juno represents wealth concomitant with power and dominion, while Dis, as befits a ruler of the nether world, stands for earthly riches and material goods; since to despise such pelf "multorum est, ymo omnium bonorum" (145d), one should therefore not consider this the specific labour of any individual Hercules.

This leads el Tostado, by now close to completing his recital of the Labours, to sum up the view of Hercules developed therein:

> Ideo dicendum quod poete voluerunt nomine Herculis designare omnem probitatem que est in actione, sive illa est in actu fortitudinis sive in eminencia virtutis cujuslibet sive in altitudine intellectionis. Ideo de hiis tribus sunt omnes labores Herculis. Plurimi videntur pertinere ad bellica opera sive roboris; alique ad moralem virtutem sicut contempnere divicias, quia hoc non est animi recte instituti per virtutem moralem; aliqua autem ad eminenciam sapiencie, sicut fuit illud de suportatione axis celi et illud de occisione Ydre juxta expositionem Platonis. (145d)

This is further refined a few lines later: "Et tamen cum in hiis comprehendatur omne bonum, non vocamus Herculem omnem bene agentem, sed solum eum qui excelenter agit, ut dicatur habere virtutem heroicam" (145d). Once this has been settled, el Tostado appears to have no further qualms about admitting the allegories of Fulgentius into his interpretations. Indeed, dealing with Alceste he makes no attempt at a euhemeristic version, but simply elaborates upon details in Fulgentius' allegory (*Mythologiae* 1.22), going well beyond a similar attempt by Boccaccio (*Genealogia* 13.1), before designating this Labour an "actus omnium virtuosorum" (147b). Moreover, Cerberus, who in the twenty-seventh Labour had been a real dog, actually biting and devouring Pirithous, and not merely a figure of the earth "que omnia vorat" (146c), in the twenty-ninth is presented only allegorically, as a symbol of gluttony, "quasi carnem vorans" (147b), or avarice; but "quomodocumque autem accipiatur Cerberus pro vicio, Hercules illum de inferis trahit, quia vertuosus et sapiens ostendit vicia esse mala, denudans turpitudinem illorum deducendo in lucem, id est, omnibus notificando quod vicia sint" (147bc).

What fails to emerge from Alfonso de Madrigal's prolonged scrutiny of the Labours is any clear distinction between Hercules as type and Hercules possessing a measure of historical reality as

144

an individual or several individuals existing at different times. Perhaps because he appears least frequently, the wise Hercules seems most sharply defined, as he overcomes the Hydra by hydraulic engineering or superior logic and takes on the burden of Atlas' astrological study and teaching. The moral Hercules is quite the opposite: the shadowy figure of any virtuous person who despises riches, shuns ambition and restrains desire. Between these two stands a Hercules more nearly resembling the hero of classical tradition, a man of great physical size and strength, pursuing beasts of all kinds and vanquishing tyrants. The difficulty with this Hercules is reconciling his appetites with either wisdom or virtue, for though he may rid the world of an assortment of evils, he cannot always be said to do so from altruistic motives. This is particularly the case with the Theban Hercules:

> non enim contempsit ille diviciam, sed nimium concupivit, quia non solum sua ardenter tenuit, sed et aliena violenter rapuit. Tamen ut ait Justinus, desiderio prede tractus de Asia in Hyspaniam venit ut armenta raperet Gerionis, que sine ulla causa diripuit. Sic et divicias Hesperidum trium sororum abstulit, Amazonum bona invasit et nullo quod rapere posset manus abstinuit. (145d)

Worse follows. Once all the Labours have been accounted for and the question of the Hercules who served Admetus has been cleared up, el Tostado turns to the episode with Iole, beginning with Seneca's description (*Phaedra* 317–30) of Hercules in woman's dress, after which he comments: "Et ista vera sunt ad litteram; quia Hercules erat valde luxuriosus, scilicet Thebanus, et ut placeret eis quas amabat, subdebat se illis inmoderate" (149b). This new charge, once again recalling the lusty figure of classical tradition, is repeated two or three times on the following page and seriously detracts from the already confused heroic image built up in much of the preceding analysis. Matters are scarcely helped when el Tostado, offering alternative explanations for Hercules' self-immolation, gives pride of place to an unattributed version showing an aging hero, his powers failing, choosing death in preference to suffering further damage to his renown: "et cum ad senectutem declinaret, deficeret viribus et superaretur a multis quos ipse superaverat, et multi qui cum juvenem aut virum fortem sustinere eum non ausi fuerant, agrederentur eum et injuriis afficerent, ut ergo non incideret in hanc ignominiam, voluit se ipsum occidere tunc cum adhuc fortissimus erat nullique succubuisset" (149b).

At this distance in time it is impossible to know how far Alfonso de Madrigal was aware of the inconsistencies in his approach to Hercules, let alone whether he experienced any dissatisfaction over the direction his explorations of the myth had taken. What does stand out is the sheer bulk of this portion of the *In Eusebium*. Just as the *Postilla brevis* on the Pentateuch, fifteen years previously, had got out of hand, lurching through twenty-eight folios on *Genesis*, forty on *Exodus* and thirty-eight on *Leviticus*, before swelling to eighty-three folios on *Numbers* and a gargantuan one hundred and forty-four for *Deuteronomy*,[10] so now the *In Eusebium* had gathered momentum and volume. In dealing with the brief initial note by Prosperus and prefaces by Jerome and Eusebius (part only), the opening thirty-two chapters occupy just twice that number of folios. As mythological figures begin to appear in Eusebius' text, the chapters lengthen to accommodate longer comments, averaging some seven folios, until Chapter 38, which fills some forty-three folios (109b–151b), ending with the twenty-six of the Hercules narrative. The next chapter breaks off abruptly shortly after setting out the material to be treated, a passage referring to the Seven Sages and the beginning of the Trojan War, barely two-thirds of the way through Eusebius' prologue. Perhaps el Tostado sensed that he had missed his way, and simply abandoned the work; at all events, before the year was out, Alfonso de Madrigal was already engaged upon the Castilian *Comento de Eusebio*.[11] The Latin treatise on Hercules, so hugely disproportionate in size and seemingly unsure in its approach, must have influenced the decision to cease work on the *In Eusebium* and almost certainly served as a reminder to preserve a balanced view of the entire work's structure when el Tostado came to write the *Comento*. Sadly, its wealth of detail, unlike virtually everything else in the Latin commentary, did not attain the wider audience eventually gained

[10]The details are given by Florencio Marcos Rodríguez, "Los manuscritos ...," 17–21.
[11]This is argued at length in the study cited in note 2 above.

through the printing-presses for the vernacular work, nor did Alfonso de Madrigal apply to it whatever lessons he had learned from writing it. The sections that were rewritten for the vernacular work are enough to show that the results would have been of even greater importance than what in its Latin form is already a major work.

Monash University

Presencia del Padre Juan de Mariana (1536–1624) en la Biblioteca de la Universidad de Illinois: Fondos Raros de los Siglos XVI y XVII

Joseph L. Laurenti

La vida y obras del Padre Juan de Mariana son bien conocidas gracias a los estudios que le han consagrado G. Cirot, C. Sommervogel, José Simón Díaz[1]. F. Pi y Margall[2], M. Ballesteros Gaibrois[3] y J. Laurés[4].
Los propios Cirot y Sommervogel, y, con posterioridad, Simón Díaz, son los que se han dedicado más intensa y sistematicamente al estudio de las diversas ediciones y traducciones de las obras de tan ilustre historiógrafo talaverano. Sin embargo, la lista de localizaciones de ejemplares raros que presentan estos eruditos (en especial Simón Díaz), a pesar de ser la más nutrida

[1]Véanse sus trabajos mencionados en la lista general de catálogos y estudios utilizados para este artículo.
[2]Véase su *Breves apuntes sobre su vida y sus escritos*. Madrid, 1888.
[3]Véase *El Padre Juan de Mariana. La vida de un sabio*. Barcelona, Amaltea, 1944.
[4]Véase también *The Political Economy of Mariana*. New York, 1928.

nómina presentada hasta la fecha no contiene los fondos de la Biblioteca de la Universidad de Illinois.

Todo ello justifica, creemos, el presente buceo en la Biblioteca de la Universidad de Illinois que alberga una curiosa colección de 6 impresos de las obras del Padre Mariana, algunos de suma importancia textual y, en varios casos se trata de ejemplares rarísimos en España. Al mismo tiempo, como en repetidas ocasiones anteriores[5], queremos también llamar la atención sobre la gran abundancia de textos raros de autores españoles del Siglo de Oro en la Biblioteca de la Universidad de Illinois.

Tratamos ahora, brevemente, de describir esta colección de extraordinario merito, que en forma coherente y definitiva, presentamos ahora por primera vez[6].

En primer lugar, hay que destacar la obra fundamental del Padre Mariana, o sea los primeros veinte libros de su famosa obra latina titulada *Historiae de Rebus Hispaniae Libri XX*, impresa en Toledo en 1592 en el taller de Pedro Rodríguez (ficha no. 1). Se trata de una edición bastante bien representada en bibliotecas europeas, como acabamos de señalar. En Estados Unidos, por desgracia, además del ejemplar de Urbana, en magnífico estado de encuadernación de la época, existe solamente otro ejemplar en la biblioteca de la Hispanic Society de Nueva York. Las coincidencias textuales de estas dos ediciones príncipes toledanas son totales.

De gran interés, por su rareza singular en España, constituye la primera edición completa de la *Historiae de Rebus Hispaniae Libri XXX* (ficha no. 2) que, a veces, se encuaderna en dos volúme-

---

[5]Véase las obras siguientes publicadas en colaboracion con Alberto Porqueras Mayo: *The Spanish Golden Age (1472–1700). A Catalog of Rare Books Held in the Library of the University of Illinois and in Selected North American Libraries.* Boston: G. K. Hall & Co., 1979. xxxvi, 539 pp.; *La colección hispánica de ediciones venecianas (siglo XVI) en la Biblioteca de la Universidad de Illinois,* en *Aureum Saeculum Hispanum. Beiträge zu Texten des Siglo de Oro. Festschrift für Hans Flasche zum 70 Geburtstag.* Wiesbaden: Franz Steiner Verlag GMBH, 1983, pp. 141–70 y *Estudios bibliográficos de la Edad de Oro. Fondos raros y colecciones de la Universidad de Illinois.* Barcelona: Puvill Editorial, 1983. 389 pp.

[6]Aunque breves avances de dos fichas fueron presentados en otro trabajo citados oportunamente, estas entradas bibliográficas ahora, corrigen y amplían considerablemente todos los datos presentados anteriormente. Por consiguiente en lo relativo al Padre Juan de Mariana debe acudirse exclusivamente al presente trabajo.

nes de los que acabamos de describir. Se trata, pues, de la edición de 1605, de Maguncia, impresa por Baltasar Lipii. De momento hemos localizado solamente cinco ejemplares en bibliotecas norteamericanas y otro siete dispersos en bibliotecas europeas.

De inusitada rareza bibliográfica es la *Historiae de Rebus Hispaniae Libri XXX*, impresa en Maguncia en 1619 (ficha no. 3). Pues, bien, los únicos cuatro ejemplares que hemos registrado en bibliotecas universitarias de los Estados Unidos son de los poquísimos que se albergan en Norteamérica. Por el momento sólo tenemos noticia de otro ejemplar en la Biblioteca Nacional de Madrid, y Alan Soons desconoce, al parecer, la existencia de esta pseudoimpresión de Maguncia.

De especial significación es la primera edición del *De ponderibus et Mensuris*, impresa por Tomás Guzmán en Toledo en 1599. Se trata de una edición, por suerte, muy bien representada en bibliotecas norteamericanas y europeas. De hecho, hemos localizado once ejemplares en bibliotecas privadas y universitarias norteamericanas y otro diez y ocho ejemplares dispersos en bibliotecas europeas (ficha no. 4).

Una de las ediciones descritas, o sea los dos volúmenes encuadernados en uno del *De Rege et Regis Institutione Libre III* y del *De Ponderibus et Mensuris* (ficha no. 5), impresa en Maguncia en 1605 por Baltasar Lippi, es de inusitada rareza en España. De hecho, además de los trece ejemplares que hemos registrados en bibliotecas norteamericanas, sólo tenemos noticia de otro ejemplar en la Bibliotheque Nationale de Paris. Se trata de una edición basada en los textos originales de las priemras ediciones de 1599 impresos respectivamente por los tipógrafos toledanos Pedro Rodríguez y Tomás Guzmán.

En la biblioteca de la Universidad de Illinois se alberga también, por suerte, la reimpresión de 1611 del *De Rege et Regis Institutione Libri III* y del *De Ponderibus et Mensuris* (Maguncia, A. Weichelius), impresa por distinto impresor (ficha no. 6). Se trata, como la edición anterior, de dos volúmenes encuadernado en uno. Los ejemplares conocidos en Estados Unidos que hemos careado con el ejemplar de Illinois son ocho. De momento, además de los ejemplares de bibliotecas norteamericanas, sólo conocemos, en Europa, el de la Universidad de Génova y uno más en la Bibliothéque Nationale de Paris.

Hay otra edición que sobresale por su rareza. Destacamos la octava edición[7] de la famosa *Historia General de España* ... de hacia 1669 impresa en Madrid por Andrés García de la Iglesia (ficha no. 7). Se trata de una edición que ha escapado a muchos bibliógrafos, entre ellos Brunet y Simón Díaz (op. cit., p. 162). Además de los dos ejemplares que hemos registrado en el British Museum y en la Biblioteca Nazionale di Torino, el ejemplar de Illinois y los otros seis que se albergan respectivamente en las bibliotecas universitarias de los Estados Unidos son, de momento, las únicas muestras que conocemos de tan inusitada edición.

En conclusión, este trabajo, presentativo y enumerativo, representa en realidad el inventario más completo de una colección de las obras de la egregia figura del Padre Mariana, impresas en los siglos XVI y XVII, entre 1592 y 1669, que se alberga no sólo en la biblioteca universitaria del estado de Illinois, en Urbana, sino también en otras bibliotecas norteamericanas.

Ha sido también nuestro propósito en este estudio de incluir muestras en otras bibliotecas europeas. Por eso, como en muchas ocasiones anteriores, rogamos al discreto lector que nos informe sobre otras muestras aquí no mencionadas.

En las descripciones de los ejemplares expuestos, las portadas y colofones se transcriben con los mismos caracteres que aparecen en los originales. Cada ejemplar contiene una descripción minuciosa de la paginación o foliación del texto, del tamaño, de los grabados y de las signaturas internas de los pliegos.

Para mayor inteligencia de nuestro estudio, al final de cada cédula, se consigna aquellos estudios críticos y noticias bibliográficas que versan sobre cada una de nuestras muestras o que apuntan sobre éstas noticias pertinentes.

Algunas de las ediciones y traducciones presentadas hoy parecen haber escapado a los más insignes bibliógrafos que se han ocupado de la producción literaria de nuestro autor. De hecho,

---

[7]Las ediciones anteriores en lengua castellana a esta octava edición de 1669, en dos tomos, son de: Toledo, Pedro Rodríguez, 1601; Madrid, Luis Sánchez, 1608; Madrid, Juan de la Cuesta (tomo II) y Viuda de Alonso Martín (tomo I), 1616–17; Madrid, Luis Sánchez, 1623; Madrid, Francisco Martínez, 1635; Madrid, Carlos Sánchez, 1650 y Madrid, Francisco Martínez, 1665.

como señalamos oportunamente, hay ediciones y traducciones descritas en nuestro estudio que no hemos visto reflejadas en los famosos catálogos de Carlos Sommervogel y José Simón Díaz, lo cual nos confirma la importancia de este estudio.

Illinois State University

Relación de las obras citadas abreviadamente

Adams = H. H. Adams. *Catalogue of Books Printed on the Continent of Europe 1501–1600 in Cambridge Libraries.* Compiled by . . . Cambridge at the University Press, 1967. 2 vols.

Antonio, BHN = Nicolás Antonio. *Biblioteca Hispana Nova.* 2.ª ed. Madrid, Joaquín Ibarra, 1783–1788. 2 vols.

Bertini = Giovanni María Bertini. *Contributo a un repertorio bibliografico di ispanistica. Biblioteca Nazionale di Torino. Biblioteca di Palazzo Reale di Torino.* Torino, Tip. S.P.E. di C. Fanton & C., 1976. 1 vol.

Brunet = Jacques Charles Brunet. *Manuel du Libraire et de l'amateur de livres.* 5ème ed. originale, entièremente refondue et augmentée d'un tiers. Paris, Firmin Didot, 1860–1865. 6 vols.

Catálogo, Letra M = Catálogo de obras impresas en los siglos XVI al XVIII existentes en las bibliotecas españolas. Siglo XVI. Letre M. Madrid: Ministerio de Educación, 1976. 1 vol.

Cirot = Georges Cirot, *Études sur l'historiographie espagnole. Mariana historien.* Bordeaux, Feret & Fils, Éditeurs, 1905. (Bibliothèque de la Fondation Thiers, 8). 1 vol.

Colmeiro = M. Colmeiro. *Biblioteca de los economistas españoles de los siglos XVI, XVII y XVIII.* Barcelona, 1948. (Bibliot. Carandell). 1 vol.

Damonte = Mario Damonte. *Fondo antico spagnolo della biblioteca universitaria de Genova.* Genova, Univ. di Genova, 1969, 1 vol.

Doublet = Arlette Doublet, *Catalogue du fonds ancien espagnol et portugais de la Bibliothèque Municipale de Rouen 1479–*

1700. Publications de l'Université de Rouen, 1970. 1 vol.

Du Fay = Charles Jérôme de Cisternay. *Biblioteca fayana ... Descriptas à Gabriele Martin.* Parisiis, Apud Gabrelem Martin, 1725. 1 vol.

Graesse = Johann Georg Theodor Graesse. *Trésor de libres rares et précieux, ou nouveau dictionnaire bibliographique,* vol. IV. Milano: Görlich Editore, 1950.

HC:NS4 = Karl Wilhelm Hiersemann. *Cat. HC:NS4: An Illustrated Catalogue of Valuable Books and Manuscripts on Spain and Portugal, Partly from the Libraries of Pedro Félix de Silva, conde de Cifuentes and Sir Thomas Phillipps.* Leipzig, 1914.

Heredia = Ricardo Heredia y Livermoore, conde de Benahavis. *Catalogue.* Paris, 1891–94. 4 vols.

Jones = Harold G. Jones. *Hispanic Manuscripts and Printed Books in the Barberini Collection.* II Printed Books. Città del Vaticano, Biblioteca Apostolica Vaticana, 1978. (Studi e Testi - 281).

Krauss = Werner Krauss. *Altspanische Drucke in Besitz der ausserspanischen Bibliotheken.* Berlin, Akademie-Verlag, 1951. 1 vol.

La Serna = Charles Antoine de la Serna Santander. *Catalogue des livres de la bibliothèque de M.C. de la Serna Santander.* Bruxelles, An XIᵉ, 1803. 4 vols. en 2.

Laurenti-Porqueras = Joseph L. Laurenti y Alberto Porqueras Mayo. *Impresos toledanos de la Edad de Oro. Anales Toledanos,* vol. XIII (1980), pp. 93–106.

Maggs Bros. = B. D. Maggs y E. U. Maggs. *Cat. 495. Books Printed in Spain and Spanish Books Printed in Other Countries.* London and Paris, 1927. 1 vol.

Millares = A. Millares Carlo. *Descripción y estudio de los impresos de los siglos XV y XVI existentes en la biblioteca de Museo Canario.* Ediciones del Excelentísimo Cabildo Insular de Gran Canaria, 1975. 1 vol.

Millares, *Libros* A. Millares Carlo. *Libros españoles y portugueses del siglo XVI, impresos en la península o fuera de ella. Descritos y comentados por ...* Madrid, Real Academia de la Historia, 1977. 1 vol.

Palau = Antonio Palau y Dulcet. *Manual del librero hispano-americano*, vol. B. Barcelona, Librería Palau, 1954–55, pp. 196–99.

Penney = Clara Louisa Penney. *Printed Books 1468–1700 in the Hispanic Society of America*. New York, The Hispanic Society of America, 1965. 1 vol.

Pérez Pastor, *Toledo* = Cristóbal Pérez Pastor. *La imprenta en Toledo 1483–1886*. Amsterdam, Gérard Th. van Heusden, 1971. 1 vol. [Reimpresión]

Picatoste = Felipe Picatoste y Rodríguez. *Apuntes para una biblioteca científica española del siglo XVI, estudios biográficos y bibliográficos de ciencias exactas, físicas y naturales*. Madrid, 1891. 1 vol. (Bibl. Nac.).

Rossi = Giuseppe Carlo Rossi. *La Spagna nella "Livraria do Convento de Nossa Senhora de Jesus" in Lisbona, Annali dell'Istituto Universitario Orientale- Sezione Romanza*, XXIII, no. 1 (1981), pp. 265–379.

Salvá = Pedro Salvá y Mallén. *Catálogo de la biblioteca de Salvá*. Valencia, Ferrer de Orga, 1872. 2 vols.

Simón Díaz = José Simón Díaz. *Jesuitas de los siglos XVI y XVII: Escritos localizados*. Universidad Pontificia de Salamanca, Fundación Universitaria Española. Madrid, 1975. 1 vol.

Sommervogel = Auguste et Aloïs de Backer, S.J. *Bibliothèque de la Compagnie de Jésus, 1èr partie: Bibliographie. 2e partie: Histoire par le père Auguste Carayon. Nouvelle édition par Carlos Sommervogel*. Bruxelles, O. Schepens; Paris, A. Picard, 1890–1932. 11 vols.

Soons = Alan Soons. *Juan de Mariana*. Boston, G. K. Hall & Company, 1982. 146 pp. (Twayne's World Authors Series, 654).

Thomas = Sir Henry Thomas. *Short-Title Catalogue of Books Printed in Spain and Spanish Books Printed Elsewhere in Europe Before 1601 Now in the British Museum*. London, 1921 [Hay reimpresión de 1966]. 1 vol.

Ticknor = Boston Public Library. Ticknor Collection. *Catalogue of the Spanish Library and of the Portuguese Books Bequeathed by George Ticknor to the Boston Public Library by James Lyman Whitney*. Boston, 1879. 1 vol.

Siglas con que se designan las bibliotecas estadounidenses y europas

A.–Estados unidos

CLL	=	Los Angeles County Library, Los Angeles, California
CLU	=	University of California at Los Angeles, Los Angeles, California
CLU-C	=	William Clark Memorial Library, Los Angeles, California
CSt-H	=	Stanford Hoover Institution on War, Revolution and Peace, Stanford, California
CtY	=	Yale University, New Haven, Connecticut
CtY-M	=	Yale Medical School Library, New Haven, Connecticut
CU	=	University of California, Berkeley, California
IaU	=	University of Iowa, Iowa City, Iowa
ICN	=	Newberry Library, Chicago, Illinois
IdU	=	University of Idaho, Moscow, Idaho
IU	=	University of Illinois, Champaign-Urbana, Illinois
MB	=	Boston Public Library, Boston, Massachusetts
MH	=	Harvard University, Cambridge, Massachusetts
MH-BA	=	Harvard Graduate School of Business, Cambridge, Massachusetts
MiU	=	University of Michigan, Ann Arbor, Michigan
MnU	=	University of Minnesota, Minneapolis, Minnesota
NBuB	=	State University of New York at Buffalo, Buffalo, New York
NcD	=	Duke University, Durham, North Carolina
NcU	=	University of North Carolina, Chapel Hill, North Carolina
NjP	=	Princeton University, Princeton, New Jersey
NNC	=	Columbia University, New York, New York
NNH	=	Hispanic Society of America, New York, New York
NSyU	=	Syracuse University, Syracuse, New York

OkU	=	University of Oklahoma, Norman, Oklahoma
OU	=	Ohio State University, Columbus, Ohio
RPB	=	Brown University, Providence, Rhode Island
RPJCB	=	John Carter Brown Library, Providence, Rhode Island
WU	=	University of Wisconsin, Madison, Wisconsin

B. Europa

BBM	=	Bibliothèque Municipale, Bordeaux
BWB	=	Wissenschaftl. Bibliothek, Berlin
C	=	Cambridge Library, Cambridge
CBP	=	Biblioteca Pública, Córdoba
GBU	=	Biblioteca Universitaria, Genova
LBM	=	British Museum, London
LBP	=	Biblioteca Pública, León
LPMC	=	Museo Canario, Las Palmas
LyBM	=	Bibliothèque Municipale, Lyon
MaBP	=	Biblioteca Pública, Málaga
MAH	=	Biblioteca de la Academia de la Historia, Madrid
MBL	=	Biblioteca Lázaro Galdiano, Madrid
MBN	=	Biblioteca Nacional, Madrid
MBP	=	Biblioteca Palacio Real, Madrid
MBS	=	Biblioteca Senado, Madrid
NBG	=	Biblioteca General, Navarra
OBU	=	Biblioteca Universitaria, Oviedo
PBDF	=	Biblioteca General de la Diputación Foral, Pamplona
PBN	=	Bibliothèque Nationale, Paris
SalBU	=	Biblioteca Universitaria, Salamanca
SanBU	=	Biblioteca Universitaria, Santiago de Compostela
SBU	=	Biblioteca Universitaria, Sevilla
Sid	=	Sidney Sussex Library, Cambridge
SMP	=	Biblioteca Menéndez Pelayo, Santander
TBN	=	Biblioteca Nazionale, Torino
TBP	=	Biblioteca Provincial, Toledo
VBC	=	Barberini Collection, Città del Vaticano

WSB = Staatsbibliothek, Wien
ZBU = Biblioteca Universitaria, Zaragoza

I. Ediciones Latinas

Historiae de rebus Hispaniae Libri XX. Toledo, 1592.

1) IÓ. MARIANAE / Hifpani. / E SOCIE. IESV, / HISTORIAE / DE REBVS HISPA - / NIAE / LIBRI XX / *(Escudo de armas reales.)* / Toleti, / *Typis Petri Roderici,* / 1592. / *Cum facultate & Priuilegio.*

Fol. - 4 hs. sin numeración ni signaturas + 959 pp. de 44 líneas cada una + 6 hs. de índice sin foliar. - Letras redonda y cursiva. - Signs.: A^8-Z^8-Aa^8-Zz^8-Aaa^8-Ooo^8. Port. - V. en bl.-*Librarius Lectori.* - Juicio de Martín Bailo sobre los XXV libros.-Privilegio al autor por diez años: San Lorenzo, 31 de agosto de 1591. - Tasa: Madrid, 23 de abril de 1592.- Erratas (de los XX libros solamente).- Dedicatoria "AD PHILLIPPUM II. HISPANIAE / Regem Catholicum. / *Auctoris Praefatio".* Texto.- Pág. en bl.- Índice a dos cols.-

Citas.: Adams, I, no. 580c; *Catálogo, Letra M,* nos. 665–6; Damonte, no. 1085; Graesse, IV, p. 395; Heredia, no. 7282; Krauss, p. 64; Laurenti-Porqueras, no. 6; Millares, pp. 83–84, no. 54; Palau, vol. 8, no. 151660; Pérez Pastor, *Toledo,* pp. 159–60, no. 402; Simón Díaz, p. 167, no. 705; Jones, II, no. 1147; Sommervogel, vol. V, col. 547; Soons, p. 135.

En: IU, BWB, CBP, GBU, LPMC, MaBP, MBN, NNH, PBN, OBU, SalBU, SanBU, Sid, SMP, TBN, VBC, WSB.

Se trata de la edición que quedó interrumpida en la página 959, al finalizar el libro XX.

Ya el hispanista francés G. Cirot afirma, refiriéndose a las varias ediciones latinas de esta obra: "Les exemplaires des éditions latines ne sont pas rares". En su artículo *Les éditions de l'Historia de España de Mariana, Bulletin Hispanique,* III (1901), pág. 83. El mismo investigador en su importante libro *Mariana historien,* Bordeaux, 1904, estudia los problemas referentes a esta misma obra de 1592. El señala (en págs. 452–53) cinco distintas ediciones y se refiere a ejemplares concretos. El ejemplar de Illinois coincide con la edición descrita por Pérez Pastor, *op. cit.*, no. 402, págs. 159–60; y lleva el *ex - libris* de Mr. George Carre Advocate. Cirot, como acabamos de señalar, hace alusión a otros cuatro distintos tipos de ediciones, publicadas en 1592, que categoriza y localiza del modo siguiente: 2^0 tipo (Salvá, t. II, no. 3016), con un ejemplar en BBM; 3^0 tipo (con las dos hojas preliminares que faltan en tipo 2^0) con ejemplares en LBM y MBN; 4^0 tipo (Salvá, t. II, no. 3015 y Pérez Pastor, *Toledo*, p. 160, no. 403), con ejemplares en MAH y MBP y, por último, otro tipo de edición, una en la biblioteca Nacional de Madrid y otra de propiedad del mismo Cirot.

Giovanni María Bertini, en su *Contributo a un repertorio bibliografico di ispanistica* (Torino, 1976), p. 25, no. 205, localiza un ejemplar de la edición descrita por nosotros en la Biblioteca Nazionale de Turín.

Historias de Rebus Hispaniae Libri XXX. Maguncia, 1605

2) IONNIS / MARIANAE / HISPANI / E Societate Iesv / HISTORIAE / De Rebus Hispaniae / LIBRI XXX. / *Cum* I N D I C E *copioso, & explicatione vocum obscuriorum.* / *(Escudo de armas imperiales.)* / *Cum Priuilegio S. Caes. Maiest. & permissu. Superiorum.* / MOGVNTIAE, / Typis Balthasaris Lippii, impensis heredum Andreae Wecheli, / Anno M D C V. /

4 hs. s. numerar + 619 pp. - Signs.:):(^{4}-):(-):(4- A^4-Z^4 -Aa^4-Zz^4- Aaa^4 - Zzz^4 - Aaaa^4 - Hhhh^4 -Iiii^2.- Port. - A la v.^{a}: "Facultas imprimendi" y "Hic legit", etc. .- Prólogo del autor dirigido "AD PHILIPPVM II".- Aprobación de Lodovico Guzmán: Toledo, 5 de julio de 1604.-"Index Nomina...".- "AVCTORES QVOS HAEC HISTORIA ..."-Texto.-

A continuación, con paginación y signaturas propias: IOANNIS MARIANAE / HISTORIAE / DE REBVS HI - / SPANIAE. / TOMVS II. / LIBER XV. / *Noui in Castella motus.* /

4.⁰- 638 pp.- "INDEX GENERALIS" [18 hs. s. n.].- 1 h. en
bl.-Signs.: a² - z⁴ -aa⁴ - zz⁴ - aaa⁴ - zzz⁴ -aaaa⁴ - zzzz⁴ - aaaaa⁴
-eeeee⁴.-

A continuación, con portada, paginación y signaturas propias:
P. JOAN. MARIANAE / SOCIETATIS IESV / SVMMARIVM
/ AD / Historiam Hispaniae / EORVM QVAE / ACCIDE-
RVNT / *ANNIS SEQVENTIBVS.* / *(Escudo de armas imperiales.*) / MOGVNTIAE, / Impensis Danielis ac Dauidis Aubrio-
rum & / Clementis Schleichii. / *(Filete.)* / *M.DC. XIX.* /
4.⁰ - 44 pp. + 6 hs. s. num. - Signs.: 4⁴ -f⁴ - g². - Port. V. en
bl.-"Castigationes Editionis Moguntiae in 4.".-

Cits.: Cirot, p. 454; Du Fay, no. 3607; Graesse, IV, p. 395;
Jones, II, p. 240, no. 1152; Palau, vol. 8, no. 151662; Penney,
p. 335; Simón Díaz, no. 709 (sin el *Tomo II* y el *Svmmarivm*);
Sommervogel, vol. V, col. 548; Soons, p. 135.

En: IU, BBM, IaU, LBM, LyBM, MBN (sin el *Svmmarivm* y las
Castigationes); NNH, PBN, RPJCB, VBC, WU.

Se trata del texto de la Primera edición encuadernado en
dos volúmenes. El tomo II contiene también el *Svmmarivm ad
historiam hispaniae,* impreso 14 años después de la edición de
la obra, y las *Castigationes editionis Moguntiae* (10 pp. s. n.).
El *Svmmarivm* va desde el año 1516 hasta 1612, y no hasta
1619. El ejemplar de Illinois fue adquirido en una librería
londinense; ingresó en Illinois en 1950. Coincide con el minu-
ciosamente descrito por Sommervogel, *Bibliothèque de la Compagnie de Jésus* (Bruxelles, Oscar Schepens, 1894), vol. V, col.
548.

A pesar de muchos errores en la paginación del tomo II,
el ejemplar de Illinois es completo. En buen estado. Encuadernación en pergamino de la época.

Historiae de Rebus Hispaniae Libri XXX. Maguncia, 1619

3) IOANNIS / MARIANAE / E SOCIETATE / IESV / HISTO-
RIAE / De Rebus Hispaniae / LIBRI XXX. / *Editio noua, ab
Auctore recensita, & aucta* SVMMARIO *rerum / quae superio-*

159

re saeculo gestae sunt, perducta ad hanc / aetatem HISTORIA. / Cum INDICE copioso, & explicatione vocun obscuriorum. / (*Escudo de armas imperiales.*) / *Cum Priuilegio S. Caes. Maies. & permissu superiorum.* / MOGVNTIAE/ Impensis Aubrianorum fratrum, & Clementis Schleichii. / (*Filete.*) / Anno CIƆ. IƆC. XIX. /

4.º- 8 hs. sin numeración + 619 pp. Signs.:):(⁴-):(-):(⁴ - A⁴-Z⁴ -Aa⁴-Zz⁴ -Aaa⁴-Zzz⁴ -Aaaa⁴- Hhhh⁴ -Iiii².- Port.- A la v. ⁴: "Aprobatio" por "Laurentius Beyerlinck Archipresbyter Eccles.: Antuerpiae", 4 de junio de 1616.- "Liber".- Dedicatoria del autor "AD PHILIPPVM II."- "Praefatio" del Provincial, el P. Luis Guzmán: Toledo, 5 de julio de 1604.- "INDEX NOMINA...", etc. -"AUCTORES QVOS HAEC HISTORIA".- Texto. - V. en bl.-

A continuación, sin portada, pero con paginación y signaturas propias: IOANNIS MARIANAE/ HISTORIAE / DE REBVS HI - / SPANIAE. / TOMVS II. / LIBER XV. / *Noui in Castella motus.*/

4.º- 638 pp.- + "INDEX GENERALIS" (18 hs. s. n.).-Signs.: a⁴-z⁴- aa⁴-zz⁴-aaa⁴-zzz⁴-aaaa⁴ - zzzz⁴ - aaaaa⁴ -eeeee⁴.-

Cits.: Cirot, pp. 457-58; Graesse (*passim*), IV, p. 395.

En: IU, CtY (con el *Svmmarivm*), ICN (con el *Svmmarivm*), NcD (con el *Svmmarivm*); MBN (con el *Svmmarivm*. Ejemplar pertaneciente a la antigua Biblioteca San Isidro, de Madrid).

Edición rarísima. Se trata de una pseudoreimpresión de la edición de 1605 (véase ficha no. 2). No la conocen Sommervogel, Palau y Simón Díaz. Salvo la portada, el *Svmmarivm* y las *Castigaciones,* (que faltan en el ejemplar de Illinois) el texto, la paginación y las signaturas son exáctamente las mismas de la edición de 1605. El mismo G. Cirot afirma, refiriéndose a esta edición de 1619: "A part le feuillet de la *portada,* c'est l'edition de 1605 sans aucune particularité matérielle, y compris l'*Index generalis* avec l'avis final au lecteur" (Op. cit., p. 458)). Sin embargo, hay diferencias textuales entre algunos ejemplares de esta edición. En el caso de los ejemplares de Illinois y de la Biblioteca Nacional de Madrid las coincidencias textuales son totales. En ambos ejemplares faltan el *Svmmarivm* y las *Castigaciones* que, evidentemente, se han suprimido. Por lo contrario, los demás ejemplares en bibliotecas norteamericanas poseen el *Svmmarivm ad historiam hispaniae*. El ejemplar de Illinois no está completo, como acabamos de indicar, pero sí en buen estado, con encuadernación en pergamino de la época. Lástima que el denso librito de Soons no contenga esta edición.

De Ponderibus et Mensuris. Toledo, 1599

4) IOANNIS / MARIANAE / Hispani, / E SOCIE, IESV, / DE PONDERIBVS ET / Mensuris.l / *Anno (Escudo con el monograma IHS) 1599*. / CVM PRIVILEGIO. / *Toleti, Apud Thomas Gusmanium*.

4.º- 4 hs. s. numerar + 192 pp. A línea tirada. Letra redonda y cursiva.- Signs.: c^4- A^4-Z^4-Aa^4-.

Port. A la v.ª: "Hic legit".- Tasa: Madrid, 30 de enero de 1599 (Miguel de Ondarza Zavala).- "Errata castigata".-"Summa Regii priuilegij", por diez años, al autor: Madrid, 26 de junio de 1598.- Censura de Antonio Covarrubias.- "Facultas imprimendi: Talabricae, 17 Maij. 1598". - "Lectori".- P. en bl. - Texto. -Index. - Colofón: Toleti, Apud Thomas Gus - / manius. Anno. 1599.

Cits.: Antonio, BHN, I, pp. 732–33; Adams, I, no. 580A; Brunet, III, col. 1422; *Catálogo, Letra M*, nos. 661–662; Graesse, vol. IV, p. 395; HC:NS4, no. 1033; Heredia, IV, p. 488, no. 7993; Laurenti-Porqueras, no. 5; Maggs Bros., no. 573; (que cita a Colmeiro, no. 265 y Picatoste, p. 446); Millares, *Libros*, p. 234, no. 156; Palau, vol. 8, no. 151724; Penney, p. 335; Pérez Pastor, *Toledo*, p. 173, no. 436; Salvá, II, no. 2584; Simón Díaz, no. 711; Sommervogel, vol. V, col. 560, no. 4; Thomas, p. 56; Ticknor, p. 215; Soons, p. 135.

En: IU, C, CBP, CLU, CSt-H, CtY, CtY-M, CU, LBM, LBP, MAH, MB, MBL, MBN, MBP, MBS, MH, MH-BH, MnU,

NBG, NNH, PHN, PBDF, SalBU, SanBU, SBU, SMP, TBP, ZBU. Se trata de la primera edición de esta obra que Salvá y Brunet calificaban de "rara". También en el catálogo de Maggs Brothers (op. cit., p. 495) se indica que es "una de las obras más raras del distinguido jesuita español". Después de los extensos censos que representan por una parte el *Union Catalog* (para Norteamérica) y el *Catálogo Colectivo* (para las bibliotecas españolas) habrá que rectificar lo relativo a la rareza de la obra. Nosotros en esta ocasión hemos localizado 29 ejemplares y no sería difícil añadir alguno más.

De Rege et Regis Institutione Libri III
y *De Ponderibvs et Mensuris*. Maguncia, 1605.

5) IOANNIS / MARIANAE / HISPANI, E SOCI - / ETATE IESV, / DE REGE / ET REGIS INSTITVTIONE / *LIBRI III*. / Ad Philippum III. Hispaniae Regem / Catholicum. / *Eiusdem de Ponderibus & Mensuris Liber*. / Anno (*Marca tipográfica*.) 1605. / Con Priuilegio Sac. Caes. Mai. / Et permissu Superiorum. / M O GVN T I AE, / *Typis Balthasaris Lippii, Impensis Here - / dum Andreae VVecheli*. /

8.º - 4 hs. s. n. + 372 pp. - Letras redonda y cursiva.-Signs.:):(4 - A8 - Z8 - Aa2 -Bb8.-

Port.- A la v.ª: Escudo de armas imperiales.- "Censura de fray Petrus de Onna."- "Summa Regii priuilegij", por diez años, al autor: Madrid, 15 de enero de 1599.- "Facultas imprimendi": Madrid, 9 de diciembre de 1598.- "Hic legit", etc.- V. en bl. -Texto (pp. 1–372) + "INDEX RERVM" (8 hs. s. n.).- V. en bl.-

A continuación, con portada, paginación y signaturas proprias: IOANNIS / MARIANAE / Hispani, / E SOCIE. IESV, / *DE PONDERIBVS / ET MENSVRIS*. / (*Escudo con el monograma* IHS) / M O G V N T I AE, / Typis Balthasaris Lippij. / ANNO M. D C V. /

8.º - 160 pp. + 4 hs. s. n. - Letras redonda y cursiva.-Signs.: ā⁸ -k⁸ - L⁴.-

Port. - A la v.ª: "Hic legit", etc.- Censura de Antonio Covarrubias.- "Lectori".- Pág. en bl.- Texto.- Index.-

Cits.: Brunet, III, col. 1422; Doublet, p. 87; Graesse, IV, p. 87; La Serna, no. 1570; Palau, vol. 8, no. 151714; Penney, p. 335; Simón Díaz, nos. 712 y 714; Sommervogel, vol. V, col. 558; Soons, p. 135.

En: IU, CCL, ICN, LBM, MAH, MH, NcD, NjP, NNC, NNH, NSyU, OU, PBN, PU.
Primeras reimpresiones de las ediciones príncipes de Toledo, de 1599 (Vid. Sommervogel, V, cols. 557 y 560). Se trata de ediciones muy apreciadas por los críticos y bibliógrafos a causa de su rareza y originalidad. En ambas ediciones se omiten los pasajes censurables.

De Rege et Regis Institutione Libri III
y De Ponderibvs et Mehsuris. Maguncia, 1611.

6) IOANNIS / MARIANAE / HISPANI, E SOCI- / ETATE IESV, / DE REGE / ET REGIS INSTITVTIONE/ LIBRI III. / Ad Philippum III. Hispaniae Regem / Catholicum. / Eiusdem de ponderibus & mensuria Liber. / Editio secunda. / (Marca tipográfica.) / Typis Wechelianis, apud haeredes / Ioannis Aubrii. / (Filete.)/ ANNO M.DC.XI. / Cum Priuilegio Sac. Caes. Mai. Et permissu / Superiorum. /

8.º- 4 hs. s. n. + 372 pp. + 8 hs. s. n. Letras redonda y cursiva.-Signs.: (:)⁴ - A⁸-Z⁸ - Aa⁸ - Bb⁸.-

Port.- A la v.ª: Escudo de armas imperiales.- "Censura de fray Petrus de Onna: Madrid, 13 de diciembre de 1598."- "Summa Regii priuilegij", por diez años, al autor: Madrid, 15 de enero de 1599.- "Facultas imprimendi": Madrid, 9 de diciembre de 1598.- "Hic Legit", etc. - V. en bl.- Texto (pp. 1–372) INDEX RERVM" (8 hs. s. n.).-

A continuación, con portada, paginación y signaturas propias: IOANNIS / MARIANAE / Hispani, / E SOCIE. IESV, / *DE PONDERIBVS ET MENSVRIS*. / (*Marca tipográfica*.) / Typis Wechelianis. / (*Filete*.) / ANNO M.DC.XI. /

8.⁰- 160 pp. + 3 hs. s. n.- Letras redonda y cursiva.-Signs.: a⁸ -k⁸ - L⁴.-

Port. A la v.ª: "Hic legit", etc. - Censura de Antonio Covarrubias.- "Lectori".- Pág. en bl.- Texto (pp. 5 - 160).-Index.-

Cits.: Damonte, p. 127, nos 1081 y 1083; Graesse, IV, p. 394; Palau, vol. 8, nos. 151715 (con errors de pie de imprenta) y 151725; Rossi, p. 336, nos. (2018) - 471; Sommervogel, vol. V, col. 558.

En IU, CLL, CLU-C, CtY, GBU, LBM (con error de lugar: Dice *Mentz?* [*sic* por Metz] 1611 en vez de *Mogvntiae*, 1611. Vid. *British Museum General Catalogue* of Printed Books, vol. 152 [London, 1962], col. 834), MB, MiU, NNC, OkU, RPB.

Como se comprende se trata de una reimpresión de las mismas obras señaladas en la fiche no. 5 e impresa el mismo año en que se publican las famosas *Advertencias a la Historia de Juan de Mariana* (Milán: Jerónimo Bordón, 1611), por Pedro Mantuano, Secretario del Condestable de Castilla y León. La desconoce Brunet. Sommervogel (loc. cit.) describe la misma reimpresión de 1611, pero con error de fecha en la portada, es decir: 1603 en vez de 1611.

Las desconoce Soons, que menciona únicamente las ediciones de 1599, 1605 y 1609.

II. Ediciónes en Español

Historia General de España. Tomo Primero. Madrid [1669]

7) HISTORIA / GENERAL / DE ESPAÑA, / COMPVESTA, / EMENDADA, Y AÑADIDA POR EL PADRE IVAN DE MARIANA / DE LA COMPAÑIA DE IESVS, CON EL / SVMARIO, Y TABLAS. / Y AORA NVEVAMENTE AÑADIDA/EN ESTA VLTIMA IMPRESSION TODO LO SVCE-

DIDO / desde el año de mil y seiscientos y cincuenta, hasta el de / sesenta y nueue. / DEDICADA / AL EMINENTISSIMO SEÑOR DON / PASQVAL DE ARAGON, CARDENAL DE LA SANTA IGLESIA / de Roma, del Titulo de Santa Balbina, Arçobispo de Toledo, Primado de las / Españas, gran Canciller de Castilla, del Consejo de Estado, y de la Iunta / de Gouierno Vniuersal, &c. / TOMO PRIMERO. / (*Tres adornitos.*) / Con priuilegio. En Madrid. Por ANDRES Garcia de la IGLESIA./ (*Filete.*) / A costa de IVAN ANTONIO BONET, Mercader de libros, vendese / (*Adornito.*) enfrente de las gradas de SAN FELIPE. (*Adornito.*) /

Fol. - 14 hs. sin numeración + 618 pp. + 10 hs. sin numeración. -Signs.: ¶⁶ -¶¶⁸- A⁸ - Z⁸ - Aa⁸ -Ss⁸.-

Anteport. en tinta negra: HISTORIA / GENERAL / DE / ESPAÑA / TOMO PRIMERO. / - V. en bl.-

Port. transcrita, a dos tintas. - V. en bl.- Retrato del Cardenal Pascual de Aragón, con carta de Juan Antonio Bonet.- Suma de las Aprobaciones y Licencias. Prorrogación por ochos años: Madrid, 13 de abril de 1669.- Suma del Privilegio a Actonio Bonet, por 20 años.- Fe de Erratas.Iª Parte (lic. D. Francisco Forero de Torres): Madrid, 19 de julio de 1669.- Fe de Erratas. 2. Tomo (lic. Francisco Forero de Torres): Madrid, 9 de octubre de 1669.-Suma de la tasa (a seis maravedís por pliego): Madrid, 12 de octubre de 1669.- Aprobación del padre fray Juan de Victoria: Madrid, 10 de junio de 1669.- Licencia del Ordinario, doctor Francisco Forteza: Madrid, 11 de junio de 1669. -Aprobación de don Alonso Núñez de Castro: Madrid, 2 de agosto de 1669.-"Prologo del Autor, Dirigido al Rey Católico de las Españas".- "Tablas de los Emperadores y de los Reyes Godos".-Texto. - "Tabla de los Capitulos deste Primer Tomo' '.-"Tabla General".- 1 h. en bl.-

Tomo Segundo. Madrid [1669]
HISTORIA / GENERAL / DE ESPAÑA, / COMPVESTA, / EMENDADA, Y AÑADIDA POR EL PADRE IVAN DE MAR-IANA / DE LA COMPAÑIA DE IESVS, CON EL / SVMARIO, Y TABLAS. / Y AORA NVEVAMANTE AÑA-

DIDA / EN ESTA VLTIMA IMPRESSION TODO LO SVCE-
DIDO / desde el año de mil y seiscientos y cincuenta, hasta el
de / sesenta y nueve. / DEDICADA / AL EMINENTISSIMO
SEÑOR DON / PASQVAL DE ARAGON, CARDENAL DE
LA SANTA IGLESIA / de Roma, del Titulo de Santa Balbina,
Arçobispo de Toledo, Primado de las / Españas, gran Canciller
de Castilla, del Consejo de Estado, y de la Iunta / de Gouierno
Vniuersal, &c. / TOMO SEGVNDO. / CTres adornitos.) Con
priuilegio. En Madrid. Por Andres Garcia de la Iglesia./ (File-
te.)/ A costa de IVAN ANTONIO BONET, Mercader de libros,
vendese en su casa / (Adornito.) enfrente de las gradas de San
Felipe. (Adornito.) /

Fol. 1 h. + 830 pp. + 10 hs. s. n. - Signs.: A^8- Z^8 - Aa - Tt^8 - Vv^6
-a^8 - l^8 -k^1 - Xx^7 - Yy^4.-

Anteport. en tinta negra: HISTORIA / GENERAL / DE /
ESPAÑA./ TOMO SEGVNDO. / V. en bl.-

Port. transcrita, a dos tintas. - V. en bl.- Retrato del Cardenal
Pascual de Aragón, con carta dedicatoria del librero Juan
Antonio Bonet.- Texto (pp. 3 - 830).- "Tabla de los Capitulos
deste Segundo Tomo".- "Tabla General."-

Cits.: Bertini, p. 64, no. 569; Cirot, p. 464; Palau, vol. 8, no.
151674; Penney, 336; Sommervogel, vol. V, col. 550; Soons,
p. 135.

En: IU, CU, IdU, LBM, NBuU, NcD, NcU, NNH, TBN.

Edición sin año en las portadas, pero con las licencias de
1669. El texto proviene de la edición matritense de 1623,
impresa por Luis Sánchez. El ejemplar de Illinois contiene
también el Sumario historial ... (Tomo II, pp. 444–577) "desde
el año de mil seiscientos y cincuenta, hasta el presente", es
decir, 1669, por el Padre Basilio Varen de Soto.

Fr. Luis de León entre la inspiración clásica y la eclesiástica: la oda ix "A Querinto"

Margherita Morreale

En un ensayo reciente, E. Alarcos Llorach volvía a proponer la lectura de la oda ix de Fr. Luis "A Querinto", o "Las Serenas"[1], acogiendo la sugerencia de O. Macrí, acerca de la afinidad con la vi, que generalmente se conoce como "De la Magdalena"[2], y la del P. Llobera respecto a Cicerón *De finibus* V 18.49 como fuente de los vv. 36–60[3]. Además, intentaba rastrear la estructura del poema en varios niveles de su composición.

Los dos primeros aspectos no van desligados uno de otro en cuanto la inspiración clásica predomina en la oda ix, la eclesiástica, en la vi, especialmente en las diez últimas liras, y la confluencia de las dos vetas importa para comprender el dictado luisiano en su conjunto.

[1] "'Las Sirenas' de Luis de León" *Anuario de estudios filológicos* III (1980), 7–19. Transcribimos el texto al final según nuestra interpretación.

[2] Cf. L. de L., *Poesías*, ed. (2ª española) de O. Macrí (Barcelona, 1982), estudio preliminar pp. 52–55, donde incluye bajo el lema "La pasión amorosa" también la oda vii, "Profecía del Tajo". Remitimos a la edición de Macrí para el aparato de nuestro texto, p. 153.

[3] *Obras poéticas de Fr. L. d. L.* (Cuenca, 1931–1933), p. 183.

Como complemento a un ensayo que hemos escrito sobre la oda vi[4], queremos adentrarnos ahora en la oda paralela, completando de un modo más articulado las semejanzas que pusiera de relieve Alarcos[5] y señalando también la distancia que las separa. Nos proponemos ahondar en el parangón entre ix 36–60 y el texto de Cicerón, y proponer como sustitutivo del comentario seguido y como etapa intermedia antes del examen estructural, el estudio, siquiera esbozado, de la métrica, morfosintaxis, retórica y estilo.

1. Los destinatarios de las dos odas, ambos en su madurez, son apostrofados por el poeta con acentos al parecer realistas, que contrastan con lo convencional de sus nombres, Elisa, de garcilasiana tradición, y Querinto, por la Égl. II de Tibulo (iii 1).

El tema de ambas odas, como era de esperar en unos versos líricos, es el amor; y, como era de esperar en un autor religioso, la renuncia al amor; un amor en el que, según el concepto misógino de la época, a la mujer le cabe el papel de acometer y subyugar al hombre.

De la Magdalena se comprende que había ofendido a Dios atrayendo a los hombres con sus 72–75 "manos, ojos y labios", y en la oda ix se recuerda la fatal 35 "femenil mano" de Dalila y la 62 "crueldad" en que ardía Circe mientras ejercía con su canto el arte de irresistible atracción. El varón ha de defenderse no acercando sus labios el vaso (de la tentación) (1–5), no rozando con la mano la rosa "que el sentido enajena" (6–10), cerrando los ojos (67), y

---

[4]"La oda vi de Fr. L. d. L. "De la Magdalena" entre poesía humanística y tradición medieval". Reproducimos el texto de la oda en el Apéndice.

[5]A saber, además de la interjección ay con valor afectivo, vi 4, ix 19:

vi 5 Recoge, Elisa, el pie	ix 11–12 Retira el pie, que asconde/ sierpe mortal el prado
15 vicio bruto (:fruto)	19 cieno bruto (: id.)
37 tanto nos es el cielo piadoso	27 si ya el cielo dichoso no le mira
54 sabia olvida	67 sabio cierra
66–69 Decía: "Solo amparo /.../ inclina".	41–42 Decía ... / ... :
	"La vela inclina ... "
90 que por siglos mil resuene	40 por do por siglos mil su fama suena

En adelante seguiremos el mismo orden al compara las dos odas.

168

sobre todo, tapando los oídos (67–68) y hurtando el cuerpo (70) a quien le quiere captar.

Domina en los dos casos la metonimia de los sentidos corporales, mencionados por sus órganos, con vi 5 *recoge* o ix 11 *retira el pie* como señal de reflexión: en el caso de Elisa para que no proceda más adelante ("que vuela el día"); en el de Querinto, para que se retire antes de que sea tarde.

Mientras que en la oda vi la retracción implica una serie de miembros u órganos, todos ellos activos, incluso los ojos, en cuanto se ejerce su fuego para atraer, en la otra a Querinto, los órganos que se nombran son menos en número: el paladar, el tacto y, en especial modo, el oído, destinados, además, no a ejercerse, sino a sustraerse al estímulo.

Formalmente, los dos poemas se parecen porque la esencia del mensaje ejemplar se trasmite en un discurso directo: el de la Magdalena (66–90), del que no hemos hallado antecedentes en esa forma en los himnos latinos medievales, y el de Circe (42–60), que sí tiene un modelo clásico inmediato.

Ambos poemas contienen, pues, un mensaje moral, según ya se había señalado; pero más allá de la negación moralística, urge la defensa contra unas fuerzas trascendentes o preternaturales: así hemos interpretado la expresión *boca* 12 *de tormento* en la oda de la Magdalena, que parece reflejar algo de los abismos demoníacos en que se viera sumida la santa antes de su conversión, y tal sentimos ser la llamada que las sirenas anuncian como irresistible (51–52 "Todos de su camino / tuercen a nuestra voz") y la funesta omnisciencia que se adjudican (56–57 "Todo lo sabemos / cuanto contiene el suelo"), reverso y subversión del 89 *saber* ensalzado en la oda vi como prueba del poder de Cristo.

Más acá del tártaro, el hombre es *cieno* (cf. respectivamente los vv. vi 70 y ix 19), bien sea ésta una metáfora del pecado personal o símbolo de poqueza y fragilidad: 70 "Aqueste cieno", dice de sí misma la Magdalena al convertirse, y a Querinto se le recuerda el 19 "cieno bruto", que ha de superar poniendo 20 "los pasos en lugar firme". Para Elisa tenía dispuesta el fraile agustino la opción por el claustro, devolviendo en él (34 "en velo") su hermosura a la Fuente de donde ésta había procedido. A Querinto le pide que dé 17–18 "fruto / de gloria verdadera", expresión que, a pesar de su vaguedad, no podrá interpretarse, según quisiera un comentarista y traductor, como "fruto de un verdadero triunfo", ya que no se refiere al éxito inmanente humano, sino que lleva para con *cieno* una relación de antítesis y repulsión dinámica. Hasta aquí las analogías entre los dos temas, con la complementariedad ínsita en los papeles que dijimos de los dos sexos. La diversidad sustancial estriba en los modelos propuestos a los destinatarios; a Elisa el de la "peccatrix quondam femina" del evangelio (Lc. 7:36–50), identificada tradicionalmente con la Magdalena, que, 52 "atrevida" y 54 "sabia", supo trocar el amor humano por el divino; a Querinto, el de Ulises, el varón también 37 "sabio" y 62 "prudente" (los dos adjetivos vienen a lo mismo), dentro de la "moralización" intrínseca a que lo sometieran Cicerón, Horacio y la tradición occidental, sin olvidar a Dante.

Con la Magdalena evangélica se presenta el enigma, incomprensible para el huésped Simón y para el hombre no iluminado por la gracia, del mal que el arrepentimiento trasforma en bien (77–79 "de mis males proceda mi defensa"). Con la Magdalena legendaria, penitente y apóstol[6], se enseña a trocar una actividad por otra (76–77 "lo que sudó en tu ofensa / trabaje en tu servicio"). Su oración (66–90) viene a proponerse a la par como fórmula que Elisa (o el alma cristiana) se puede apropiar, que como glorificación del 88 "médico" divino, según ya se dijo.

En la exhortación a Querinto, el movimiento hacia arriba, en búsqueda de la 18 "gloria verdadera", queda como truncado, tras un primer ascenso, y enderezado, al ras de las olas circeas, hacia una actitud esencialmente negativa, ya que por no haber escuchado Ulises la invitación de la Sirena, es por lo que 40 "por siglos mil su fama suena", y por lo que hay que imitarle.

Frente a la presencia sobrecogedora de Cristo en la oda vi, cuyos 57 "divinos pies . . . traían (la vida)" a quien la busca, queda abierto aquí solo un resquicio por el que la providencia podría actuar en el peligro interviniendo gratuitamente con su favor (27 "si ya el cielo dichoso no le mira"); sin tal intervención, el hombre, que ha de peregrinar durante su vida terrena, no puede dejar de

---

[6]El culto de la santa surgió en Provenza, donde la leyenda coloca el ejercicio de su apostolado. Para las referencias bibliográficas acerca de ella véase M. de Chaide, *La conversión de la Magdalena*, ed. Félix Garcia, prólogo al Tomo I en «Clasicos Castellanos».

encenagarse y volverse como los animales brutos si 26 "asienta" en tierra ajena. Ante la invitación a este fatídico asiento, solo queda la huida (previa, 21 "antes que"), como la de Ulises, como la que hubieran debido emprender los varones sabios y fuertes del Antiguo Testamento (31–32) y, agregamos nosotros, como la que inculca la práctica ascética según las enseñanzas de los libros bíblicos sapienciales, tan traídos y llevados por los maestros de doctrina (cf. Prov. 22:14 "fovea profunda os alienae; cui iratus est Dominus incidet in eam", Ecl. 7:27 "inveni amariorem morte mulierem, quae laqueus venatorum est . . . Qui placet Domino effugiet illam"), y también según la sabiduría práctica, expresada en multitud de dichos ("En la batalla de amor, el que huye es vencedor").

La solemnidad del discurso y la autoridad de los ejemplos, muy dignamente aducidos, libra a Fr. Luis de caer en el tópico literario (cf. la glosa de Damián de Vegas sobre el dicho italiano "Che no(si)vince amor se no fuggendo"[7]); pero la comparación con la oda "De la Magdalena" pone de relieve el sesgo negativo del mensaje. 1.2 Si luego nos fijamos en la forma, volveremos a señalar en las dos odas el discurso directo, en la ix como versión del latín, en la vi tal vez en correspondencia *mutatis mutandis* con la hechura retórica de miembros correlativos que observamos en el soneto atribuido a Fr. Luis[8] y en otro del escritor petrarquista véneto Gabriel Fiamma[9].

También se manifiesta en las dos composiciones la tendencia propia de la poesía renacentista a la alusión más que a la descripción explícita de temas universalmente conocidos, especialmente los del saber bíblico y eclesiástico. Así en el caso de la Magdalena, con su entrada en la casa del 50 "huésped", descrita por Fr. Luis con un escorzo feliz, y con el cumplimiento por 60 "sus manos, boca y ojos" de lo que los presentes 59 "olvidado habían" (o sea, lo que Lucas cuenta en 7:44–46, según todos

---

[7]Citamos de *Romancero y Cancionero Sagrados*, BAE, vol. XXXV.
[8]Véase en L. de L., *Obras completas castellanas*, ed. F. García (Madrid, 1957³ᵃ), vol. II, p. 810. De esta edición citamos para las otras obras.
[9]El título completo reza, Rime spirituali del R. D. Gabriel Fiamma Canonico regolare lateranense, esposte da lui medesimo. In Venegia MDLXX, presso a Francesco de' Franceschi Senese. También hubo una edición en Treviso, 1771 con amplias notas bibliográficas. Para una apreciación reciente véase el estudio de C. Ossola, "Il 'queto travaglio' de Gabriele Fiamma en *Letteratura e critica. Studi in onore di Natalino Sapegno* (Roma, 1974–1975), vol. III, pp. 239–286.

sabían); así también en el caso de Salomón, del que solo se nombra la 31 *viveza* (del ingenio, que no le sirvió), y en el de Sansón, cuya (inútil) victoria (34) se rememora. La sustitución de los nombres por una perífrasis, característica de la oda (xix [xx]) de modelo pindárico "A todos los santos", aparece asimismo en el título 41–42 "La gentil señora / de Mágdalo", sacado de la leyenda, que, como a hermana de Lázaro y Marta, la hacía rica en posesiones y noble en prosapia; en el de 32 "rey solimitano", por *Salem*, que en la Biblia se identifica al parecer con Jerusalén (cf. Gén. 14: 14–24 y Heb. 7:1–2), donde Salomón reinó (Deut. 12: 5–14) como en el centro de la religión mosaica; y en el de 34 "vencedor gazano", dicho de Sansón en su primera victoria sobre los filisteos, cuando arrancó las puertas de Gaza y las trasportó a hombros sobre un monte (Jue. 16:3).

Un aspecto formal comprensivo por el que podrían compararse las dos odas, sin ser exclusivo de las mismas, es la fluidez de algunas de las estrofas, en particular de ix 1–10, en la lectura que preferimos, y vi 41–50 (o en esta oda también 16–26, donde la unión desborda en una tercera lira).

Más propio de las dos composiciones, frente a las otras del breve repertorio luisiano, es el papel que desempeña la aposición en la cadencia del discurso, a la par que en la narrativa. Compárense respectivamente los vv. 51–56 y los vv. 36–38:

De amor guiada y pena,
penetra el techo estraño, y atrevida   Imita al alto Griego
ofrécese a la ajena   que sabio no aplicó la noble antena
presencia, y sabia olvida   al enemigo ruego
el ojo mofador; buscó la vida;
y, toda derrocada . . .

En ambos textos, la virtud o virtudes más destacadas de los personajes van marcando e introduciendo sus acciones: la Magdalena es "atrevida" ("temeraria" la llamaba un himno latino[10]), y sabia (o prudente) en su opción por lo sobrenatural; Ulises, según vimos, es sabio en el viraje de su existencia terrena.

---

[10]Cf. *Analecta hymnica Medii Aevi* ed. G. M. Dreves, Cl. Blume (Leipzig, 1886–1892), 16.216.

En la oda vi la aposición parece arquetípica; y si la secuencia de las dos composiciones fuera la que sugieren los números respectivos (ya se sabe cuán insegura es la cronología de los poemas luisianos), podría suponerse que el poeta, llevado a la construcción apositiva por el argumento en la oda "De la Magdalena", tras experimentar con ella, la aprovechó más profusamente en la otra oda; a saber en: 4–5 "dentro al pecho ligero,/ Querinto, no traspases", 47–48 "y entretanto / conocerás curioso . . .", 62–64 "mas él prudente / a la voz atajaba / el camino en su gente", 66–68 "Si a ti se presentare,/ los ojos sabio cierra; firme atapa / la oreja"; y no tan solo con el adjetivo, sino más atrevidamente con el nombre; 29 "o arde oso en ira", y con la aposición referida, además de al sujeto, también al complemento directo: 25 "te ajunte nueva fiera a su manada". Por los demás, la preeminencia de la aposición en los dos poemas pudo surgir paralelamente con la creación simultánea de los dos personajes propuestos para la imitación. Y por fin, la secuencia pudo ser otra si ix 62 "prudente" surge del "providus" de la epístola horaciana (v.i. 2.2.) y se constituye así en modelo para ambas composiciones.

Una mayor regularidad distingue a la oda ix respecto a la vi en el uso del participio, ya que vi 56 "y toda derrocada", que hemos incluido en nuestra cita por estar aparentemente coordinado con las otras aposiciones, dejaba luego pie a otro sujeto en 60 "sus manos, boca y ojos lo hacían". En la oda ix, el participio, aparte su uso como aposición, se construye regularmente, en formas absolutas: 21–24 "la engañosa / Circe, del coraçón apoderada / con la copa ponzoñosa / el alma trasformada", 52–54 "y satisfecho / . . . / el deseoso pecho".

Una mayor regularidad la observamos también si comparamos la lira viii de la que citamos arriba y que termina en

de la blanda Serena,
por do por siglos mil su fama suena.

con la xviii de la oda "De la Magdalena"; a saber:

Preséntote un sujeto
tan malamente herido, cual conviene,

173

do un médico perfeto
de cuanto saber tiene
dé muestra que por siglos mil resuene.

Por otra parte, la geminación muy lograda en la oda vi, en
los vv. 45–47, hace que nos inclinemos hacia un tipo análogo de
reprise en ix 42–46, donde preferimos *inclina* en lugar de *allega*,
que eligen Macrí y Alarcos. Asimilamos, pues, los dos pasajes; a
saber:

las llamas apagó del fuego ardiente,	La vela inclina
las llamas del malvado	. . . . . .
amor con otro amor más encendido;	Inclina, y da reposo.

2. En la primera parte de la oda vi, la inspiración horaciana está
bastante cerca como para elegir entre 10 "con rugas afeada, el
negro diente" y "con rugas, y afeado el negro diente" (Od. iv
13.12–13 "rugae turpant"), y para colocar la composición en la
estela del tópico sobre la mujer mayor y sus perdidos encantos en
que se inscribe también Ausonio Ep. xxiv (xiii). De la segunda
parte, sobre la Magdalena, hay antecedentes narrativos y doctrinales múltiples, en la exposición de Lc. 7: 36–50 y en la *Vita* de la
santa, y sobre todo en los himnos latinos, que ofrecen también
pautas formales, como hemos indicado en el ensayo que dedi-
camos a la oda. Hay también paralelos en la poesía religiosa
italiana contemporánea. Pero ninguno de estos antecedentes se
nos ha presentado como el modelo directo y exclusivo de Fr. Luis.

La oda ix permite observar una gama más variada de com-
portamientos de Fr. Luis ante unos textos clásicos determinados,
cuya adaptación se agrega a la reminiscencia bíblica, con el cruce
de vocabulario y fraseología entre los dos ámbitos.

Empezaremos, pues, por la traducción, ya que así se puede
llamar, de De fin. v 18.49, que para comodidad del lector reproducimos aquí, conservando la numeración de la edición teubneria-
na[11], junto con el texto de las estrs. ix–xii de la oda de Fr. Luis, no
sin recordar antes que el motivo por el que Cicerón trae la cita de
Homero es distinto, de carácter positivo y encauzado a demostrar
la pasión innata de los jóvenes por el estudio: las sirenas los atraen

---

[11]De C. F. Müller (Leipzig, 1897), p. 257.

no por la variedad y la novedad de su canto, sino por la afirmación de su mucho saber.

O decus Argolicum quin
  puppim flectis, Ulixes,
Auribus ut nostros possis
  agnoscere cantus!
Nam nemo haec umquam est
  transvectus caerula cursu,
Quin prius adstiterit vocum
  dulcedine captus,
Post variis avido satiatus
  pectore musis
Doctior ad patrias lapsus
  pervenerit oras.
Nos grave certamen belli
  clademque tenemus,
Graecia quam Troiae divino
  numine vexit,
Omniaque e latis rerum
  vestigia terris.

Decía comoviendo
el aire en dulce son: "La
  vela inclina,
que del viento huyendo
por los mares camina,
Ulises, de los griegos luz divina;
inclina, y da reposo
al inmortal cuidado, y
  entretanto
conocerás curioso
mil historias que canto,
que todo navegante hace
  otro tanto:
Todos de su camino
tuercen a nuestra voz y,
  satisfecho
con el cantar divino
el deseoso pecho,
a sus tierras se van con más
  provecho.
Que todo lo sabemos
cuanto contiene el suelo,
  y la reñida
guerra te contaremos
de Troya y su caída,
por Grecia y por los dioses
  destruida.

Antes de emprender la comparación hemos de reconocer
que el texto español, visto en sí, en parte queda por debajo de
otros pasajes de las poesías originales y en parte llega a las mismas
alturas. Son aspectos negativos la rima gramatical, fácil: 47 *entretanto*: 50 *otro tanto*, la repetición sin finalidad retórica del mismo
elemento (56 *todo* respecto a 50 *todo*, 51 *todos*), y de lexemas de
la misma familia (44 *camina*, 51 *camino*). No entra aquí, sin
embargo, 49 *canto*, 58 *cantaremos* porque preferimos *contaremos*, que forma serie con 56 *saber* y corresponde más de cerca a
esa "discendi cupiditas" que señalaba Cicerón (aunque *cantar* y
contar no están tan lejos si se piensa en lat. ecl. *enarrare*, p. ej., en
los salmos).

Por otra parte, eleva el lenguaje por la metáfora 41-42 "comoviendo el aire", 42 "La vela inclina", y da entrada a la distribución cruzada XYX que conocemos también por otras odas: 57-59 "y la reñida / guerra te contaremos / de Troya y su caída", aunque hemos de reconocer que la figura aparece aquí sobrecargada por una segunda modificación de *Troya*, "por Grecia y por los dioses destruida", algo torpe, porque el antecedente debería ser el más próximo, *caída*, mientras que lo es *Troya* (v.q.i.).

Ya puestos a comparar, partimos del supuesto de que la identificación del *medium vas*, o sea, la versión ciceroniana, como más próxima que el propio texto homérico de Od. xii 184-191, es tan convincente que no tendremos que volver sobre lo indicado por Llobera y Alarcos, sino para señalar a veces la cercanía esporádica del español al griego, por razones de lengua más que de traducción, o para dejar subsistir la posibilidad que Fr. Luis también conociera y recordara el texto griego.

Más allá de la diferenciación entre el latín y el griego, el cotejo con la materia homérica sirve, si falta hiciera, para confirmar la autenticidad de los vv. 51-55, que faltan en la edición de Quevedo (1631).

El estudio de las traducciones *ex profeso* nos ha acostumbrado a constatar la variada relación entre hexámetros latinos y versos españoles en el espacio proporcional que ocupan. Aquí se corresponden las estrs. ix y x, más los primeros cuatro versos de la estr. xi con los dos primeros hexámetros (10-11), la estr. xii con los cuatro siguientes (12-15), y la última, con tres (16-18). Tal disparidad de proporciones (12:2, 5:4, 5:3) se acompaña con el adelantamiento y con el desdoblamiento de ciertos elementos del texto latino y con la introducción de aditamentos propios; esto especialmente en la primera estrofa, a donde el poeta traslada 13 "dulcedine" (42 "en dulce son"), y 12 "transvectus caerula cursu", que aplica a la embarcación (forzando un poco la metonimia 42 *vela*) y cuyo espacio restante rellena con el desdoblamiento de *flectere* como para dos exordios distintos (42, 46 "inclina"), por el recurso retórico que señalamos arriba y en parte con la interpolación de una imagen propia, 43 "del viento huyendo", y de una ponderación, en 47 "inmortal cuidado", donde el poeta se refiere a los bien conocidos "trabajos" de Ulises, a los que el heroe, según el sesgo habitual de la exhortación luisiana, ha de 46 "dar reposo". Éste es un punto, sin embargo, en el que no podemos pasar por alto el gr. 188 *terpsámenos* 'alegrado', que parece preparar la misma idea, aunque en otro contexto. El empalme entre las estrs. x y xi, terminando aquélla con la versión del hexámetro 12, tras arrancar con el vocativo del último verso de la estr. ix, ocasiona un desdoblamiento: la misma idea se expresa primero con el verbo vicario 50 *hacer*, y luego con el verbo propio, o sea, con un sintético 52 "tuercen a nuestra voz", que congloba lat. 12 *transvectus*, ya adelantado arriba, 13 *adstare* e ib. *voces* (mermado de *dulcedo*, que como vimos, ya se había traducido); con lo que, comprimidos dos hexámetros en un endecasílabo y un heptasílabo (éste ni siquiera entero), quedan tres versos para la versión, bastante literal, aunque en parte simplificadora de dos hexámetros (14–15). Llegamos así al trasvase de tres hexámetros en los cinco versos de la lira, lo que representa la proporción más normal. No es de extrañar que la forma compacta, con el uso insólito de la prep. *a*, en 51–52 "todos de su camino / tuercen a nuestra voz", la construcción absoluta de los vv. 52–54, y la disposición con hipérbaton también imitada del latín, se den en estas dos últimas estrofas de la versión.

Observamos, en cuanto a la sintaxis, que queda reemplazada la subordinación: 48–49 "conocerás . . . mil historias que canto" 11 "ut nostros possis agnoscere cantus", y en cuanto a la disposición de las palabra, que el tipo XYX que señalamos arriba, halle aquí un fundamento en el texto latino: 57–59 "la reñida guerra . . . y su caída" 16 "grave certamen belli clademque".

También las "tachas" que le poníamos al dictado luisiano se revelan ahora en parte como efecto del esfuerzo de seguirle la pauta al latín, como forcejeo verbal en el trasvase del contenido, que aquí examinaremos punto por punto: 44 *caminar* y 51 *camino* salen los dos de 12 *transvehi*, en 51 conglobado con 13 *adstare*; 56 *todo* (57 *cuanto*), se suma a 50 *todo* sing., 51 íd. pl. como traducción, aquél de lat. 18 *omnis*, n. pl., éstos de 12 *nemo* . . . *unquam*, no solo por el consabido prevalecer de *todo* (lat. *totus*) sobre los demás pronombres o adjetivos indefinidos, sino porque el idioma vernáculo por su naturaleza rehúye la expresión de lo positivo mediante dos negaciones (en el modelo se lee: 12–13 *nemo . . . unquam . . . / quin*). De 47 *entretanto* (que luego ocasiona la rima con 50 *otro tanto*) puede sospecharse la relación con el prefijo de 12 *transvehi*, por la tendencia casi automática a verter los compuestos de modo analítico. El pasaje ya citado 48-49 "conocerás curioso / mil historias que canto", además de ser un ejemplo típico de equivalencia entre dos heptasílabos y un hexámetro, al trasladar 11 "Auribus ut nostros possis agnoscere cantus", reserva un puesto destacado a *curioso*, que arriba señalábamos como aposición, desarrollando tal vez el elemento incoativo, que el lector español pudo sentir en *agnoscere*, y omitiendo 11 *auribus*, ya que el español lo abarca todo con el verbo *conocer*, de amplia extensión semántica.

Por lo demás, el poeta vernáculo evita el sustantivo "abstracto": ya hemos visto 42 *dulce son* por 13 *dulcedo* (el griego también tenía un adjetivo, pero compuesto, *maligerus* [*ops*]), y redistribuye el vocabulario por categorías gramaticales según el uso predominante en la lengua: el verbo viene a ocupar el lugar del sustantivo: 49 *cantar* de 11 *cantus*, 44 *caminar* de 12 *cursus*, 57 *reñido* de *certamen* en 16 "certamen belli"; 60 *destruir* en forma pasiva, se suma a 59 *caída* para traducir 16 *clades* (este sustantivo parecería más apropiado a *Troianus* (pl.) que a *Troia*, si no nos constara, p. ej., por los romanceamientos bíblicos, que *caída* era la traducción corriente de lat. *ruina*). En el reajuste, si el adjetivo avanza en el terreno del sustantivo (lo hemos visto en 42 *dulce*, y lo vemos en 36 *alto* si se compara con 10 *decus*), también sufre menoscabo como lexema cuando 15 *patrius* queda reemplazado por el posesivo 55 *su*, 14 *varius* por el numeral 49 *mil*, 18 *latus* por un genérico 56-57 *todo... cuanto*, y 16 *gravis* desaparece. Observamos asimismo que 15 *doctus* (aparte su posible influencia en la elección de 48 *curioso*) es reemplazado por el sintagma también adjetivo 55 *con provecho* (aquí "con más provecho", poco poético, pero que facilita la rima y evita la repetición de 37 *sabio*).

En cuanto al léxico, la concomitancia de 42 *son* y 52 *voz* (lat. 13 *vox*), y de 55 *tierra* (pl.) y 57 *suelo* (aquél aquí conmutable con éste, pero no en el v. 55), permite la *variatio* ambicionada por el poeta. 56*Saber*, resuelve el fraseológico 16 *tenere* (y de paso, viene a identificarse con gr. 189 *eidenai*). La perfecta correspondencia entre 54 *pecho* y 14 *pectus* en el plano léxico, consagra la voluntad, ya antigua para este término, de amoldarse al latín; las aproximaciones en 52 *satisfecho*, 14 *satiatus* y 54 *deseoso* ib. *avidus*, evidencian el deseo de expresar el contenido de forma parecida. Por lo demás, el traductor, ya que así podemos llamarlo que hace el poeta en esta parte, Fr. Luis renuncia a 18 "rerum vestigia" circunscribiéndolo con un 57 "cuanto contiene", simplifica 17 *divinum numen* reduciéndolo a 60 *dios* pl., congloba 15 *labi* (part. *lapsus*) y *pervenire* en el cotidiano 55 *irse*, y reduce 10 *argolicus* a 36, 45 *griego*, con lo que el apelativo viene a repetirse respecto al v. 36.

Conserva, aun cambiando de términos, la metonimia en 42 *vela* 10 *puppis* (cuya inclinación determina el rumbo de la nave), y agrega una de suyo, del ámbito musical que le era tan caro, en el pasaje ya citado, 41–42 "comover / el aire en dulce son" (donde observamos la prep. *en* empleada como lat. *in* para el caso instrumental en el latín eclesiástico). Elimina, en cambio, la metonimia cuando traduce 12 *caerula* con *mar*, pero en la forma más áulica de masculino y plural: 44 "por los mares", 15 *ora* pl. con 55 *tierra* pl. (¿distributivo?); circunscribe 14 *musa* pl. con 53 "cantar divino" (dando pie a la repetición que observábamos arriba).

No era empresa de poca monta trasladar los contenidos y las construcciones y figuras de los versos ciceronianos a la lira, también generalmente cerrada y centrípeta, a imitación del hexámetro, pero sujeta a las trabas de la lengua vernácula.

2.2 Para los versos 21–30 y 61–65, que hacen de marco a la traducción directa que hemos examinado al tratar de los vv. 41–60, se ha reconocido otra fuente intermedia en la Epístola I 2 de Horacio, donde el poeta latino a su vez "moraliza" a Homero recordando cómo el gran narrador de la guerra de Troya proponía a Ulises como ejemplo de virtud; reproducimos los vv. 17–26:

> Rursus, quid virtus et quid sapientia possit,
> Utile proposuit nobis exemplar Ulixen,
> Qui domitor Troiae multorum providus urbes,
> 20 Et mores hominum inspexit, latumque per aequor,
> Dum sibi, dum sociis reditum parat, aspera multa
> Pertulit, adversis rerum immersabilis undis.
> Sirenum voces et Circae pocula nosti;
> Quae si cum sociis stultus cupidusque bibisset,

25 Sub domina meretrice fuisset turpis, et excors
Vixisset canis immundus vel amica luto sus.[12]

También se ha aducido a Marcial, a propósito de cuyo
Epigrama iii 64, sin embargo, ha de observarse la motivación
satírica y la actitud totalmente distinta hacia Ulises, cuya resis-
tencia a las sirenas el poeta aduce como término de comparación.
Citamos por entero el poemita:

Sirenas hilarem navigantium poenam
Blandasque mortes gaudiumque crudele,
Quas nemo quondam deserebat auditas,
Fallax Ulixes dicitur reliquisse.
5 Non miror: illud, Cassiane, mirarer,
Si fabulantem Canium reliquisset.[13]

Citamos el pasaje de Horacio por entero no tanto porque en él se
exalta la sabiduría y prudencia de Ulises (45 "luz divina" refleja la
exaltación religiosa de la luz en sus otros escritos), sino porque allí
se emplea 19 *providus* en una función sintáctica parecida a la que
hemos visto al ilustrar las aposiciones 37 *sabio* y 62 *prudente*: no
basta para la identificación segura del modelo, pero se le acerca
más que las coincidencias verbales, que están muy expuestas a ser
fortuitas.

Sin embargo, queremos señalar también la posible explica-
ción de 47 el "inmortal cuidado" como posible reminiscencia de
21–22 "aspera multa / pertulit, adversis rerum immersabilis un-
dis", y estas otras coincidencias o semejanzas: 23 "copa ponzoñosa" (de Circe) y 23 "Circes pocula", 63–64 "a la voz atajaba /
el camino en su gente" y 21 "dum sociis reditum parat", en cuanto
a *camino* y *reditus*. "La torpe afrenta" (con *torpe* en sentido
moral, por lo demás corriente en Fr. Luis y los escritos de la época;
cf. vi 62 "su torpe mal"), siquiera por el lexema adjetivo, coincide
con la descripción del estado de Ulises (25 *turpis*) y su vida (ib.
excors) si hubiera cedido a los requerimientos de las sirenas. El 19
"cieno bruto"[14] del que Fr. Luis exhorta al amigo a que se aparte,

[12]Citamos de la edición de Th. Schmid (Leipzig, 1863), p. 207.
[13]Citamos de la edición de W. Heraeus e I. Borovskij (Leipzig, 1976), p. 74.
[14]Alarcos considera *cieno bruto* 'una de tantas variaciones con que despec-
tivamente designa el agustino las cosas de este mundo': remite a i, 2 "el mundanal
ruido", ii, 3 "el escuro suelo", iii, 35 "aqueste bajo y vil sentido", viii, 15 "esta

visto desde la vertiente horaciana, es el elemento simbólico de la puerca (cf. 26 "amica luto sus"[15]). (Por lo demás, de los animales, solo el 30 *jabalí* se acerca a la letra del mito, ya que el 29 *oso* lo introduce Fr. Luis (siempre muy libre en el traslado de nombres de plantas y animales en sus traducciones virgilianas), tal vez porque la 'ira' le cuadra a este animal, el único que parece manifestarla en el gesto (cf. Ecli. 25:24 "Nequitia mulieris immutat faciem eius et obcaecat vultum suum tamquam ursus", Is. 59:11 "rugiemus tamquam ursi omnes", y otros lugares bíblicos).

En cuanto a Marcial, los comentaristas han señalado la coincidencia de la descripción de las sirenas o sirena como 39 *blanda(s)*, y han equiparado la 62 "crueldad" de Circe con el "gaudium crudele" que le atribuye el autor de los Epigramas. Los dos adjetivos, sin embargo, venían relacionados con el tema en sí. En su comentario *In Ecclesiastem*, según señala el P. Llobera, el propio Fr. Luis, ad 27:7, describe a Circe "animo . . . truci et sanguinis, cruoris et caedis avido" (p. 182).

Ninguno de los dos nos parece prueba fehaciente de una filiación directa, pero *blando* interesa por si puede establecerse para con el v. 65 una de esas sutiles relaciones tan características de la economía de la composición de Fr. Luis. Allí, "con la aplicada cera suavemente" podría ser trasformación de *"suave la cera aplica", con *suave* como aposición (como 62 *prudente*, 67 *sabio* y 67 *firme*, que hemos señalado arriba), y modificando a la persona, con lo que la solidaridad con el objeto material (cf. Nebrija *suavis* "suave cosa al sentido") vendría a incidir en la persona. Habría que ver cuándo *suave* adquirió el sentido de 'engañosamente blando' que hoy tiene, y que aquí opondría la astucia de Ulises a la blandura, también engañosa (cf. lat. *blandities*), de la sirena.

cárcel baja, escura", viii, 37 "el bajo y torpe suelo", xviii, 2 "este valle hondo, escuro". Todos ellos caben bajo la rúbrica, demasiado ancha a nuestro entender, de la polaridad negativa. Pero la dificultad está justamente en discernir entre el ámbito psicológico, el moral y el trascendente y numinoso.
[15]Pensamos, sin postular ninguna relación específica, en el concepto judeocristiano de la vida como peregrinación y en la condena del deseo de "asentar en tierra ajena" (cf. Ex. 16:3 "Utinam mortui essemus . . . in terra Aegipti, quando sedebamus super ollas carnium", y cf. Hech. 4:6 "Quia erit semen eius accola in terra aliena, et servituti eos subiciat").

Al *asiento* en tierra extraña (vv. 26–28) ya hemos aludido en la comparación entre las dos odas, como a un concepto judeo-cristiano que se entreteje por entre el mito clásico. Insistimos aquí en que *asentar* no puede interpretarse como 'quedar preso' (Macrí) o "quedar recluido" (Alarcos)[16].

2.3 Una traducción casi literal la tenemos en los vv. 11–15.

> Retira el pie, que asconde
> sierpe mortal el prado: aunque florido
> los ojos roba, adonde
> aplace más, metido
> el peligroso lazo está y tendido.

donde la fuente última es la Égloga III de Virgilio, vv. 92–93:

> Qui legitis flores et humi nascentia fraga,
> frigidus, o pueri, fugite hinc, latet anguis in herba,[17]

cuyas últimas palabras se han hecho proverbiales, y se interpretan como símbolos del peligro de la caída del primer hombre en el edén, y de todo ser humano que se deja engañar por los atractivos y seducciones externas. De ahí la introducción del adjetivo *mortal* (que también podríamos considerar de "repertorio") en correspondencia material con *frigidus*.

Del pasaje virgiliano damos también la traducción del propio Fr. Luis, vv. 130–132:

> Los que robáis el prado floreciente
> huid presto ligeros, que se asconde
> debajo de la yerba la serpiente;[18]

señalamos también, de paso, una reminiscencia del mismo en el

---

[16]Citamos de la ed. de E. de Saint Denis (París, 1970).
[17]Cf. la ed. citada, vol. II, p. 847.
[18]Véanse también estos otros pasajes de *Nombres*, donde en correspondencia con Jn. 6:54 *manducare, bibere* o con *edere, bibere*, se multiplican las frases de este tipo, en que los vocablos castellanos tradicionales *pasar, traspasar* y también expresiones formadas ad hoc como *entrañarse con* se prestan para describir la interiorización: "el coraçón que a Cristo ama se abraça con él y se entraña con él y como el mismo lo dize, le come y le traspassa a las venas" 757, y, más abajo, "comen los fieles su carne y la passan al estómago"; asimismo, con término "latino": "Así . . . en sus corazones con el fuego del amor le coman y le penetren en sí" ib.

soneto 99 de Petrarca, que se ha recordado junto a los versos que aquí nos interesan; a saber:

Questa vita terrena è quasi un prato,
che 'l serpente tra' fiori e l'erba giace;
e s'alcuna sua vista a gli occhi piace,
é per lassar più l'animo invescato.[19]

Bien podrían ser independientes las dos elaboraciones ya que el poeta de Arezzo introduce una comparación unívoca, explícita y completa, mientras que Fr. Luis, ya más cerca de las asimetrías del barroco, procede por escorzos sugestivos, pero no parece fortuita la coincidencia en el uso del verbo *piacere (placer)*, como no sea que hubiese un comentario intermedio como fuente común.

En todo caso, hemos querido mantener intactos los contornos de la cita virgiliana, que Fr. Luis tenía en el oído antes o más allá de cualquier reminiscencia ajena. Nos apartamos de la puntuación de Macrí y Alarcos, que unen la oración concesiva 12–13 "aunque florido / los ojos roba" a lo que precede y no a lo que sigue, y, supliendo los nexos que habría en la prosa, entendemos: 'aunque el prado con sus flores ("florido") atrae los ojos (la persona prudente ha de darse cuenta justamente), donde las flores agradan más se encuentra metido y tendido el peligroso lazo' (*metido*, que preferimos a *ascondido*, cuadra mejor al referente de la metonimia; *tendido*, al término metonímico mimso). No es del todo casual que *robar* se halle sin connotación peyorativa; cf. *Nombres* "la violencia dulce con que Dios enagena y roba para sí el alma".

En cuanto a "adonde florece más" / "a donde aplace más" de las distintas tradiciones, aquél puede corresponder al 130 "floreciente", que Fr. Luis tenía en el oído, en correspondencia con el virgiliano 92 "flores", y más en cuanto entre "florido" y "donde florece más", aparte las diferencias morfológicas, puede observarse una *gradatio* que atenúa la repetición.

Contra ésta, por disimilación, Macrí y Alarcos prefieren *aplace* (menos válido es el argumento del P. Llobera de que

---

[19]Cf. el ensayo de A. de Ferraresi en *Nueva Revista de Filología Hispánica* xxix (1980), p. 156.

183

"*Aplace* es más apropiado ya que se trata del placer"[20], pues el mismo razonamiento pudo hacerlo el copista). Lo que nos ha decidido, no sin vacilación, a optar por esta variante es la reminiscencia que también nosotros creemos percibir con el tercer verso del cuarteto de Petrarca "e s'alcuna sua vista agli occhi piace", que confirma además nuestra interpretación de *robar* y hasta nuestra articulación del texto.

2.5 Un tipo de relación peculiar se establece con antecedentes clásicos y con la fraseología eclesiástica en la primera estrofa, que reproducimos aquí con la puntuación que luego justificamos; o sea:

> No te engañe el dorado
> vaso, ni de la puesta al bebedero
> sabrosa miel cebado,
> dentro al pecho ligero,
> 5 Querinto, no traspases el postrero
> asensio . . .

A propósito de esta lira, que abre la oda con una exhortación a refrenar el sentido del paladar, se ha venido citando a Lucrecio I 936–938, sin reparar en que la costumbre de untar la miel en los bordes del vaso para disimular el amargor (o ajenjo) de la medicina que se ha de suministrar a los niños, es término de comparación y no argumento del discurso; a saber:

> sed veluti pueris absinthia taetra medentes
> cum dare conantur, prius oras pocula circum
> contingunt mellis dulce flavoque liquore[21].

No seríamos tan tajantes acerca de la filiación directa, sin embargo, ya que lo mismo podemos hallarnos ante una reminiscencia de autor clásico que ante un topos ya difundido. Lo cierto es que no hay nada en el texto latino citado que pueda entresacarse como pauta de traducción. En los que ha influido decididamente el texto del *De rerum natura* es en los traductores y comentaristas del texto luisiano: para éstos *puesto al bebedero* y *cebado* se

---

[20]Cf. *Obras poéticas del Maestro Fr. L. d. L.*, vol 1. *Las poesías originales* Cuenca (1931), p. 177.
[21]Citamos de la ed. de J. Martin (Leipzig, 1953).

suman, en correspondencia con "oras pocula circum contingunt mellis" (!), como si fuera posible que un recipiente estuviera "cebado", o sea 'lleno'[22] y al mismo tiempo 'untado por los bordes'. En vista de esta imposibilidad creemos que aquí *cebado* se dice de la persona, bien sea en la misma acepción de 'alimentado'[23] o en la que el *Diccionariao de autoridades* pone junto a lat. *allicere*, y que tenemos varias veces en *Los Nombres de Cristo*[24]. En cuanto a la sintaxis, la diferencia estriba en la interpretación de la conj. *ni* del v. 2, que en la lectura unitaria desempeña su función normal coordinante (con 5 *no* pleonástico), mientras que en la otra es equiparada a *ni tampoco, ni siquiera*.

Otra nota de discordancia respecto a la fuente propuesta la da *postrero*, que Macrí interpreta como 'del fondo' y Alarcos como 'oculto' (?), pero que aquí podría aludir en su sentido propio al 'último' brebaje, o sea al brebaje 'mortal' por la conciencia de la muerte que aflora también en xi 20 "la postrer llama"[25].

Lo que nos llama la atención es que el beber se exprese como un *traspasar dentro el pecho* (luego se dirá de la rosa, que 10 "tocada, *pasa* al alma"). Tal interiorización de lo palpable que caracteriza la fraseología de Fr. Luis (por supuesto, sin antecedente en el pasaje de Lucrecio), tiene un paralelo en el lenguaje religioso, en particular el que se refiere a la comunicación de Cristo para con los fieles, y la comunión de éstos para con él. Véase, p. ej., en los *Nombres* cómo se explica (entre otras razones) el de *Pastor*:

<hr>

[22]Para *cebado*, que puede ser solidario tanto con nombres de personas como con nombres de objetos, véase para éstos 27–28 "quien ceba y quien bastece de los ríos / las perpetuas corrientes".

[23]Cf. *cebo* en vii 49–50 "da a tu hambre ciega / su cebo deseado".

[24]Habrán servido de transición textos como el siguiente, que aduce Covarrubias en su *Tesoro*, s.v. *ançuelo: "tragar el ançuelo* se dice del que con la codicia del cebo que le han representado, se arroja a aceptar alguna cosa".

[25]En nuestro "Comentario adicional a la segunda oda de F.L.d.L. a Juan de Grial" de próxima aparición en *Nueva Revista de Filología Hispánica*, hemos identificado esta expresión por metonimia con 'muerte' por la equivalencia con lat. *rogus* ("expers quo [ad Parnassum] senii nos vocat et rogi consors gloria coelitum") de la oda de Policiano "Iam cornu gravidus", v. 15 (cf. Q. Arnaldi et al, *Poeti latini del Quattrocento* [Milán–Nápoles, 1964], p. 1048). Ni que recordarse tiene "el día postrero," tan presente en las obras didácticas luisianas (cf., p.ej., *La perfecta casada*, p. 334).

su apacentar es darse a sí a sus ovejas. Porque el regir Cristo a los suyos y el llevarlos al pasto, no es otra cosa sino hacer que se lance en ellos y que se embeba y que se incorpore su vida, y hacer que con encendimientos fieles de caridad le traspasen sus ovejas a sus entrañas, en las cuales traspasado, muda El sus ovejas en sí. (p. 48)

3. Si las reminiscencias clásicas, más o menos directas, están entreveradas con conceptos y frases de cepa judeocristiana o eclesiástica, las alusiones a personajes bíblicos, aunque idénticas en la sustancia y finalidad a las de épocas anteriores, se han adecuado en la forma a un estilo más alusivo que enunciativo: el aviso contra la lujuria es implícito cuando se nombra al 32 "sabio rey solimitano"; la muerte de Sansón se simboliza en la mano de una mujer, una mano llamada *feminil* con un adjetivo más de Fr. Luis (cf. ad Cant. 8, p. 271 et passim) que de la Biblia (en la Vulgata *femineus* se emplea solo cinco veces).

Valgan de paso como término de comparación los versos 308ab del *Libro* del Arcipreste de Hita:

Sansón, que la su fuerza perdió
quando su muger Delida los cabellos le cortó,

tanto más explícitos respecto a Jue. 16:19 "et vocavitque tonsorem, et rasit septem crines eius", pero también tanto más circunscritos a su contorno objetivo.

4. Los vv. 69–70 "si prendiere la capa,/ huye, que sólo aquel que huye escapa", últimos del poema, se comentan en las ediciones (no hemos tenido ocasión de rastrear desde cuándo), remitiendo al episodio de los amores adúlteros con que la mujer de Putifar requería a José, y a los que éste se sustrajo huyendo (Gén. 39: 7–12).

Pero aquí la alusión, si la hay, es bien distinta de las otras y como dejada a la discreción del lector. Reconstruyamos la génesis y estructura de la estrofa.

Está unida con lo que precede por un único sujeto, Circe, que al extenderse en el tiempo y a la circunstancia personal (nótese el pronombre disyuntivo, 66 "Si a ti se presentare"), se hace arquetipo de la mujer a secas.

Tal vez no sea fortuito que también en la oda paralela, la vi, se halle el mismo verbo *presentar* introduciendo la conclusión en el v. 86, y unido con lo que precede. En la oda que estamos examinando ha de observarse, además, que el v. 66 citado contiene una *gradatio*: al *presentarse* sigue el 68 *llamar*, y luego el 69 *prender la capa*, eslabonándose así las tres etapas del acometer femenino, del mismo modo que el 67 *cerrar los ojos*, el 67–68 *atapar la oreja* y 69–70 el sustraer el cuerpo por la huida constituyen la reacción del varón prudente. La serie se ha desligado de Circe para representar a todas las mujeres que ejercen su arte de seducción. Introducir a un personaje específico (y distinto de Circe) al final va contra el sesgo del discurso[26].

Ello no impide que el lector "enterado" de la historia bíblica, rememorara por asociación el episodio justamente como lo hizo Sebastián de Covarrubias, al explicar *escapar* (s.v.) en su *Tesoro de la Lengua castellana*.

5. La lectura de la oda presupone el conocimiento de la métrica, de la morfosintaxis, del léxico y de las figuras retóricas propias de la poesía de Fr. Luis.

Al no haber tenido en cuenta el metro se debe la poca trascendencia que se ha concedido al trastrueque de los versos 63–64 "el camino atajaba a la voz en su gente", que rompe el esquema de las rimas (aBabB). Fuera de toda consideración gramatical y de la historia del uso de las preposiciones se ha opuesto

[26]En su comentario, el P. Vega une los dos aspectos, de un modo significativo por lo chocante, cuando escribe a propósito de los dos últimos versos: "Alusión a la solicitación a pecar de la mujer de Putifar con el casto joven José. Es un juego de palabras que alude tal vez a algún adagio castellano". La rima *capa: escapa* ha ocasionado el refrán "Quien tiene capa luego escapa", que se halla en el *Vocabulario* de Correas, y que han recogido Rodríguez Marín y otros. Por sí, la idea de huir dejando la capa o un indumento en la mano del perseguidor o perseguidores tiene también un antecedente en el dicho evangélico Mt. 5:40 "et ei qui vult . . . tunicam tuam tollere, dimitte ei et pallium" Lc. 6:29, aunque allí se diga contra la litigiosidad, y una ejemplificación muy visualizable en el joven que cuando la desbandada de los discípulos en Getsemaní, huyó dejando la sábana que lo envolvía en las manos de sus cautivadores (cf. Mc. 14:52 "At ille reiecta sindone, nudus profugit ab eis". Habría que documentar si y hasta qué punto la frase *prender la capa* se había hecho proverbial como alusión bíblica a Gén. 39:13), sin que ello afecte a la estructura del presente texto.

como una "nimia discrepancia" la de 4 "dentro al pecho" y "dentro el pecho" (la lista de variantes registradas por Macrí da, sin embargo, "dentro del pecho"). Por lo mismo no se ha planteado la interpretación discrepante de los vv. 19–20 "pon del cieno bruto / los pasos en lugar firme y enjuto", y nadie se ha puesto el problema de si en 17–18 "el fruto / de gloria verdadera" tenemos un complemento comparable al genitivo subjetivo u objetivo latino o una construcción de tipo semítico ('fruto verdaderamente glorioso').

En cuanto, al léxico vemos que 1–2 "el dorado/vaso" es interpretado como 'vaso de oro' o como 'vaso dorado' sin plantear el problema de las sucesivas versiones de lat. *aureus*[27]. Tampoco se ha señalado el carácter asemántico del pref. *co(n)-* en el 41–42 "comoviendo/ el aire"[28], ni se ha puesto de relieve el carácter literario del lexema compuesto frente a otros que sentimos como muy propios de la lengua del uso, y, por tanto, como portadores de la inmediatez de ésta, aun dentro de la construcción latinizante; así, léanse los vv. 8–10 "esa purpúrea rosa . . . . tocada, pasa al alma," en que, junto a la calificación preciosista por el adj. *purpúreo* (piénsese en Mena), la acción se expresa por el mismo verbo que emplearían los jardineros para defender a sus flores (cf. Covarrubias, hablando de las albahacas (s.v.): "no quieren ser tocadas con hierro").

El propósito último sería el de averiguar el deslinde entre las formas "recibidas" y las que caen bajo la tolerancia lingüística, y ello en aras de la costricción del metro de su elaboración. Por ahora nos tenemos que limitar a las observaciones que hemos entreverado en nuestras apuntaciones.

Università di Padova

[27]En castellano medieval lat. *aureus* se expresaba con *de oro*, sintagma que sirve también para traducir lat. *nitens* y otros adjetivos que describen más bien el aspecto (el brillo) que la materia. Los adjetivos *dorado*, *plateado* ("la plateada luna") heredan dicha ambigüedad, habría que ver hasta cúando.
[28]Cf. también en Garcilaso, Égl. I 233 "a compasión movida", Égl. I 383 "comovido a compasión", y en el plano material, Égl. 2,1817" y comovió del suelo negra arena".

Apéndice I. El texto de la oda ix (según nuestra lectura)

I   No te engañe el dorado
      vaso, ni de la puesta al bebedero
      sabrosa miel cebado,
      dentro al pecho ligero,
5   Querinto, no traspases el postrero
II   asensio; ten dudosa
      la mano liberal, que esa azucena,
      esa purpúrea rosa
      que el sentido enajena,
10   tocada, pasa al alma y la envenena.
III   Retira el pie, que asconde
      sierpe mortal el prado: aun que florido
      los ojos roba, adonde
      aplace más, metido
15   el peligroso lazo está y tendido.
IV   Pasó tu primavera;
      ya la madura edad te pide el fruto
      de gloria verdadera.
      ¡Ay!, pon del cieno bruto
20   los pasos en lugar firme y enjuto,
      antes que la engañosa
V   Circe, del corazón apoderada,
      con copa ponzoñosa
      el alma trasformada,
25   te ajunte nueva fiera a su manada.
VI   No es dado al que allí asienta,
      si ya el cielo dichoso no le mira,
      huir la torpe afrenta;
      o arde oso en ira
30   o, hecho jabalí, gime y suspira.
VII   No fíes en viveza;
      atiende al sabio rey solimitano;
      no vale fortaleza,
      que al vencedor gazano
35   condujo a triste fin femenil mano.

VIII   Imita al alto Griego
      que sabio no aplicó la noble antena
      al enemigo ruego
      de la blanda Serena,
40   por do por siglos mil su fama suena.
IX   Decía comoviendo
      el aire en dulce son: "La vela inclina,
      que del viento huyendo
      por los mares camina,
45   Ulises, de los griegos luz divina;
X   inclina, y da reposo
      al inmortal cuidado, y entretanto
      conocerás curioso
      mil historias que canto,
50   que todo navegante hace otro tanto:
XI   todos de su camino
      tuercen a nuestra voz y, satisfecho
      con el cantar divino
      el deseoso pecho,
55   a sus tierras se van con más provecho.
XII   Que todo lo sabemos
      cuanto contiene el suelo, y la reñida
      guerra te contaremos
      de Troya y su caída,
60   por Grecia y por los dioses destruida."
XIII Ansí falsa cantaba
      ardiendo en crueldad; mas él prudente
      a la voz atajaba
      el camino en su gente
65   con la aplicada cera suavemente.
XIV Si a ti se presentare,
      los ojos sabio cierra; firme atapa
      la oreja si llamare;
      si prendiere la capa,
70   huye, que sólo aquel que huye escapa.

I   Elisa, ya el preciado
        cabello, que del oro escarnio hacía,
        la nieve ha variado;
        ¡ay! ¿yo no te decía:
5   —Recoge, Elisa, el pie, que vuela el día?
II   Ya los que prometían
        durar en tu servicio eternamente,
        ingratos se desvían
        por no mirar la frente
10   con rugas afeada, el negro diente.
III   ¿Qué tienes del pasado
        tiempo si no dolor? ¿cuál es el fruto
        que tu labor te ha dado,
        si no es tristeza y luto,
15   y el alma hecha sierva a vicio bruto?
IV   ¿Qué fe te guarda el vano,
        por quien tú no guardaste la debida
        a tu bien soberano;
        por quien mal proveída
20   perdiste de tu seno la querida
V   prenda; por quien velaste;
        por quien ardiste en celos; por quien uno
        el cielo fatigaste
        con gemido importuno;
25   por quien nunca tuviste acuerdo alguno
VI   de ti mesma? Y agora,
        rico de tus despojos, más ligero
        que el ave, huye; adra
        a Lida el lisonjero;
30   tú quedas entregada al dolor fiero.
VII   ¡Oh cuánto mejor fuera
        el don de hermosura, que del cielo
        te vino, a cuyo era

<pre>
          habello dado en velo
35   de santidad, ajeno al polvo; al suelo.
VIII   Mas hora no hay tardía,
          ¡tanto nos es el cielo piadoso!:
          mientras que dura el día,
          el pecho hervoroso
40   en breve del dolor saca reposo;
IX   que la gentil señora
          de Mágdalo, bien que perdidamente
          dañada, en breve hora
          con el amor ferviente
45   las llamas apagó del fuego ardiente,
X   las llamas del malvado
          amor con otro amor más encendido;
          y consiguió el estado
          que no fue concedido
50   al huésped arrogante, en bien fingido.
XI   De amor guiada y pena,
          penetra el techo estraño, y atrevida
          ofrécese a la ajena
          presencia, y sabia olvida
55   el ojo mofador; buscó la vida;
XII   y, toda derrocada
          a los divinos pies, que la traían,
          lo que la en sí fiada
          gente olvidado habían,
60   sus manos, boca y ojos lo hacían.
XIII   Lavaba larga en lloro
          al que su torpe mal lavando estaba;
          limpiaba con el oro
          que la cabeza ornaba,
65   a su limpieza, y paz a su paz daba.
XIV   Decía: "Solo amparo
          de la miseria extrema, medicina
          de mi salud, reparo
          de tanto mal, inclina
70   *aqueste cieno tu piedad divina.
</pre>

XV   ¡Ay!, ¿qué podrá ofrecerte
quien todo lo perdió? Aquestas manos
osadas de ofenderte,
aquestos ojos vanos
75   te ofrezco, y estos labios tan profanos.
XVI   Lo que sudó en tu ofensa
trabaje en tu servicio, y de mis males
proceda mi defensa;
mis ojos dos mortales
80   fraguas, dos fuentes sean manantiales.
XVII   Bañen tus pies mis ojos;
límpienlos mis cabellos; de tormento
mi boca, y red de enojos,
les dé besos sin cuento;
85   y lo que me condena te presento;
XVIII   preséntote un sujeto
tan malamente herido, cual conviene
do un médico perfeto
de cuanto saber tiene
90   dé muestra que por siglos mil resuene.

193

The Catalytic Role of the Dream in *La Vida es sueño*

Robert V. Piluso

> "Now truly do I begin to understand how it is that all
> the pleasures of this life pass away like a shadow or a
> dream or wither like the flower of the field." (*Don
> Quijote de la Mancha*, II, 22)[1]

On recalling these words of Don Quixote when he was
hauled out of Montesinos's Cave and awakened, one is immediately stuck with the similarity of thought between Don Quixote
and Segismundo for whom ". . . toda la vida es sueño, / y los
sueños sueños son."[2] Upon closer examination, one finds that the
episode of the Cave of Montesinos and the play *La vida es sueño*
are expressing the same theme, namely, the birth of consciousness
in the protagonist. I have already examined elsewhere this process
or interior journey at length in *Don Quijote*.[3] I should now like to

[1]Miguel de Cervantes, *The Ingenious Gentleman Don Quixote de la Mancha*, translated by Samuel Putnam, New York: the Modern Library, 1949, p. 655.

[2]Pedro Calderón de la Barca, *La vida es sueño*, edited by Angel L. Cilveti,
Salamanca: Biblioteca Anaya, 1970, Act II, Verses 2186-87. I will give the act and
verses of all future quotes taken from this edition in parentheses placed after the
cited text.

[3]"El papel catalítico de la cueva en *Don Quixote de la Mancha*," to appear in
the *Actas del VIII Congreso de la Asociación Internacional de Hispanistas* published by the Brown University Press.

focus attention on the same journey in *La vida es sueño*. In order to facilitate this excursion, it might be useful to apply the characteristics of the mythic hero to Segismundo, the main character of Calderón's piece.

The hero is generally born of illustrious parents. His mother and father are reflections of divinity. In this case, Segismundo's father, Basilio, is king of Poland. The hero's birth has been preceded by oracles or dreams, accompanied by natural presages. Basilio tells us all this in the first part of his expository speech. These premonitions are thought to be menacing to the father and therefore the newborn child is rejected by the father, abandoned or condemned to die. the child hero goes through a period of an apparent death. Segismundo is said to have died stillborn, while in reality he is imprisoned in a dungeon at the base of a tower where he leads an hidden life very different from the one he would be leading. His only contact with outside reality is his tutor.

According to the structure of the heroic myth, the hidden state of the child is disclosed either through chance discovery by a stranger or by the child himself when he finds out who his father is. In Segismundo's case, his hidden state is disclosed in both ways. Rosaura discovers him (Act I) and Clotaldo, his tutor, tells him:

> porque has, señor, de saber
> que eres príncipe heredero
> de Polonia. Si has estado
> retirado y escondido,
> por obedecer ha sido
> a la inclemencia del hado,
>   que mil tragedias consiente
> a este imperio, cuando en él
> el soberano laurel
> corone tu augusta frente.
> . . .
>   Tu padre, el Rey, mi señor,
> vendrá a verte y de él sabrás,
> Segismundo, lo demás. (II. 1274-1294)

The hero then fights and defeats his father, thereby fulfilling the prophecy, reveals his nobility by his extraordinary self-control and is finally recognized and acknowledged by his father. We witness all these characteristics coming to pass in acts II and III of *La vida es sueño*, where Segismundo's cause is taken up by his

195

future subjects. Basilio is defeated and is then placed in power again by Segismundo, whose noble action indicates his changed character. It is evident that our play follows the structural guidelines of the heroic myth perfectly. Even the mythic sequence is followed: physical birth, symbolic death and spiritual rebirth.[4] It is this aspect which underlies the similarity of *Don Quijote* and *La vida es sueño* and it is this aspect which I would like to examine in more detail.

From the very first scenes, our play alludes to birth and to death. Rosaura, whose name is an anagram for Auroras or dawnings, comes from east of Poland, from Muscovy. Symbolically ". . . the East is the luminous source of the Spirit."[5] In this first scene of the play, it is she who makes the first references to the tower as a womb-tomb, using images which present life and death as inseparable:

> La puerta
> (mejor diré funesta boca) abierta
> está, y desde su centro
> nace la noche, pues la engendra dentro.
> . . .
> ¿No es breve luz aquella
> caduca exhalación, pálida estrella, . . .?
> Sí, pues a sus reflejos
> puedo determinar . . .
> una prisión oscura
> que es de un vivo cadáver sepultura. (I, 69–72, 85–87, 91–94).

Segismundo himself completes the picture:

> Que aunque yo aquí
> tan poco del mundo sé,
> que cuna y sepulcro fue
> esta torre para mí;
> . . .
> donde miserable vivo,
> siendo un esqueleto vivo,
> siendo un animado muerto.
> . . .

---

[4]For an excellent overview of the mythical hero, structure and sequence, see Philippe Sellier, *Le mythe du Héros*, Paris: Bordas, 1970.
[5]J. E. Cirlot, *A Dictionary of Symbols*, New York: 1962, p. 257.

soy un hombre de las fieras,
y una fiera de los hombres. (I, 193–6, 200–2, 211–2)

This is man in his fallen state, trembling in the face of chaos, uncertainty, alienation, night and death. But Calderón implies that there is a glimmer of hope for this man who has entered, of necessity, the pit, the cavern, the symbolical netherworld or tomb. At this point in the play, Segismundo does not seem to possess the courage to fearlessly confront whatever darkness he finds in himself and in the world. Rosaura has said that the light in the cave is a "feeble exhaltation," a pallid star of "fainting tremors," a "spectral glow;" but at least it is a light. This small flicker, in the surrounding blackness of night, will become a beacon of life-giving illumination to Segismundo as he begins his journey along the road to self-knowledge.

Segismundo, like all humans, incarnates in himself the nature of the twin Greek gods, Castor and Pollux. Pollux may be looked upon as the divine potential within each of us and Castor typifies the earth force we dare not deny, but must eternally encounter and transform. Without the dual forces there would be no life. The Dioskouroi ". . . mirror, at the point of their dynamic transformation from darkness to light, the path that the hero must, of necessity, tread. A way inexorably identified with the traditional and dangerous night journey—a journey, in truth, extending far beyond such brief duration—into the deepest reaches of ourselves: our most dire and tormented netherpoint of despair. So that, as a result of what we confront, experience and must transcend, a fresh level of awareness or rebirth is acheived, as at the horizon of a new day; each battle waged by the hero, in his manifold manifestations, but leading to the next."[6] Segismundo at this point in his development is still at the level where his creative force must be molded. I mean that, initially, Segismundo is primarily a prisoner of his instincts which keep him from transcending that level of existence. He is little more than an animal. He has not yet channeled and directed his potential as a human being, useful to himself and to the world. This is why in the first two acts he is always the self-gratifying protagonist, whimsi-

[6]Dorothy Norman, *The Hero: Myth, Image, Symbol*, New York: the World Publishing Co., 1969, p. 9. Hereafter cited as Norman.

cally killing a servant, attempting to murder his tutor and to rape Rosaura. We see him in the split second of being plunged into life, experiencing myriad bewilderments and ambiguities. He starts to realize that his own impulses are as often destructive as creative. This awareness came about due to the crisis he experienced when he awoke chained again after his stay at court. When Segismundo was transported to the court, at least the opening of the eyes had been achieved; the path into life and maturity had been entered, however difficult the way:

> ¿Que quizá soñando estoy,
> aunque despierto me veo?
> No sueño, pues toco y creo
> lo que he sido y lo que soy.
>   Y aunque agora te arrepientas,
> poco remedio tendrás;
> sé quien soy, y no podrás,
> aunque suspires y sientas,
>   quitarme el haber nacido
> de esta corona heredero;
> y si me viste primero
> a las prisiones rendido,
>   fue porque ignoré quién era.
> Pero ya informado estoy
> de quién soy, y sé quién soy:
> un compuesto de hombre y fiera. (II, 1532–47)

Segismundo, like Don Quixote and like any mythic hero, needs to be encouraged along his way. The role of one of his two guides is assigned to Rosaura who symbolizes the anima principle which will assist Segismundo:

> tú solo, tú has suspendido
> la pasión a mis enojos,
> la suspensión a mis ojos,
> la admiración al oído. (I, 219–222)

Segismundo has come face to face with his surrogate mother, for it is she, Rosaura, who has resumed Segismundo's contact with the outer world. She is the Great Mother or the Mother Goddess of the mythic world. She is his creative principle who challenged him and led him into the darkest reaches of himself. As a result, Segismundo gained the strength to overcome, assimilate and trans-

198

mute his less exemplary traits, that is to say, to achieve a measure of self-mastery. He has fallen in love with Rosaura. As a result, there is the ever-present possibility that he will become permanently dependent upon her to aid him in forging his own way, fearing ever to leave her. This is why Calderón, in Act III, has Rosaura dressed in a loose blouse and wide skirts of a peasant woman, while at the same time wearing a sword and a dagger:

> Mujer vengo a persuadirte
> al remedio de mi honra,
> y varón vengo a alentarte
> a que cobres tu corona.
> Mujer vengo a enternecerte
> cuando a tus plantas me ponga,
> y varón vengo a servirte
> cuando a tus gentes socorra.
> Mujer vengo a que me valgas
> en mi agravio y mi congoja,
> y varón vengo a valerte
> con mi acero y mi persona.
> Y así piensa que si hoy
> como a mujer me enamoras,
> como varón te daré
> la muerte en defensa honrosa
> de mi honor; porque he de ser,
> en su conquista amorosa,
> mujer para darte quejas,
> varón para ganar honras. (III, 2902–21)

We see Rosaura here in her malevolent aspects, ready to kill to defend her honor. "When the terrifying powers of the Mother Goddess are operative, we are in danger of being engulfed, blinded, or emasculated by her."[7]

The other guide along the road to self-consciousness is Clotaldo, Segismundo's surrogate father, as Segismundo himself acknowledges:

> Levanta,
> levanta, padre, del suelo,
> que tú has de ser norte y guía
> de quien fíe mis aciertos . . .
> que ya sé que mi crianza
> a tu mucha lealtad debo.
> Dame los brazos. (III, 2392–98)

[7]Norman, p. 28.

199

Clotaldo is analogous to the Wise Old Man of the heroic myth structure who symbolizes the spiritual-moral teacher. It is Clotaldo who speaks the truth to Segismundo. It is from him that decisive beliefs, prohibitions, and wise counsels emanate, such as: "... aun en sueños / no se pierde el hacer bien." (II, 2146-47). Clotaldo always appears in a situation where insight, understanding, good advice, determination, planning are needed but cannot be mustered on Segismundo's own resources. He is there to compensate for the state of spiritual deficiency evident in the still maturing Segismundo. Clotaldo helps Segismundo define his role. He points the way. Segismundo has learned the lesson well as he indicates on two occasions. The first occasion is when he acknowledges Clotaldo as his surrogate father: "Que estoy soñando, y que quiero / obrar bien, pues no se pierde / obrar bien, aun entre sueños." (III, 2399–2401). The second is when Segismundo goes off to battle his father. As he departs, he places himself in the hands of Fortune and exclaims: "obrar bien es lo que importa." (III, 2424).

The last character to be considered under the structure of the mythic hero is Basilio the King. We must scrutinize Basilio's long speech in Act I in order to begin to understand his character. The key to Basilio lies in the introductory remarks of Astolfo and Estrella. According to Astolfo:

> Basilio, que ya, señora,
> se rinde al común desdén
>   del teimpo, más inclinado
> a los estudios que dado
> a mujeres, enviudó
> sin hijos, y vos y yo
> aspiramos a este estado. (I, 533–9)

Basilio is thus the mythic dragon or Holfast, the keeper of the past or the status-quo. He is the great enemy, conspicuous in the seat of power. He is enemy, dragon, tyrant because he turns to his own advantage the authority of his power, manifested by his refusal to surrender the power to his natural heir, Segismundo. He uses many excuses to justify his actions. To hide his fears and justify his imprisonment of Segismundo, he sets out to malign Segismundo as a revolutionary who will bring civil war to Poland:

200

Yo, acudiendo a mis estudios,
en ellos y en todo miro
que Segismundo sería
el hombre más atrevido,
el príncipe más cruel
y el monarca más impío
por quien su reino vendría
a ser parcial y diviso,
escuela de las traiciones
y academia de los vicios. (I, 708–717)

Then Basilio tries to justify his actions by presenting himself as the defender of the realm, fulfilling his obligations:

... yo, Polonia, os estimo
tanto, que os quiero librar
de la opresión y servicio
de un rey tirano, porque
no fuera señor benigno
el que a su patria y su imperio
pusiera en tanto peligro. (I, 761–767)

If we read these lines carefully, we note that Basilio does not wish to relinquish the command. He, therefore, imprisons his infant son and in effect has condemned him to death. When Basilio offers the throne to Astolfo and Estrella, he is attempting not to surrender the reins totally. But the punishment of Segismundo has affected Basilio psychologically. He lives with constant guilt. That is why he wishes to conduct the experiment at the court:

Yo he de ponerle mañana,
sin que él sepa que es mi hijo
y rey vuestro, a Segismundo
(que aqueste su nombre ha sido)
en *mi* dosel, en *mi* silla,
y, en fin, en el lugar *mío*,
donde os gobierne y os mande,
y donde todos rendidos
la obediencia le juréis. (I, 796–804. Italics mine)

This guilt is a result of his pride which is based on his assurance in his own intellectual powers:

ya sabéis que yo en el mundo
por mi ciencia he merecido
el sobrenombre de docto;

201

. . .
en el ámbito del orbe
me aclaman el gran Basilio.
Ya sabéis que son las ciencias
que más curso y más estimo,
matemáticas sutiles,
por quien al tiempo le quito,
por quien a la fama rompo
la jurisdicción y oficio
de enseñar más cada día;
pues cuando en mis tablas miro
presentes las novedades
de los venideros siglos,
le gano al tiempo las gracias
de contar lo que yo he dicho. (I, 604–623)

Basilio refuses to see that his powers are only borrowed. Calderón
uses irony several times to show that Basilio is not able to understand his own words. Once, Basilio says the following words,
without realizing that they are applicable to himself: "porque en el
mundo, Clotaldo, / todos los que viven sueñan." (II, 1148–49).
Commentaries like this one create the necessary dramatic irony
inherent in Basilio's character. An even more incisive commentary occurs when Basilio states: ". . . de los infelices / aun el mérito
es cuchillo, / que a quien le daña el saber, / homicida es de sí
mismo!" (I, 652–55).

The necessary ironic approach to Basilio's flaw is provided
by ". . . a Chorus of mocking praise of his learning which brings all
in doubt."[8] Estrella puts the finishing touches on Basilio's characterization when she calls him "Wise Thales" (I, 580) because
Thales passed down through the ages as the symbol of philosophy's folly perhaps because it was alleged that he fell into a ditch
while star-gazing. Basilio's erudition is definitely impugned and
his concomitant pride must be humbled. The proud Basilio must
suffer a fall, defeat or humiliation of some kind to deflate his
swollen ego. Although this fall is exactly what the auguries had
predicted, Basilio was unable to realize why it had been predicted
concerning him. We see, then, that Basilio fits the description of

[8]Jackson I. Cope, *The Theater and the Dream: From Metaphor to Form in
Renaissance Drama*, Baltimore: The Johns Hopkins University Press, 1973, p.
248.

202

the mythical tyrant-monster: "He is the monster avid for the greedy rights of 'my and mine.' . . . The inflated ego of the tyrant is a curse to himself and his world no matter how his affairs may seem to prosper. Self-terrorized, fear-haunted, alert at every hand to meet and battle back the anticipated aggressions of his environment, which are primarily the reflections of the uncontrollable impulses to acquisition within himself, the giant of self-achieved independence is the world's messenger of disaster, even though, in his mind, he may entertain himself with humane intentions."[9]

Segismundo, as he reappears from the darkness that obfuscated his mind, brings a knowledge of the secret of the tyrant's doom and is destined to struggle with his father. The purpose of the struggle between Segismundo and Basilio involves the unfolding of life. "The law and order—equilibrium, truth, rectitude, justice—that the hero seeks to bring into being are among man's supreme goals."[10] The altercation between these opposing forces is cyclically completed when the claim to the inheritance is acknowledged as rightfully that of Segismundo. But Segismundo must show that he has been reborn on a higher level of awareness, like the mythical hero ". . . whose second solemn task and deed . . . is to return to us, transfigured, and teach the lesson he has learned of life renewed."[11] This is exactly what Segismundo does. He returns to society as its leader and shows how he has conquered himself and can now rule justly. But he also shows that he will not completely reject the past. He will accept what is good of the past and add to it his own apportations. This is the symbolic meaning of Segismundo's words at the end of the play:

Pues que ya vencer aguarda
mi valor grandes victorias,
hoy ha de ser la más alta
vencerme a mí. (III, 3255–58)

This lesson, which has also been learned by Basilio, is not without suffering, for "Renewal is achieved by way of inner conquest; of

[9]Joseph Campbell, *The Hero with a Thousand Faces*, Princeton (N.J.), 1968, Second Edition, p. 16.
[10]Norman, p. 44.
[11]Campbell, p. 20.

203

having made the night journey through deepest darkness, agoniz-
ing struggle, and conflict."[12]

S.U.N.Y.—New Paltz

12Norman, p. 48.

En torno al sentido y forma de
No hay mal que por bien no venga
(Juan Ruiz de Alarcón)

Enrique Rodríguez Cepeda

A mi hijo Guillermo,
humillado un día.

La obra de Alarcón apareció, con un segundo título desde el mismo año de su impresión, en 1653 y en la ciudad de Zaragoza. Así: *No hay mal que por bien no venga o Don Domingo de don Blas;* manera y nombre que volvió a repetir, cincuenta años después, otro dramaturgo, don Antonio de Zamora, en obra bastante diferente[1]. Sabido es que muchos títulos de comedias encerraban, con frecuencia en la época dorada, dichos y sentido folklóricos. En la presente comedia de Alarcón el uno procede del refranero; el otro, el segundo, compuesto de dos *dones* y de dos nombres de semántica ridícula. El gracioso Beltrán pondrá, al fin, título a la obra (en los versos 2652–53) y unirá a los dos per-

---

[1]Véase la "Advertencia" a la edición de A. Bonilla (Madrid, 1916). Nuestro trabajo fue presentado y leído en el Homenaje al Prof. E. W. Hesse, San Diego, 1984.

sonajes centrales en un solo motivo moral. Don Juan representa la parte de *No hay mal* y Don Domingo la de *Por bien no venga*[2].

Hay otro elemento simbólico que arregla la distancia del bien y del mal y que encarnan los galanes masculinos; se trata de unas llaves que van apareciendo en la obra de manera fortuita y que dan pie a una conversión moral y a la presencia de sustantivos vitales en el comportamiento de dichos personajes; me refiero a los temas de la cortesía, de la lealtad y del amor, que llevan al concierto; mientras que la mentira, la avaricia y las dudas al desconcierto. Acaso el dictado ético de Alarcón sea el de que si se trabaja por algo con fuerza y cariño el resultado siempre debe ser positivo; en otras palabras, el tema de *por el dolor y el trabajo a la alegría*. Don Juan dirá claramente que

"en las obras daré muestras
de mi fe(e)" (v. 674–75)

para enlazar con otro tema común en el refranero: *obras son amores*. Así los tres vértices de la humanidad: trabajo, sentimientos, vida. El personaje de don Domingo, aparentemente opuesto al de don Juan, encarna lo caricaturesco y humorístico, pero con una muy especial dimensión humana y con un mensaje de simple y llana bondad; el folklore de don Domingo de don Blas se fija doblemente en la comicidad de su nombre (v. 96–7):

"Apellido tan extraño
. . . . . . y nuevo".

La palabra *Domingo* representa el folklore religioso del calendario, del descanso y del ocio; se encuentra además en pronósticos y en el refranero con un marcado sabor a fiesta. *Blas* indica lo ridículo y lo servil; por otra parte es usado dentro del sarcasmo de la cultura popular y es nombre viejo dentro de dichos más o menos peyorativos, del tipo: *lo dijo Blas* ... , etc.; o *parece "un Blas"*.

Sin embargo todos estos elementos de aparente negatividad

[2]El refrán aparece ya en los repertorios de Correas y Cejudo; está citado en Tirso de Molina (*Quien calla, otorga*, 1613?) y Calderón (*La dama duende*, 1629? y en *¿Cúal es mayor perfección?*, alrededor de 1650); de tal tema se vale, además, Pérez de Montalbán para componer *La doncella de labor*, publicada en 1635.

van a conseguir, al fin de la obra, el premio del Rey y los dos personajes serán galardonados con el honor de la buena opinión, con el favor de las virtudes recobradas y con el amor de las mujeres deseadas[3].

Además los dos galanes, por razón de estado y por lealtad al Rey, ofrecerán a su majestad el mensaje de la participación política y de la unión a la causa justa a través de los temas amistad y lealtad. El aspecto económico, latente en toda la comedia, llegará a ser superfluo e intencionará la enseñanza (entre los dos polos del Don Juan venido a menos y de don Domingo, el nuevo rico) de que el dinero y la traidora y varia fortuna no explican la verdadera condición humana aunque la modifique y la haga conflictiva.

Si por dinero no se puede ganar opinión sí se puede perder como le acontece a don Juan en el verso 964. El ganar opinión y buen nombre será siempre a través del comportamiento y de la práctica moral del hombre. Don Domingo, tan ridiculizado, no recobra sus virtudes por el dinero sino a través de la cortesía porque (v. 772)

"el cortés (busca así) seguridades",

en contra del "riesgo (que) busca el descortés" (v. 771)[4]. En este eje sentimental juega la obra de Alarcón y pone de manifiesto que

"obligar voluntades
la mayor riqueza es", (v. 769–70)

esto es, si quieren Don Juan y Don Domingo, que lleva cada uno en sí un hombre bueno (ya está aquí la confianza en la naturaleza rosoniana), llegarán a buen puerto siempre que obliguen su voluntad al bien y a obrar con la épica de los sentimientos y no con la idea del poder. Por esto se condenarán los otros personajes de la obra; me refiero a Ramiro y al Príncipe don García que se niegan a evolucionar, a recobrar las virtudes, y se dedican, por el con-

---

[3]Para otros aspectos ver J. A. van Praag ("Don Domingo de don Blas", *Revista de Filología Española*, 22, 1935), en donde se fija la composición de la comedia entre 1629 y 1635.
[4]Agradezco las sugerencias que en este punto me brindó, en 1983, mi alumna Jo Anne Dewald.

trario, a manifestar el desorden de lo que indica la fuerza y el poder, en otras palabras, la maniobra política y la muerte de la sencilla lealtad. Nuestro poeta está creando la crítica de que estos personajes, nacidos de sangre noble, pierden el motivo de ser personajes positivos; mientras que aquellos, crecidos en la adversidad, llegan a saborear el orgullo del buen fin y de la buena inclinación, y más Don Domingo, el personaje que se transforma en el reactivo verdadero de toda la comedia.

Esta introducción previa nos va a servir ahora a seguir el hilo de lo que entendemos por estructural en la presente obra de Alarcón.

Serán últiles los datos técnicos de que nuestra comedia no se imprimió en las dos primeras partes de obras del autor (1628, 1634); pero, como otras obras atribuidas a Alarcón, no es imprudente, conocida la problemática de publicar los poetas de la época, integrarla entre su producción debido a ciertos rasgos comunes y a un ambiente filosófico y moral no lejos de la manera de hacer de este ingenio.

No hay mal que por bien no venga apareció, con este único título en Madrid y en 1653, en un tomo de varios; otra edición casi simultánea en el mismo año, ahora en Zaragoza, añadiendo el sobrenombre *Don Domingo de don Blas*, títulos ambos que se van a repetir en *sueltas* y que así ha llegado a nosotros. De todas las formas parece ser una de las últimas composiciones de Alarcón con fecha aproximada en torno al año 1629 (acaso como ligero recuerdo de *La dama duende* de Calderón) y luego al 1635 (por la obra de Montalbán *La doncella de labor*), intervalo que encierra e indica el tiempo de creación de la tragicomedia calderoniana *La vida es sueño*[5].

La versificación es reveladora del escritor (poeta) más concreto en usos métricos de todo el movimiento de la comedia llamada lopesca. En nuestra obra sólo se usan tres tipos de metro; con un 73% de redondillas (ya dijo Morley del "redondillista empedernido"), 18% de romance y un 9% de verso culto, silvas;

[5]Véase el estudio citado de van Praag; creemos que hay que tener en cuenta la fecha de la obra de Alarcón para fijar ciertas relaciones con la composición de la famosa tragedia calderoniana.

bien sencilla estructura musical; tal síntesis versificadora no empobrece la obra en absoluto mas la equilibra de tal manera que se lee y recita con suma naturaleza y balance. Es verdad que ningún escritor del momento llegó a tan simple esquema; se sabe (por los ejemplos de Morley, Bruerton y D. Marín) que por estos años '30 la métrica, como técnica teatral, había evolucionado mucho y ya Lope de Vega tenía desplazada la redondilla por el romance; en Alarcón observamos el proceso totalmente invertido.

La crítica moderna en torno a la presente comedia es más bien escasa: un par de artículos y un par de ediciones comentadas con otra en volumen colectivo. El texto moderno y primero es el de A. Bonilla, estudiado con acierto en 1916; la edición más útil, hoy, y manejable, la de J. Hill y Mabel Harlan (New York, Norton, 1941).

Se ha hablado de que la enseñanza y moraleja de la obra es la lealtad al rey de los buenos súbditos; también se han comentado otros temas afines, pero nunca ha pasado su interpretación a interesar definitivamente. Para nosotros el texto de Alarcón encierra marcado interés porque contiene temas básicos para corregir sociedad y hombre: así el triángulo formado por la correspondencia social del amor, la fortuna (la opinión) y el dinero, enmarcado todo es una crítica cortesana con fondo de intriga política.

Para don Juan el amor está por encima de todo; como para su amada Leonor a quien (v. 298-99)

"si falta el amor
sobra todo lo demás".

Además la opinión que se tiene de uno y el dinero ayudan y son medios para conseguir amores y fortuna. Para don Juan y Leonor el amor es, en sí, un fin y, al mismo tiempo, parte de la pasión de vivir. El tema del amor forma paralelos con los temas de honor y lealtad y, si perdidos éstos, se pueden recobrar si el ser humano demuestra mejor voluntad y comportamiento. En la conclusión el pago del rey será unir en matrimonio a quienes merecen el galardón del amor porque éste es imposible sin confianza y verdad (en otras palabras: honor y lealtad)[6]. Para don Domingo, casi

[6]Acomoda lo que dice Walter Poesse (*J. Ruiz de Alarcón*, New York, Twayne

desprovisto de pasiones, todo en la vida está al mismo nivel y se corresponde de cierta manera; el amor no debe sobrepasar el valor de otros temas de la vida y se debe conseguir a través de un balance con la fortuna (la opinión) y el dinero; estos dones deben controlarse a través del mismos dicho de don Domingo:

"¡Mira si la cortesía
viene a ser seguridad!"[7]

La cortesía será el arma que don Domingo opone a la pasión de don Juan; por el contrario las virtudes negativas de don Ramiro y el Príncipe (la codicia y la descortesía) serán condenadas por viles. Los caracteres femeninos quedarán más difuminados y confusos por depender solamente de su contexto sentimental; la pasión de don Juan hará a Leonor pasional y, en un momento de la obra, dejará de amar porque ha sido mal aconsejada por su padre en asunto de dineros al descubrirse la falsa situación económica de su enamorado. De otra manera el personaje de doña Constanza está tiznado de cierta cortesía y resignación que ofrece su pretendiente don Domingo. Para cerrar este apartado añadamos la queja de Leonor con su padre don Ramiro (v. 967–76):

"...que tanto llega a dañarme
su condición avarienta".

En fin vemos que los temas se entrecruzan y se explican unos con otros con armonía cierta, creándose una moral que va definiendo a todos los personajes por su comportamiento. Este comportamiento se irá desarrollando según se va planteando la temática total de la obra. Así vemos como la *fortuna* aparece, en principio "varia y caprichosa", según la usanza clásica (v. 1195–97):

"¡Ah, vil fortuna! ¡Con otros
tan liberal, y, conmigo,
tan avara!"

Publishers, 1972): "It (amor) is usually temporarily thwarted by the conflict of other loyalties throughout the *comedia* but emerges triumphant at the end and at no expense to the others".

[7]Bonilla decía en la "Advertencia" de 1916: "Don Domingo, aunque *acomodado* no es egoísta; amigo de la tranquilidad, no rehuye los lances . . . y, aunque habitualmente perezoso, es la misma diligencia cuando le reclama el cumplimiento del deber. Por eso es tan simpática su personalidad y tan amable su figura . . . , nunca ridícula", siempre cortés.

para luego ser tema sinónimo de la suerte (v. 10):

"Yo pierdo mil ocasiones
por tener tan poca suerte".

Más adelante se nos dice que, con trabajo y maña, fortuna puede enderezarse:

"...que he de ver si mi artificio
puede vencer sus rigores". (v. 198–99)

La fortuna, en fin, siempre puede acontecer en aquel que no la posee y viceversa:

"que hemos de trocar los dos
fortuna, y que he de ponerle
y ponerme en tal estado". (v. 631–33)

O es un dicho sentimental con marco de proverbio:

"siempre ayuda al osado la fortuna". (v. 1946)

El dinero es menos vario que la fortuna en sentido general. Quien tiene dinero lo tiene; y solo lo pierde si se lo roban o dilapida, etc.; la fortuna no, porque la condicionan elementos más sentimentales e intelectuales; no se da como materia total; según un personaje el dinero puede comprar, prácticamente, todo:

"No tiene el mundo
más linaje que tener" (dinero). (v. 1367–68)

La hija de Ramiro, Leonor, dirá de su padre:

"que al dinero
tiene más amor que a mí". (v. 975–76)

El amor filial por debajo del dinero, solamente dentro de la intriga político-social; en otra ocasión lo tenemos, el dinero, por encima del amor sentimental. El juego de *usar el dinero de* o *gastar el dinero de otro* es muy importante en la obra; recordemos, en la primera parte, que don Juan lleva mucho tiempo usando el dinero de otros; al padre de Leonor le gusta el dinero ajeno; y, hasta el nuevo rico don Domingo, nota a las mujeres "más enamoradas" cuando:

"sienten como suyo
el gasto de mi dinero". (v. 1007–08)

211

Parece ser algo, en estado latente, similar al epigrama de Marcial (comentado por Covarrubias en su *Tesoro*, artículo *fuego*): *Ludere de alieno corio*, que Covarrubias traduce: "Vale tanto como ser liberal de hacienda agena". A don Juan, la ausencia de control con el dinero, le:

"ha degenerado de su nobleza", (v. 451)

y le ha perdido "opinión" con los demás (v. 584)[8].

El planteamineto de la comedia caracteriza a don Juan como pobre pero valiente, además de trabajador, afanoso, audaz, sufrido, sentimental y atrevido; don Domingo, cuando pobre, fue todo esto pero ahora, nuevo rico, aparece como persona comodona, a veces caprichoso y antojadizo, otras, descansado y flemático, hasta frío y ocioso.

Una posible enseñanza que nos quiere imponer la moral alarconiana es que el dinero muda, en ocasiones, el carácter, pero que nunca usemos el dinero de otros para nuestros propios fines porque, a fin de cuentas, así no se puede triunfar. Varios engaños económicos de don Juan le salen bien y el personaje va manteniendo su errada figura y pensamiento; el día que el timo económico le sale mal, aprenderá la lección de que "no hay mal que por bien no venga", título de la obra, cuando es sorprendido robando en una casa; desde entonces se dará cuenta lo que vale ser honesto, noble y positivo a la idea de los demás y a lo que de nosotros se dice; el dinero no iguala fortuna y nobleza, menos espíritus; pues, es *mala* la idea de robar en la casa de Ramiro, padre de su amante, para igualarse con ellos; y es *buena*, la suerte de encontrarse en la casa robada con un amigo, allí preso, que le ayudará a corregir la opinión (su opinión) y tendrá la ocasión de servir a la verdad y a la figura del rey.

La obra también glosa la idea de que, quien sabe mantener su dinero, aunque parezca bobo, no lo es tanto porque: "ni es necio ni es muy bobo don Domingo" (v. 184–85); sin embargo: "la riqueza, si de loco, / la opinión la desbarata" (v. 1370); y lo mismo con el listo, que si no tiene dinero no es muy listo (el caso

---

[8]Sobre el tema de la *opinión* y *opinión ajena* hay que atender a lo dicho por Américo Castro (en especial en *De la Edad Conflictiva*, Madrid, Taurus, 1963) y Francisco Ayala (*Realidad y ensueño*, Madrid, Gredos, 1965).

de don Juan, por ejemplo). Acerca de estas divisiones el refranero español es riquísimo; recordemos los dichos de "tírame pan y llámame perro" o "yo soy el tonto, el tonto de mi lugar, unos comen trabajando y yo sin trabajar" (la figura de don Domingo justamente). El tema del amor en la obra es todavía mucho más vario y complicado; a primera vista es algo tan concreto como que:

"sin amor sobra todo
lo demás...". (v. 298)

No es así; el tema amoroso es algo más delicado y sutil porque cualquier duda o variante lo daña y es atacado, al mismo tiempo, por ello; todo influye en la vida para que el amor se desvanezca o para que surja con fuerza, triunfe y se cumpla debidamente. El dato fundamental está en que Leonor, no por su propio sentimiento, decide abandonar el enredo amoroso en que se encuentra porque:

"no estimará a su mujer
quien su mismo honor desprecia"; (v. 1566-7)

el desprestigio económico de don Juan y lo que se dice de él ponen en peligro su amor por la mujer que ama, justamente cuando lucha más por triunfar en ello; parece ser que en esta lucha apasionada por el amor que se pierde más allá de los sentimientos encontramos el lugar donde sitúa el autor, al fin del segundo acto, un primer clímax de la obra. El único problema de don Juan es que este enamoramiento legítimo lo ha estado manteniendo con algo ilegítimo, el dinero de otros, lo cual le ha obligado a hacerse "embustero y enredoso"; la enseñanza alarconiana será de corte medieval, lo bueno no se debe enseñar con falsos o malos principios (tema que llega hasta *La Celestina*); le tienen que explicar a don Juan que:

"¿Pues aún no lo has entendido?
Estás tú sintiendo aquí
el dinero que has gastado
en celebrar a Leonor,
y lo pudieran mejor
sentir los que lo han prestado". (v. 59-64)

No cabe duda que la pasión ciega y determina el enamoramiento de don Juan (v. 561) y lo contrario a don Domingo:

213

"no permito a la pasión
yo jamás que me la quite
(la elección de amar). (v. 1438–39)

El amor perfecto que esperan todas las mujeres, pretenditas y pretendientes, se queda en entredicho porque está basado en las reacciones y detalles sentimentales del "otro"; al perder crédito don Juan, Leonor queda confusa y quiere romper toda relación porque "no hay consejo para quien abrasa amor" (v. 968). Los humanos nada pueden hacer ante una mujer determinada por ello; solamente el rey puede corregir, con sus especiales poderes, el verdadero ritmo del amor a través del matrimonio y de la paz impuesta por ambos (rey-sacramento); la intervención del rey es, pues, niveladora (la llamada "justicia poetica") de lo que acontece en la tierra. Hasta aquí la intriga principal de la comedia, la corriente sentimental y social.

La intriga secundaria, la historia, va a ser la única fuente que encuentra un registro en lo acontecido en España anteriormente; se trata de las amargas intrigas que, a principios del siglo X, mantuvieron los hijos de Alfonso III el Magno, rey de Asturias. Aunque a veces la intriga amorosa se tiene por "historia verdadera" en la comedia antigua si algo aconteció similar a lo narrado, ahora sí se refiere la obra a la toma de Zamora y a la conspiración del príncipe en contra de su padre el rey para que, en el reino de León, se dé:

"mudanza de estado", (v. 308)

cerrando la comedia con la idea de que

"....porque tenga fin
esta historia verdadera". (v. 2810–11)

Nunca se ha apuntado que esta intriga, en concepto de secundaria, la verdadera "mudanza de estado", pueda ser, además, base y recuerdo de lo contado por Calderón en la corte de Polonia de *La vida es sueño*. Las obras de Alarcón y Calderón parecen pensadas y escritas, acaso, por los mismos años, si tenemos en cuenta que la conspiración y enfrentamiento rey-príncipe tienen mucha semejanza con estos versos de la pieza comentada; se dice así:

"¡El mismo que yo engendré

214

es mi mayor enemigo!
Matarlo será el castigo,
si culpa engendrarlo fue".[9] (v. 2598–601)

También es semejante, aunque menos filosófico, el tema y detalle de la cárcel de Segismundo con el encierro del príncipe de Asturias en el "castillo de Gauzón" (v. 2738), hoy Gazón. La misma cárcel se extiende en la obra, por razón de estado, a don Domingo, quien queda encerrado en casa del valido don Ramiro, en cierto sentido un figurado Clotaldo[10]. Veamos ahora la estructura de la comedia. En cuanto al movimiento de las tres unidades tenemos que decir, como casi siempre acontece en el teatro antiguo español, que la unidad de lugar es la más simple y sencilla. La escena ahora nos evoca una casa (de don Juan primero y, luego de don Domingo) enfrente de otra (propiedad del valido don Ramiro que habita con su hija Leonor) con pretendida celosía. En medio la calle con plaza, en donde se van a celebrar las fiestas de Zamora y la rebelión del príncipe. Fiestas y guerra se oponen y se encubren mutuamente; esta calle y plaza obran como "pared en medio" (v. 5) para separar las intrigas, la principal y amorosa de la secundaria o histórica; los mismos lugares y la misma idea espacial se mantienen con unidad durante los tres actos.

La unidad de tiempo es más complicada; primero nos encontramos con el siglo X, el tiempo cronológico de la obra que cuenta y recuerda lo acontecido al fin del reinado de Alfonso III. Sin embargo el verdadero tiempo dramático y real que se narra en toda la obra es un año y nueve días. Tengamos en cuenta que se evoca un año en el paso del primer acto al segundo, cuando

"cobró de mí adelantado
no siendo suya, de un año". (v. 1193–4)

Pero el acto primero pasa todo en un día cualquiera.

---

[9]Sobre el enfrentamiento padre-hijo—o hija—hay interesantes casos en la comedia antigua española; recordemos ahora el tema extremo de las mujeres hombrunas, montaraces y bandoleras (un buen ejemplo lo extraño de *La serrana de la Vera*, de Luis Vélez de Guevara).

[10]Téngase en cuenta la nota de Martín de Riquer a su edición de *La vida es sueño* (Barcelona, Editorial Juventud, 1961, p. 83), v. 703.

Se concluye el acto segundo en otro día de representación hasta cerrar la noche. En el otro tiempo evocado, en el paso del acto segundo al tercero, encontramos que son unos "seis días" (v. 2314) los transcurridos en el entreacto, más un nuevo día (jornada) de la representación final del propio acto tercero. En total 106 días evocados y no dramáticos, más los tres días fijados en la representación; con un total de los 109 días que anunciábamos. Toda la idea del tiempo y su estructura se adaptan perfectamente al esquema figurado por J. Casalduero hace ya varios años; un tiempo o pausa larga en el primer entreacto y un tiempo, con pausa más breve, en el segundo[11].

La noche tiene una doble función en la comedia y, como tópico importante que es en el teatro antiguo, divide sus poderes y acción entre la unidad de tiempo, como base, y la de lugar como elemento de situación; el papel y la idea de símbolo que la noche ofrece en la obra alarconiana nos dicta los sustantivos de encubridora, madre de la confusión y el enredo, capa de pecadores, traidora, etc.

En la unidad de acción encontramos cuatro escenas de contenido dramático en cada acto o jornada. En al acto primero tres escenas dedicadas a la intriga principal y una a la histórica o secundaria; lo mismo en el acto segundo; pero en el tercero las dos intrigas se mezclan hasta que la intriga histórica se apodera de la acción con la presencia del rey, quien, en el verso 2653, remata el clímax de la comedia con el motivo del refrán y título:

"No hay mal que por bien no venga",

y con la imagen de Dios todopoderoso, sustituida por la presencia del rey en la tierra, porque

"No hay suceso que no tenga
prevención en Dios". (v. 2650–51)

Podríamos decir que casi existe un balance completo entre los valores de la intriga principal y secundaria, con seis escenas

[11]Verdaderamente estructural y clara la manera de leer teatro antiguo español que demuestra J. Casalduero en *Estudios sobre el teatro español* (Madrid, Gredos, 1962), en especial la figura de la p. 191 que seguimos en nuestra nueva edición de *La serrana de la Vera*, L. Vélez de Guevara, Madrid, Cátedra, 1982.

dedicadas a cada intriga, aunque el acto final mantenga un marcado peso histórico y signifique, para el autor Alarcón, la idea de que la historia es ejemplar y sirve a los humanos de pedagogía, ya que observado lo acontecido en el pasado podemos, muy bien, determinar nuestro futuro y orientar parte de las costumbres y ciertos datos de la vida cotidiana. El esquema de la estructura interna de toda la unidad de acción queda como exponemos en el plano que sigue (véase pág. 218).

En la primera escena de contenido dramático uniforme (de los versos 1 al 224) se presentan los personajes masculinos de la intriga amorosa; a don Domingo no lo conocemos a través de su propia figura física sino por lo que de él nos dicen terceros, en especial los prejuicios de su criado Nuño; hasta la última escena de este primer acto no tendremos noticia del verdadero personaje, y es una enseñanza del dramaturgo para que no hablemos de las personas que realmente no conocemos; interesante la tirada que Nuño recita acerca de su amo (v. 111).

En la escena siguiente (v. 225–300) conocemos a las mujeres de la intriga amorosa; primero Leonor y su criada; luego Constanza, ya en el acto segundo; en ninguna de ellas Alarcón fija tanta capacidad de mudanza, acción y carácter como en sus respectivos amantes masculinos; parece indicar esto que la historia y su ejemplo les sirva de imitación menos a ellas que a los hombres.

La última escena del primer acto representa la clave sicológica de la comedia; empieza a florecer la persona real de don Domingo; cosa parecida ha acontecido con don Juan, quien, hasta ahora y por amor, se ha visto obligado a engañar, mentir y robar, creando una imagen de su persona mucho más negativa de lo es en la realidad. Parece ser que aquí tenemos el planteamiento del tema central y más humano de la comedia, la idea de que las personas están cargadas, su comportamiento, de dinámica y reacción porque los seres racionales no siempre somos lo que parecemos ni la opinión que de nosotros se tiene es definitiva si trabajamos, con corazón y sano sentimiento, el mejor ejemplo para así orientar, con el favor de la oportunidad, la embestida ajena.

Aparte hay que hacer notar algo muy importante en el ambiente de la obra; la intriga secundaria (la histórico-política) mantiene un doble juego de ejemplo y engaño ideológico, moral y

Esquema estructural de No hay mal que por bien no venga (Alarcón, 1629-1635?)

(romance-redon.) v. 1–v. 224	(redondilla) 225–300	(redondilla) 301–684	(redondilla) 685–944
Intriga principal	Intriga principal	Int. secundaria	Intriga principal

TIEMPO LARGO (UN AÑO)

Planteamiento de los personajes; sólo sabemos lo que otros nos dicen de ellos.

(ACTO I)
EXPOSICIÓN

Se plantea el tema básico:

Muchas veces las personas no somos lo que parecemos; la opinión se puede orientar con trabajo y lucha.

• •

(redondillas)

945–1235	1236–1356	1357–1651	1652–1935
Int. Prin.	I. Secun.	I. Prin.	I. Principal

Comentario de los diversos temas de la obra: el enredo del amor, del dinero y de la fortuna. Se enseña que la lealtad y la verdad ayudan al amor.

(ACTO II)
DESARROLLO

• •

(silvas) 1936–2281	(rom y red) 2282–2529	(redond) 2530–2653	(romance) 2654–2811
Int. P. y S.	I. Secundaria	I. Secund.	Int. P. y S.

TIEMPO CORTO (SEIS DÍAS)

Solución del tema básico; hay que trabajar y comprometerse para orientar la opinión debidamente.

(ACTO III)
DESENLACE

Desenlace de los temas diversos. Se premia a los buenos con el amor, y a los malos con la cárcel.

El rey (Dios en la tierra) trae justicia a la vida y ofrece a cada humano su verdadero valor. Don Juan y don Domingo son como se decía que eran; el ejemplo de la historia los ha hecho buenos súbditos.

218

sentimental; los participantes de la intriga amorosa (don Juan, don Domingo y sus pretendidas) cuando viven el factor costumbrista y diario, a saber, los enredos, la mentira, el dinero, la fortuna, etc., mantienen una ingenuidad total en cuanto a la intriga política y social; estos mismos personajes se presentan al rey ofreciendo sus brazos en sentido de amistad y lealtad, dando los pies también y besándolos en prueba de sumisión. Aquí nos parece leer entre líneas la lección de un servilismo social ya captado en las circunstancias de la época seiscientista; la política transforma más a los hombres simples y respetan más la firgura del rey que los nobles, príncipes o relativos a la cornona o Estado. En la escena el traidor príncipe finje y prepara una:

"mudanza de Estado" (v. 308) y
"presto en mis sienes veréis
la corona de León". (323–24)

que quiere decir que los políticos no se toman la historia como ejemplo y enseñanza, sino como ambición y aventura, usando como escudo el buen natural de sus inferiores seguidores.

Volvamos al enredo amoroso. En el acto segundo, al principio, se nos dice que ha pasado un año desde que don Juan engañó económicamente a don Domingo. Por esta razón doña Leonor va a rechazar el amor de don Juan, aparte de su mentiroso, aunque obligado, comportamiento; son los versos 945–1235, en redondillas. Se presenta ahora doña Constanza quien aprovecha la ocasión de la separación sentimental de estos amantes para entablar su admiración por el don Juan abandonado; Leonor se aparta del amor por una cuestión de dinero que a don Juan duele enormemente; sin embargo doña Constanza no mira la razón pecuniaria y entra en el enredo sentimental de la obra. Al fin ni amor ni dinero vencerán a su contrario.

En la segunda escena del acto segundo (v. 1236–1356) regresa la intriga histórica a la obra. El valido Ramiro, padre de Leonor, también tocado de la ambición del dinero, mezcla lo que le pertenece de personaje histórico (se supone ejemplar) con los problemas cotidianos y sentimientos de su hija; el dinero ahora vence los sentimientos y la idea de lealtad, al mismo tiempo que don Domingo es engañado y tiene que dar dinero para poder participar de la nobleza y asistir a las fiestas de Zamora con el peligro de verse envuelto en la rebelión que el príncipe prepara (v. 1343); don Domingo pasa a ser, después de haber sido engañado, el llamado el "desengañado" (v. 1356). Es parte de lo que es y parece ser, del título de la comedia *No hay mal que por bien no venga*, de la dinámica de las apariencias, etc., al que engañan se desengaña.

En la escena tercera del segundo acto se regresa a la intriga sentimental de don Juan y Leonor con la intervención de don Domingo (v. 1357–1651), éste el menos apasionado de los hombres porque no puede querer y amar mujer que otra persona quiera o corteje ya que

"no hay más que una vida
y hay muchas mujeres". (v. 1478–79)

La última escena del acto central nos ofrece un duelo frustrado por causa del amor, glosando el dicho de "dos no riñen si uno no quiere", por otra parte tópico lleno de contradicciones. Don Domingo no es hombre para luchar por el amor; la inclinación amorosa debe venir sin contienda, casi naturalmente. Lo paradógico es que acaba la escena con la confusión de la noche.

La primera escena de la última jornada está escrita en silvas, el único metro culto de la obra. Otra vez el truco y símbolo de las llaves falsas nos conducirán a buen puerto y fin porque todo se va a solucionar y lo que parece mal terminará bien ya que "no hay mal que por bien no venga" en la vida diaria. Y más si la fuerza del amor anda por medio como es la inclinación de don Juan por Leonor; sin embargo la fuerza del amor desaparece y la intriga sentimental queda desplazada por la acción política. De pronto, en la escena siguiente, vemos a don Domingo preso en casa de Ramiro recitando una triste tirada en silvas (v. 2054–2217) para explicar su conflicto y posición ante el rey y el pretencioso príncipe.

La escena segunda del tercer acto en romance y redondillas (v. 2282–2529); el tema encabalga con lo anterior y se aclara la falsa prisión de don Domingo. Parece ser que todo pertenece, así, a la intriga histórica aunque dependa de la sentimental si pensamos que don Domingo no es, en realidad, hombre político.

La escena siguiente, tercera del acto, en redondillas (v. 2530-2635); lo narrado ahora nos parece fundamental porque remata y explica el planteamiento, esta vez sicológico, de los personajes costumbristas, que no políticos, y su evolución según anotábamos en la postrera escena del primer acto. Con la presencia del rey, Dios en la tierra, vemos que hay justicia y balance para los humanos si somos leales. Don Juan y don Domingo no son, al fin, como se decía que eran; sin embargo la fortuna y la opinión de Ramiro y el príncipe decaen y ellos se "desprestigian". Así termina el tema moral y la enseñanza de la comedia.

En la escena final y última (la llamada zona de la *justicia poética* de Parker) regresa el ritmo de toda la obra a una situación cero cuando se castiga a los malos y se premia, por sus sentimientos, a los buenos. A la cárcel el Príncipe por desgraciado y rebelde; las dos parejas de la intriga amorosa se unirán en matrimonio. Todo compuesto en verso romance. Los dos galanes enamorados han restituido su prestigio y el "cómodo y frío" don Domingo ha encontrado ánimo y se muestra ahora más afanoso y colaborador sentimental con "ardiente deseo" (v. 2802); mientras don Juan puede declarar a Leonor que, finalmente, "por ganarte, me perdí" (v. 2784).

El último dato lo aporta el rey igualando fortunas y caracteres porque amor y lealtad igualan. Los personajes de la "verdadera história" (v. 2811), la intriga política, no han evolucionado por intrigantes al forzar el orden de la naturaleza, en donde se cifra y descansa el lema del hombre sencillo y de sana inclinación, el lugar común de la costumbre y el folklore:

"¡Ah, ilustre caballero!
¡Oh, en el valor y la lealtad primero". (v. 2230-31)

University of California—Los Angeles (UCLA)

221

The Role of the King and His Courtier in the Theatre of the XVII Century

A. Valbuena-Briones

Philip IV, who ascended to the throne in 1621 at the age of sixteen, was the person suited to promoting the dramatic arts. When he had married Isabel de Borbón, a French princess, in 1615, a *masque* was performed to celebrate their wedding.[1] In this production, they "received congratulations from the four corners of the world, the nations, the elements, the planets, and the astrological signs."[2] Philip IV had an inclination for the performing arts that had developed in his youth. When he was nine years old, —says Luis Cabrera de Córdoba—he acted the role of Cupid in a comedy. "On Thursday of last week, March 8, 1614, the prince, our Lord, acted in front of the King and the Queen and the ladies-in-waiting, without any other persons present."[3] The reporter goes on to say

[1]These *masques* were short performances in which the nobility participated by singing and dancing to various types of instruments with the assistance of professional singers and musicians. The lyrics were by a poet of the court.

[2]Cristóbal Pérez Pastor. *Noticias y documentos relativos a la Historia y Literatura Españolas*, vol. IV (Madrid, Revista de Archivos, Bibliotecas y museos, 1926) 74.

[3]Cited by Ricardo Sepúlveda. *El corral de la Pacheca* (Madrid, Fernando Fe, 1888) 48–49.

that Cupid, upon leaving the chariot, became dizzy and sick, but in spite of it, he did his role well.

Philip IV, according to don Cayetano de la Barrera, loved the belles lettres passionately and he honored his tutors and cultivated their company with pleasure, while his Prime Minister, the Count-Duke of Olivares, took care of the matters of state and fomented the fancies and distractions which would place the country's business in his hands.[4] The Spanish monarch wrote poetry with discretion as is shown in the elegy he composed on the death of Queen Isabel (October 16, 1644). He also exhibited a noble prose in his translation of *The History of the Wars of Italy*, by Francesco Guicciardini. In addition, it was said, he wrote *comedias*. It has been suggested that the play, *The Count of Essex*, was by him. However, Ramón de Mesonero Romanos believed this to have little foundation. This critic was more inclined to attribute to the royal pen a one-act farce entitled "What Happens at a Revolving Window of a Convent." The poet-king used to attend incognito the plays performed for the general public in the *corrales* of Madrid. Sepúlveda mentions that he ordered a secret entrance made that would open to the Corral de la Cruz. By this ruse he was able to watch the performance of María Calderón, a well-known actress and beauty of this period.[5] This young performer had been recruited by the Duke of Medina de Torres from a small village and had become an instant success due to her grace and lovely voice. The King was greatly attracted to her when he saw her for the first time in 1627. A relationship followed from which was born don Juan José de Austria (on April 17, 1629), who was brought up as a prince and recognized publicly in 1642. He became a famous general in the Spanish army and served his country well.

The Prime Minister, the Count-Duke of Olivares, don Gaspar Gómez de Guzmán, was in charge of the construction of the palace and gardens of the Buen Retiro. The royal family began residing in their new quarters in December 1633. Antonio León Pinelo, in his *Annals of Madrid*, describes the ceremony of the

[4]Cayetano de la Barrera. *Catálogo bibliográfico y biográfico del teatro antiguo español* (Madrid, M. Rivadeneyra, 1860) 149.
[5]Ricardo Sepúlveda, ed. cit., 262.

palace's formal opening. The Count-Duke gave the keys to the King, who returned them to him as a symbol of his nomination as *alcaide*. A *merienda* followed and gifts were distributed to the courtiers.[6] The King's visits to the Buen Retiro were extended. He liked his favorite nobleman, don Gaspar, and enjoyed the relaxation of the park, which he could reach quickly from the *Alcázar* where the matters of state were conducted. The Palace of the Buen Retiro had a coliseum, or theatre, and a patio next to the lake, where the plays were to be shown. In 1635, the Florentine designer-engineer, Cosme Lotti, was in charge of the stage settings, and the playwright, don Pedro Calderón de la Barca, of the dramatic presentations. The latter had already contributed his talents to the fiestas and *masques* of the court. In 1634, the *auto sacramental*, by Calderón, *The New Palace of the Retiro*, was performed and its plot centered on a historic and religious allegory based upon the works and gardens in the new royal site.

The courtier, don Pedro Calderón, was a contemporary of Philip IV. Since his youth, he had tried to obtain the patronage of his monarch and the attention of his first minister. For instance, when Charles, Prince of Wales, came to Spain to arrange a marriage with the sister of Philip IV, Princess María, Calderón wrote a play that narrated the affaire d'amour of Edward III and the Countess of Salisbury. It was performed on June 29, 1623, in the royal palace.[7] The room reserved then for these activities was the *Salón Grande*, or the *Salón de comedias*, which also provided the setting for other court festivities. The seating arrangements for the plays followed carefully planned official rules of etiquette. At one end of the hall, the King's chair was set. Around him were seats for his brothers on the right, and cushions for the Queen, the Infanta and ladies-in-waiting on the left. Along the sides of the Salón were cushions for the ladies, while the gentlemen grouped to the left by the doorway.[8] This was the protocol observed at the performance of *Amor, honor y poder* the play presented in honor of the Prince

[6]See A. Valbuena Prat, *Autos sacramentales* (Madrid, Aguilar, 1952) 131.

[7]"In 1623 he represented three comedias privately before the King". Hugo Albert Rennert, *The Spanish Stage in the Time of Lope de Vega* (New York, Hispanic Society, 1909) 411.

[8]Jonathon Brown and J. H. Elliott, *A Palace for a King, The Buen Retiro and the Court of Philip IV* (New Haven, Yale University Press, 1980) 46.

of Wales. Incidentally, the marriage between Charles of England and Princess María of Spain never took place. Diplomatic and religious considerations broke up the agreement. .

During the early stages of his diplomatic career, the Count-Duke of Olivares tried to stimulate the national economy, and among the measures taken was the relaxation of laws that discriminated against those of Jewish heritage. One of the men in the minister's confidence was Jerónimo de Villanueva, of Jewish ancestry, protonotary of the Crown of Aragón, who worked as the purser of this administration. Calderón portrayed the heroic deeds of the Maccabee brothers in their fight for independence and the fortitude of their leader, Judas, in a play which was also performed in 1623 by the Company of Felipe Sánchez de Echeverría in the *Salón de comedias* of the *Alcázar*. This trend of helping the Jews was in agreement with the Count-Duke's policy of total dedication to the government. However, it was an attitude that was difficult to convey since the noblemen were constantly distracted by their private lives and points of honor.

The Count-Duke wanted to restore to the throne the power that the kingdom had enjoyed in the times of Philip II. As a result, he embarked on several costly wars, and in 1625, Spain won a spectacular victory by annexing the fortified city of Breda in the Low Countries. This event was celebrated with a performance. The poet, Antonio Hurtado de Mendoza, wrote a short interlude or *loa*, on the occasion. The royal family and the administration of the Count-Duke of Olivares attended the performance. The program took place in November of that year. The King, Queen, and the Infanta María, with the ladies-in-waiting, —Policena, the daughter of General Spinola who had commanded the siege at Breda—plus valets and chamberlains, were in attendance. Also watching were the Count-Duke, don Gaspar de Guzmán, his wife, Inés de Zúñiga, their daughter, María, the sisters of the Minister, who were known schemers in court intrigues, as well as the coterie of officials, among whom was the feared servant Simón Rodríguez de Urbierna. The manuscript of this small piece has been saved. The title reads: "Loa que representó Pedro Villegas en la comedia que se hizo en palacio por las nuevas de Bredá."[9] Pedro

⁹See: *Obras poéticas*, by don Antonio Hurtado de Mendoza, ed. by Rafael Benítez Claros (Madrid, Gráficas Ultra, 1947) II, 10–14.

Villegas, the actor, was acquainted with the Calderón brothers and some years later he quarrelled with them and wounded one, supposedly Francisco. Professor Shirley Whitaker has suggested, and Professors Brown and Elliott agree, that the *comedia* alluded to in the aforementioned *loa* by Hurtado de Mendoza, was *El sitio de Bredá*, by Calderón. Another hispanist, Simon Vosters, prefers to date the performance of the play a little later in 1628. What is undeniable is that Calderón wanted once more to put his poetic genius to the service of his king and prime minister by extolling their achievements in dramatic form. His play is a eulogy of this historical and military event. Camón Aznar, the art critic, makes reference to the *comedia* as the source of Velázquez' famous painting, *La rendición de Bredá*. He states that Velázquez has faithfully followed the historical data available, and very singularly, the content of *El sitio de Bredá* by Calderón de la Barca, a work written shortly after the surrender.[10]

Calderón's most important play, *La vida es sueño*, was probably performed in the royal palace before its staging in one of the corrales in Madrid during the 1634–1635 season. *Life is a Dream* is widely recognized as a key work in his collection which offers us a "poetic and fantastic conception of life".[11] A moral lesson runs throughout the story and his mythological plays derive from this pattern. Here one deals with a universal theme: that the experience of one's life is like an illusion and its passing is as short as a dream. The title's paradox establishes a paradigmatic binary system of values. Juan Horozco explained this in his treatise *Christian Paradoxes*:

> Having told of the brevity of life one will see the swiftness with which it passes, so it will be easy to believe that life is like a dream, since life has already passed before we realize it. However, that is not what we try to prove, since no one will put this in doubt, but what we are trying to say is that life itself is a dream, and that in reality anything that happens is a dream."[12]

Calderón was especially proud of this play and the reputa-

[10]Camón Aznar. *Velázquez*, vol. I (Madrid, Espasa-Calpe, 1964) 506.
[11]A. Valbuena Prat, *Calderón* (Barcelona, Juventud, 1941) 169.
[12]Juan Horozco, "Paradoxa V", *Paradoxas cristianas* (Segovia, Marcos de Ortega, 1592) fol. 152.

tion he received from it helped him obtain the position as director of theatrical activities in the royal palace after the death of Lope de Vega.

The years between 1635 and 1640 witnessed the flourishing of the dramatic arts at the Buen Retiro. A new play, *El mayor encanto, amor*, was performed July 29th, 1635, on an island in the lake of the Retiro. It seems that doña Inés de Zúñiga, the wife of the Count-Duke, organized the festivities of the Buen Retiro during this period. Cosme Lotti was in charge of the theatrical settings and Calderón had to write a play following the specifications given by Lotti. The performance, originally intended for the night of San Juan, was postponed because the stage props were not ready. A court chronicler has written:

> "Workmen constructed a large platform in the middle of the lake with a forest, mountains and trees, fountains and volcanos. The *comedia* told of the enchantments of Circe and the wanderings of Ulysses and his sailors. The play started at the moment the Greeks came to the forest. Galatea arrived in a chariot drawn by dolphins to undo the spell at the end of the play. Then dancers emerged on the two sides of the lake. The richness of the costumes and the variety of the stage settings were spectacular."[13]

In 1636, the Duke of Medina de las Torres was appointed Viceroy of Naples and betrothed to an Italian Princess of Stigliana, doña Ana Caraffa. That circumstance ended a rivalry that had developed between the Count-Duke and his protégé, Medina de las Torres. The young man had earlier married the Count-Duke's daughter who died giving birth in 1627—one year after her marriage. The Duke of Medina de las Torres had become a lover to the actress María Calderón and was obliged to yield to the King's wishes for her favors. Nonetheless, rumors continued to circulate that a certain relationship was being maintained between the actress and Medina de las Torres. The Duke's departure from the court resolved any further misunderstandings.

Another play, *Los tres mayores prodigios*, by Calderón, with the stagecraft under the direction of Cosme Lotti, was shown

[13]"Cartas de algunos PP. de la Compañía de Jesús", *Memorial histórico español*, XIII, 224. Confirmed by Monanni in a letter (4 de agosto de 1635, ASF Mediceo, filza 4960).

on midsummer's night of 1636 in the yard of the Royal Palace of the Buen Retiro. Ambassador Aston mentions this event in a letter:

"The 19th of this moneth the King and Queen remoued to the Buen Retiro to enioye the pleasure of the Conde Duque's curious gardens and new waterworks, where theire Maiesties have been entertayned with great variety of fiestas amongst the which was uppon Midsommer night of the greatest ostentation and curiousity as I have seene of the kinde. I hadde the honor to be invited to it, and had an extraordinary fauor and respect shewed me in the place that was given me: the entertainment was a play that was made on purpose to be acted by three seuerall companies of players of this town . . ."[14]

Cosme Lotti had prepared three different stages with a united front. On the right side, the Company of Tomás Fernández de Cabredo performed the story of Jason and Medea and the seizing of the Golden Fleece; on the left, the Company of Pedro de la Rosa portrayed the legend of Theseus slaying the Minotaur with the help of Ariadne, and the hero's decision to choose between Ariadne and Phaedra; and in the middle, Antonio de Prado and his company acted the story of Hercules and his death on the sacrificial pyre. Each act had an independent entity, but the three together reached a certain unity through the story of Hercules. A condemnation of jealousy was the underlying theme of the play.

A month later, on July 28th, Calderón presented *La fábula de Dafne*, in one act. He would return to this theme later and enlarge on it. Their royal majesties were delighted with the dramatic entertainment and recommended Calderón for the Order of Santiago. His mythological plays were original reelaborations and new arrangements of the classic myths. They were enriched with a moral philosophy in which virtue was commended and passion was censured. A comic subplot helped to remind the audience that the myths were false inventions, but that did not cancel the fact that they contained some poetic truths. In addition, the plays served the poet-dramatist as a means to make favorable allusions to members of the royal family for whom they were written. The denunciation of jealousy in *Los tres mayores prodigios* could be interpreted as a statement about the unworthiness

[14]Letters by Aston to Coke, P. R. O., State Papers, Spanish, 94/38, fol. 139.

and dangers of this emotion. In the myth of Apollo and Daphne, it was understood, in that period, that the Greek god was crowned with the laurel wreath after the nymph has been transformed into a laurel tree. The King could be compared to Apollo who achieves his distinction when the object of his passion disappears. A victory of self-control could be related to the fact that the actress and King's mistress, María Calderón, had renounced the world and entered a convent. Queen Isabel must have been especially pleased to see an allusion to the disappearance of a marital problem.

The years of the sixteen-forties were unfavorable for Spain, the King, and Calderón. The beginning of the decade witnessed the Catalonian uprising during the Corpus Christi of 1640, which started a long, bloody and painful civil war that became complicated with serious European repercussions.

Philip IV moved his court to Zaragoza in July, 1642, to try to bring a quick end to the war. The confusion and upheaval created by the displacement of the courtiers brought his military offensive to a halt. Shortly before the King's return to Madrid, Calderón asked for authorization to leave the army because of his health. The outcome of the ill-advised move to Zaragoza meant the downfall of the Prime Minister at the beginning of 1643, and Calderón was looked upon with suspicion by the enemies of the Count-Duke.

Misfortunes do not come alone. Queen Isabel died in 1644 and the theatres were closed from October of that year to June of the following one while the court was in mourning. Prince Baltasar Carlos, the heir to the throne died before his seventeenth birthday in Zaragoza in 1646, and again all dramatic performances were suspended until 1648. Calderón experienced some misfortunes of his own: the deaths of his brothers, José in the Catalonian War, and his older brother, Diego. During this time he lived away from the court, in Alba de Tormes, the residence of the sixth Duke of Alba, Fernando Alvarez de Toledo.

Circumstances changed for the entertainment world when Philip IV married his niece, Mariana de Austria, and the marriage was consumated October 19, 1649, in the little town of Navalcarnero in the Province of Toledo. The German princess was fourteen years old, and the Monarch liked her and was anxious to have a chance to father a son who would inherit the throne. The new Queen's arrival brought about the resumption of festivals at the court. The King wanted to keep his young bride happy and he attempted to amuse her by scheduling theatrical performances. Cosme Lotti had died in 1643, and Baccio del Bianco was brought from Italy to take charge of the productions at the Palace of the Buen Retiro. The coliseum had to be repaired and this forced the postponement of the opening date. Queen Mariana had become melancholic and ill after the birth of their daughter, Margarita María, on July 19, 1651. An anonymous historian informs us that "His Majesty wished the Queen, Our Lady, to be amused by seeing extraordinary and beautiful things, and that therefore he had ordered Baccio del Bianco, whom they called Il Vaggio, to come to court and gave him a large salary and expense account for this purpose."[15]

Calderón was asked to write the play for that occasion and he produced *La fiera, el rayo y la piedra*, where he once again interwove different mythological themes. It dealt with the rivalries of Cupid and Anteros, and pictured scenes with the *Parcas*, or Fates, and Vulcan's workplace. He also incorporated the legendary statue of Pygmalion into the plot. The playwright used these mythological stories to enhance the spectacle. The play must have pleased the young Queen since it defended a policy of feminine succession. Nothing could have been more suave and opportune than to show the importance of the correspondence of love (Anteros) as oppposed to its whims (Cupid). The example of Anajarte's hardships, which led to her transformation into a statue, might serve as advice to the Queen that she withdraw from her melancholy mood. The play proved to be a great success. "During the month of May, a comedy, dedicated to the Queen, Our Lady,—states León Pinelo—was performed in the Coliseo of the Palace of Buen Retiro . . . the scenery was changed seven times, lights were used to illuminate the settings, and it lasted seven hours. On the first day it was seen by the King and Queen, on the second by the council, on the third by the town of Madrid. Afterwards it was shown to the general public for another thirty-

---

[15]"Escrívense los sucesos de la Europa y otras partes desde el abril de 1652 hasta el marco de 1653", fol. 2.

seven days with the largest crowds ever seen."[16]

Philip IV was very concerned by now with having an heir to the throne. In his letters to Sor María de Jesús de Agreda, he asked her to pray for a male descendent. The health of his wife was another source of worry. In February of 1653, the Queen suffered from a bad case of smallpox, so serious that they were afraid she was going to die. The King, taking care of his wife, also became ill, as did the *Infantas*. However, by the beginning of May all had recuperated. At that time, the Infanta María Teresa asked the Prime Minister, Don Luis Méndez de Haro, to prepare a big fiesta to celebrate the recovery of the Queen. The play, *Fortunas de Andrómeda y Perseo*, by Calderón, and stage settings by Baccio del Bianco, was performed Sunday, May 18, 1653 in the coliseum of the Buen Retiro. The deliberate choice of the fable of Perseus conveys a poetical clue. In the same way that Philip IV took care of the Queen, and risked his own health by doing so, Perseus killed the marine monster to protect Andromeda. The hyperbolic comparison, proper of the *ingegnosità* of the period, was in accordance with an absolutistic system of government which favored the limitless adulation of the monarch. The drawings of the stage settings have been preserved and they show us how elaborate and ornate the performances became.

Don Luis Méndez de Haro began to delegate the direction of the performances in the Buen Retiro to his son, Don Gaspar Haro de Guzmán, Marquis of Eliche. The latter was a superb huntsman who organized the hunting parties for the King. From 1653, he was in charge of the entertainment at court and he took a personal interest in developing the *tramoyas*, or stage machinery. It is on record that he himself directed their construction. The Marquis of Eliche spent lavish sums of money, as, for instance, on the production of *El golfo de las sirenas*, on January 17th, 1657. There was a banquet for all the members at court and their friends, and afterwards, Calderón's play was performed. This was a *zarzuela*, a play partly sung and partly spoken.[17] *El golfo de las sirenas*, in one

---

[16]Antonio de León Pinelo, *Anales de Madrid*, ed. by Pedro Fernández Martín (Madrid, Instituto de Estudios Madrileños, CSII, 1971) 348.

[17]The name *zarzuela* comes from the Palace of the Zarzuela near the Pardo, and it refers to small blackberry bush, apparently due to the fact that these plants

act, tells the story of Ulysses as he passed through the strait of Messina and confronted the dangers of Scylla and Charybdis, who are personified in the play, and who try to attract him to their respective snares. The rain interrupted this performance and it was presented again on Monday of Carnival in the coliseum of the Buen Retiro.

By this time, the conception of the dramatic *fiesta real* had evolved into a *summa* of arts in which painting, music and poetry were the parts to a beautiful composition. Calderón finished his first opera, *La púrpura de la rosa*, which was finally sung in the Retiro on January 17th, 1660. The opera was to commemorate the wedding of the Infanta María Teresa with Louis XIV of France. The Marquis of Eliche again was busy with the rehearsals and final details. He had Calderón at his side as his advisor. The music was sung by the choir of the Royal Chapel and it was interpreted by two companies.

As a final example of these lavish festivities, accompanied by music, we would like to mention *El Faetonte* by Calderón, a gala production for the Carnival of 1662. This event had to be postponed because a complicated plot to destroy the theatre was discovered. On the same day the play was scheduled to be shown, February 14th, a workman found a trail of gunpowder on the stage, that, when followed, led to three packets of explosives. Fortunately, the fuse had not ignited. An investigation revealed that a slave of the Marquis of Eliche had planned to blow up the theatre at night. The reason for this action came to light when it was known that the King had decided to hand over the direction of the court's entertainment to the Duke of Medina de las Torres, who was back at court, and the Marquis of Eliche did not want his rival to receive credit for the theatrical inventions he had made. A judicial process followed and the Marquis was put in prison. Later, the King pardoned his life because of the services he had rendered to the crown. *El Faetonte* was finally performed on March 1st, and constituted another significant success.

Philip IV died in 1665 and this brought all festivities to a halt. Calderón would later continue writing under the auspices of

grow freely in this area. There is a small theatre in this palace which was well adapted for musical performances.

the next King, Carlos II, for several years in the sunset of his inspired career.

This paper shows how indebted we are to the poet-king, Philip IV, for the development of the dramatic arts in Spain. The virtuosity of the Spanish theatre would spread its influence to Western Europe and result in the growth of the opera. The *comedias*, by his courtier, Pedro Calderón de la Barca, presented a unique communication to the audience. They were written in an elaborated code and their representations provided a medium for divulging definite political, philosophical and artistic beliefs as well as providing pleasure and moral lessons to the aristocracy of the court in seventeenth-century Spain.

University of Delaware

The Netherlands and the Literature of the Amsterdam Sephardic Community in the Seventeenth Century

S. A. Vosters

The Amsterdam Sephardim

I have excluded from this essay dealing with Sephardic authors writing in Spanish the poetry and prose of Miguel de Barrios, the most important Sephardic poet of the seventeenth century. His voluminous works would require an extensive study beyond the scope of this short contribution. The Spanish and Portuguese Jews, who by the end of the sixteenth century had arrived in Amsterdam fleeing from oppression in the Peninsula and from the limitations imposed upon them in the Spanish-occupied part of The Netherlands, had the advantage of knowing the Low Countries from within and without, being obliged to flatter the Spanish overlords and to whitewash their failures in governing the northern provinces. These authors add an interesting point of view to the over-all picture of Holland as presented in Spanish Golden Age literature.

234

The coming of the Sephardim to Amsterdam is placed between 1590 and 1597 (PT. SR IX. SG 1–4. ScP 65–67. BF 621). The legends surrounding the foundation of the first synagogue give two main reasons for immigration: religion and commerce. The mingling of these motives makes it difficult to decide which is the more important. Van Praag, in his *Almas en litigio*, stressed the first, and Brugmans, in his *History of the Dutch Jews*, the second (PrA 15. BF 621). Nobody denies that the economic factor played a prominent role in their choosing a progressive Holland over an already decadent Penisula. Another legend describes the arriving Marranos as non-Jews in the religious sense or, rather, Iberian people with a Jewish conscience who needed a German rabbi, Uri ha-Levi, to teach them Mosaic law. On the Day of Atonement of the year 5363 (September 15, 1602) his house, in use as a school for religious instruction, was raided by the Amsterdam police. In Miguel de Barrios's version of the event, the year was 1595 and the officer mistook the Jews for people attending a "popish" meeting. Once aware of his error, he would then have requested that they remember the local magistrate in their prayers. Such an entreaty would have given Jacob Tirado courage to found the *kehillah* Beth Ya'acob about 1600 (PT. BT 449–60 = 57–68. SG 5. Pi 50). It seems likely that the authorities would have been aware of the existence of this clandestine Jewish community. The Portuguese merchants discovered at prayer were certainly not living as Jews; they were Marranos unaware of the fact that what might be safe in the Peninsula or in the southern section of The Netherlands was dangerous in Holland, where all subjects of the king of Spain were objects of suspicion. In all probability the practice of Judaism in Amsterdam was not proscribed, but limited. From 1598 Jews could purchase citizenship, but were not allowed to inherit. Gradually the authorities adopted a more lenient attitude (PT. BF 622).

At the turn of the century, after the informal authorization to live as Jews, the freedom to profess their faith was granted in 1615 in a curious way. Two rough drafts of a set of regulations for "the Jewish nation"—one by Hugo Grotius—were rejected, and the decision was taken that each town make its own arrangements. In this way the rights granted the Jews could not be given to Catholics and dissenters such as Lutherans, Presbyterians, and

Armenians, i.e. Calvinist dissenters led by Jacob Harmensz, who gave a more tolerant interpretation of the doctrine of Predestination, according to these words from the Bible: "Everything is provided and liberty given" (Oe. 24. SG 8–11. PT. ScP 90–91, 98). Though the Jewish freedom of expression brought profit to the town, the Calvinists of the Reformed State Church, not quite at ease with the situation, zealously advocated their compulsory conversion. As a measure of appeasement, the liberal burgomasters forbade preaching against the Christian faith, proselytizing, and intermarriage. At the same time the middle classes were satisfied with the exclusion of Jews from their trades. Applying modern standards to the kind of freedom enjoyed by the Sephardim would be unjust, but it is safe to say that up to this time such rights were unheard of: they were not proscribed, there was no *numerus clausus* to the number of their marriages, there was no Jew tax or life toll, and, like anybody else, they could acquire possessions. They engaged in commerce necessary to their religious practices, wholesale trade, and new industry such as sugar and diamonds not yet covered by guild regulations.

The Jews of Brazil had large sugar plantations and helped the Dutch to conquer Bahia in 1624, a fact alluded to by Lope de Vega in *El Brasil restituido*. When the Dutch were expelled from Recife in 1654, the Jews spread all over America: the Antilles (Curaçao, St. Eustace), the Wild Coast (Essenquebo, Surinam, Cayenne), New Amsterdam/New York, and Newport. The help offered by the Sephardim to the Dutch in Brazil made unassailable their position in Amsterdam, the more so since they maintained vital commercial links with the Mediterranean area and were joined by highly qualified crypto-Jews from Morocco, Italy, Salonica, and elsewhere. In 1639 the three synagogues, founded ca. 1600, 1616, and 1618, settled their differences and combined into one community, Talmud Torah, a new synagogue being completed in 1675. The *kehillah* was governed by a *Mahamad* of almost unlimited power, composed of six Parnassim and one Gabay (treasurer). In 1657 the members obtained limited Dutch citizenship, and to them Amsterdam became the Jerusalem of the North or the small Jerusalem (BF 273, 566, 603–7. SG XIV 14–15, 34, 47–49, 59. Oe. 24. G 45, 49, 59. FB 186. FF 163).

The freedom of expression held by all citizens of Amsterdam applied also to the Jews. As early as 1612 the first prayer-book in Spanish appeared; Hebrew was a language not sufficiently understood by most members of the community, particularly the women (PT. SG 42).

Then, too, there was a large number of books in lively contact with the main currents of Peninsular and French literature, such as *Los siete días de la semana* (1611), a Spanish prose adaptation of Du Bartas's extraordinarily popular poem *La Semaine* (1578) (Ca.).

Manasseh ben Israel (1604–1657)

This first literary work of the Sephardic community (1611) made no direct reference to The Netherlands, although it was dedicated to the founder of the first Amsterdam synagogue (Pi. 50–51); but the prevailing feeling toward the country offering refuge was one of indebtedness. That this is not a false impression is apparent in a sonnet by David (or Rehuel) Yesurún, born in Lisbon. About 1599 he reverted to Judaism in Leghorn, Italy, and after arriving safely in Amsterdam harbor at an unknown date, he gave thanks to God for being "libre de Golfo, y de enemigo tanto" (BT 466=74. Cf. Ka. 53). He is best known for his *Diálogo dos montes*, a play performed in 1624 in the Beth Ya'acob synagogue (ScP 34). Similar feelings appear in the *Gratulação* (Congratulation), a booklet in all probability identical to the speech Manasseh ben Israel delivered as rabbi and head of a Talmud school, when on May 22, 1642, the Prince of Orange Frederic Henry, in the company of the Queen of England, visited the synagogue Talmud Torah. Manasseh spoke in Portuguese—his native tongue and the everyday language of the community—for the reason that the United Provinces were still at war with Spain. The rabbi revealed his attitude toward the conflict by comparing William the Silent's struggle against the *tiranías cruelísimas* of Spain with the liberation from Syrian despotism of Judea by the Maccabees (MG 5). The allegory is significant because, just as with the brave priest Mattathias and his five sons, the war for independence started by William I was continued by sons Maurice and Frederic Henry. In 1629 when Frederic Henry besieged the town of Belduque (Bois-le-Duc, 's-Hertogenbosch), the Amsterdam *haham* (precentor)

Joseph Salom had Elsevier in Leiden print the translation of a prayer in which heaven's aid for the Prince was besought (BF 460). Manasseh saluted Frederic Henry as the besieger Grol (Groenlo) of Wesel, Mastrik (Maastricht), Breda, and the main part of Brazil (Pernambuco, Bahia, etc.) where the Prince favored Jewish immigration. Since the Sephardim no longer felt themselves to be subjects of Spain and Portugal, Manasseh, on their behalf, offered his lord all possible help.

> Poys não ja a Portugal, e Espanha, mas a Holanda, por patria conhecemos. Não ja a os Reys de Castella, ou Lusitania, mas a os Nobilissimos Estados, e a Vossa Serenissima Alteza (de cujas felices e victoriosas armas somos protegidos e amparados), reconhecemos por Senhores. (MG 7. Cf. BF 273–4, 499)

It is evident, then, that they felt like Dutchmen long before 1657 when citizenship was bestowed upon them. By that time some 400 Sephardic families lived in Amsterdam, and their position seemed safe enough to encourage Peninsular Jews to send huge amounts of money to their coreligionists in Holland, funds they wished to save from Inquisitorial avarice (SG 52, 85. BF 642, 455. SO 30. F 42). Some of the wealthier Jews spent large sums to benefit the House of Orange. Francisco Lope Suasso showed his support of the ruling house by having his portrait painted holding an orange. His allegiance was not just a symbolic gesture; in 1688, according to unofficial reports, he lent the prince, without receipt, two million guilders to help in his successful bid for the English crown (J 73. BF 585).

Manasseh ben Israel was imbued with Dutch patriotism, love for Israel, and a religious faith of strong Messianic character. He believed that the promised return of Jews to their homeland would occur as soon as they were dispersed in every part of the world; he worked, therefore, to gain entry for his people to England whose gates had been closed to them since 1290. He sent his *Mikweh Yisrael. Esto es Esperança de Israel* (1650) in English translation (1651) to Parliament and drew Cromwell's attention. He was granted permission in 1655 to visit London to plead his cause, and although he lost, Cromwell later permitted the Jewish entry (BF 275–8, 524, 529–530. MC 16. Ka. 70); the Lord Protector allowed several Jewish families to settle in London in 1657, the year of Manasseh's death. A community formed, developed undisturbed, and elected rabbi Jacob Sasportas as the first leader (SG 50–53).

In his *Esperança* Manasseh adduced the authority of Dutch scholars such as geographer Abraham Ortelius, jurist Hugo Grotius, philologist Goropius Becanus, and Iuan Hugues Linschot, i.e. Jan Huigen van Linschoten, the Dutch Hakluyt (ME front matter, 105). He theorized that the discovery in America of an Indian tribe practicing Jewish rites portended the approach of the Messianic age which could not reach fulfullment until the Jews were admitted into England (V 22). His theory was apparently confirmed by Daniel Montezinos, who, on his return from South America, told him of Jewish tribes among the Indians (FF 156, n. 61). His strong inclination toward allegorical interpretation inspired him to assemble biblical passages in order to throw light on the future spiritual leadership of his people.

In *Piedra gloriosa*, a book of small size (7.7 x 12.8 cm) printed by Elsevier in 1655, Manasseh began with Nebuchadnezzar's dream as related by the prophet Daniel, where a statue with feet partially of clay was smashed by a falling rock that became a great mountain filling the whole earth. According to Daniel's interpretation, the rock represented the Messianic Kingdom of God sent to destroy all temporal kingdoms. Manasseh firmly believed that Jacob's head had rested upon this very stone when he saw the Angelic Ladder reaching to heaven and that the same stone had killed Goliath. In Daniel's vision of the four beasts, the Messiah, surrounded by the heavenly hosts, stood in prayer before the Throne of God (L 96–97. V 21. BF 530). In his efforts to foster good relations with the gentiles of Amsterdam, this liberal rabbi dedicated the work "Al muy noble y doctíssimo Señor / ISACO VOSSIO, / Gentil hombre de la camera / de su Magestad, LA REYNA de SVEDIA" (illustrated in some copies by four Rembrandt etchings); and he expressed approval of the Gentile efforts to meditate about the Bible. It was his view that the pious of the world would share the blessings of the coming age; those countries which welcomed Jews, even if forced at a later date to evict them, would be recipients of God's grace. And he listed such hospitable monarchs as the Austrian emperors, the king of Poland, the duke of Tuscany, and:

239

Vltimamente que loores bastantes, y palabras sufficientes, pueden parangonar con la que deuemos a los muy Altos, y Poderosos Señores Estados generales, y benignissimo Magistrado de Amsterdam, que no queden muy diminutas. Cierto no se puede encarecer la clemencia con que somos protegidos: ni el amor, afición, y fidelidad de los nuestros con esta República.

Finally, Manasseh acknowledged the protection granted to the Jews by the Popes themselves and made note of the daily prayer in the synagogue for the preservation of their patrons (MP 242–9). The entire work breathed an irenic, ecumenical spirit that only a minority in seventeenth-century Holland could understand.

In 1626 Manasseh founded in Amsterdam the first Hebrew publishing house, and between 1627 and 1657 some seventy titles in Spanish were printed. In order to reach a wider readership he added works in Portuguese and Latin. This excellent preacher and productive writer maintained cordial relationships with famous Christian scholars as well as with the queen of Sweden, and his theological, apologetic, and historical works—even though of rather average content—were highly regarded (Ka. 68. BF 526, 638–9. ES II 149. F 43).

His principal work without doubt is the *Conciliator* (1632–51) in four parts, the first appearing in 1633 in the Latin translation of Dionysius Vossius. Its attempt at resolving biblical contradictions was generally admired, but the influence of the orthodox Calvinists caused the States of Holland to refuse Manasseh's dedication. Although he made his points in moderation, Vossius called his arguments somewhat contrived, and the work found small favor. The extreme tolerance of the final distich of a poem contributed by Professor Barlaeus to Manasseh's *De creatione* (1636) that was included caused great indignation: "Though we think differently, let us live for God as friends; may a scholarly spirit be appreciated everywhere. Believe this, Manasseh, as well as I am a son of Christ, thou shalt be a son of Abraham" (BF 478–9. Cf. 526–7. MC 20). The friendship of scholars like Barlaeus and Dionysius Vossius (brother of philologist Isaac Vossius) is explained by the fact that Barlaeus was his correspondent and Dionysius Vossius a student in his Hebrew class (SG 36). The rabbi was the typical "soul in litigation"; he felt strongly attracted not only to the traditional, cabalistic Zohar, but also to the Church fathers and the Latin and Greek philosophers (PrA 20. F 42. BF 529. FF 155).

Manasseh's liberalism was apparent also in his broad interpretation of the second commandment "Thou shalt not make unto thee any graven image." True Jewish orthodoxy permitted only semiabstract ornamentation, but the Sephardim, as a result of their rather intensive contact with the humanist renaissance, had narrowed the meaning of this commandment to: "Thou shalt not represent thy God" (F 44). Many title pages of his publications show a pilgrim as a printer's mark, and two works—*Esperança* and *Eliem*—include portraits (Ka. 70. BF 475). And he went even further: he had his own portrait painted by Govert Flinck (V 27), and etched in 1642 by Salom d'Italia and in 1636 by Rembrandt, who lived opposite his house in the Jewish Broad Street (L 50, 52. BF 476). Manasseh even asked for Rembrandt's cooperation on the *Piedra*, but their joint effort was an uneasy arrangement. Repeated revisions in the plates had to be made; for instance, the statue in Nebuchadnezzar's dream exists in five different forms, and in the plate depicting Daniel's vision of the four strange beasts the representation of the Almighty is replaced by an oval nimbus. Very few copies of the edition with the four Rembrandt etchings are extant; his plates were rejected and illustrations by an unknown artist substituted, either before publication or after the book had found its first purchasers (L 98–101. BF 476).

Since Dutch Jews were not required to live in ghettos, a Jewish quarter developed naturally in the neighborhood of the synagogue. Rembrandt lived there. He made use of the quarter's inhabitants as models for his biblical paintings; in fact, one-fifth of his portraits are of Jews (L 37), but identification of individuals is at times difficult. *The Jewish Bride* is not the likeness of the poet Miguel de Barrios and his wife, as has been asserted. The artist, in 1647, used Dr. Ephraim Bueno as the subject of one of his most famous etchings—the sorrowing doctor descending a flight of stairs (F 41. ES I 85. SG 37. W 128); and he gave to Manasseh the dreamy eyes of a visionary (N 44). The cultured Dr. Bueno supported Manasseh's publishing house and his interpretation of the second commandment; he was not only a physician but also a poet, translator, founder (with Abraham Pereyra) of a scientific academy, and composer of the earliest Jewish prayerbook printed in Amsterdam (BF 511, 657. ES I 85. L 49. FF 26).

Rembrandt is said as well to have painted the young Baruch Spinoza in the portrait of the Jewish student that hangs in the Cleveland Museum. It can be dated in the period when Spinoza lived near Ouderkerk, outside Amsterdam. Cursed and excommunicated for his secular views by the Mahamad—and at its request by the Amsterdam authorities—Spinoza was forced, in 1656 at age 24, to leave his parents' home. His works were condemned in Holland and they remained misunderstood and unappreciated for many years after his death. Spinoza called Holland "mea patria," praised her tolerance, denounced the selfishness and narrowmindedness of those ministers who prevented the progress of free thought, hated all forms of despotism, clearly saw the dangers of a status quo policy, and argued the case for democracy. He was not fluent in Dutch, but made use of a letter book for writing to his Dutch friends in their language. His library had some few Dutch books and many Hebrew and Spanish works; he was at home with the Spanish literature of his time, particularly with supposed Marrano authors like Góngora, Pérez de Montalbán, and Gracián (PrA 21. V 42–43, 48. DV 100–1, 131, 137, 149–150, 155–9, 176, 198–9. SG 55–62).

Abraham Pereyra

There existed in the Sephardic community various shades of religious opinion: orthodoxy, as defended by Morteira and Orobio de Castro; rationalism and freethinking, as advocated by Uriel da Costa and Spinoza and rejected by the majority; cabalistic doctrine, as accepted by Miguel de Barrios, Aboab da Fonseca, and the main body of the community; and a kind of liberal Messianism, as proposed by Manasseh ben Israel (BF 704–5. SG 55. Ka. 81–82. PrA 21). This last trend became very strong among Amsterdam Jews when, in 1665, the exploits of the false Messiah, a Smyrna Jew Sabbatai Zevi (1626–1676) were publicized. Even after Zevi's capture by the Turks of Constantinople and his forced conversion January 1, 1666, he continued to have followers, among them rabbis, in Amsterdam. In fact, the community was divided into two hostile camps. Rumor spread that this same year the Messiah would reveal himself in full glory and establish the domination of Israel over all the other peoples on earth (DV 140–1. SG 85–89. BF 635).

One of Zevi's most important followers was Abraham Pereyra, alias Tomás Rodríguez Pereyra—a change of name intended to mislead the Inquisition (SG 83)—an important tradesman and sugar producer, who had been born in Madrid to Portuguese parents. He founded and paid for a Yeshiva or Talmud school in the Sephardic community, the management of which he entrusted to Manasseh ben Israel. A practicing Zionist, he founded and subsidized a school at Hebron. He set off for Gaza in 1666 to meet the Messiah. He recorded in *Espejo de la vanidad del mundo* (1671) the arrival in Germany of two rich Jewish families from Amsterdam (i.e. Pereyra and friends) traveling in a coach filled with gold, who, with the help of troops from his friend the Bishop of Munster and other officials and of Jews in several German towns, escaped with their lives and wealth, eventually to reach Venice where they gave up the Gaza project (PrA 17–20. Ka. 87, 279. Pe. 96). In one of the more original chapters of this moralistic treatise, he relied heavily, without mentioning his sources, on such Spanish authors as Fray Luis de Granada, Fray Diego de Estella, and Quevedo in his praise of Dutch charity toward the needy (Pe. 225–6). Pereyra then praised the Ashkenazi for the manner in which they cared for their poor in several charitable foundations such as Gemîlût Hasadîm (Charitable Deeds, 1639); Maskil el Dal (Concern for the Helpless, 1671); and 'Avôdat Haḥesed (The Holy Deed, before 1683) (MR 35–36. FF 173–7). These institutions flourished around the spacious new synagogue inaugurated August 2, 1675, which in style and splendor resembled Solomon's temple.

José Penso de la Vega (1650?–1692)

The literature dealt with so far was more or less inspired by religious themes. Belles-lettres in the narrow sense of the word were not cultivated, a situation that changed in 1676 with the founding by Manuel de Belmonte, alias Isaac Nuñes, of a poetic society, the Academia de los Sitibundos. Belmonte, one of the richest and most influential members of the Amsterdam community, was appointed agent-general in 1664, and in 1674 resident of the king of Spain in The Netherlands (cf. SG 99–100); and in 1673 the emperor named him Count of the Palatinate, a title that was probably not confirmed. The Academia, of which José Penso de la Vega was president, held competitions and had female associates such as Isabel Correa and the Madrid-born Isabel Enríquez (Co. SG 70. DV 31. Ka. 39). Belmonte served as head of the juried competitions, and Marranos like Ishac de Rocamora, former confessor to the Empress of Austria, served as judges. In 1685 Belmonte founded a literary debating club, the Academia de los Floridos (ES I 19, 59. ScP 26), of which José Penso de la Vega was secretary (VCN II 6, 11–12, 18).

In his witty *Rumbos peligrosos* (1683) Vega grouped three entertaining Cervantine moral tales (BF 504. SG 69. D 226, 269 n. 11). The second story, entitled *Retrato de la confusión y Confusión de los retratos*, dedicated to the Spanish ambassador Belmonte: "RESIDENTE en las PROVINCIAS UNIDAS DE HOLANDA" (VR I 2. VCN II 12–13, 15), compared Leonardo's state of mind as he struggled with his anxieties to a slow-flowing river: "entre los Galos y Belgas tan caudaloso en las corrientes, y tan canteloso en las borrascas, que no pareciendo que se mueve, nadie juzga que se navega por él con peligros" (VR 137). Here Vega may be alluding to the Dutch proverb of the tranquil waters with deep and dangerous currents, or to the Spanish saying: "del agua mansa me libre Dios." The location of the river between Roman Gallia and Belgica reveals classical influences; the Roman Belgica was situated more to the south than is modern Belgium, with the result that the river in question might well be the Samera or Somme. Yet as slow-flowing rivers with dangerous currents were characteristic of the Low Countries, he might well have had in mind the Amstel River near Amsterdam's Jewish quarter. Since the short stories were printed in Antwerp by a Christian, it seems evident that Vega expected the Amsterdam rabbis to refuse to allow publication. Indeed, Miguel de Barrios had been obliged to find in Brussels a printer for his books of verse that were filled with allusions to love affairs and the pagan gods (PrS 24). Neither did the Mahamad like the performances of Spanish plays written by members of the community for staging in the Amsterdam theaters. Such worldly Jews were not willing to renounce the good things of life their ancestors or they had enjoyed in the Peninsula. Vega himself was said to have moved to Antwerp in 1684 because of severe attacks on his *Vida de Adán*, but, then, any literary treatment of biblical themes was subjected to harsh criticism. His *Discursos académicos, morales, rethóricos y sagrados* (1685), with Antwerp as the place of publication on the title page more likely to be Amsterdam (VCN 17), were read in the Amsterdam Academia de los Floridos.

The best-known Spanish prose work by the Amsterdam community of this period was Vega's *Confusión de confusiones* (1688), a witty description in picturesque language of the transactions of the Amsterdam stock exchange. The dialogues among a philosopher, merchant, and shares dealer, in a baroque, sometimes bombastic style, alternated with contemplations, mythological references, and quotations. His aim was to warn investors against fraud in the trading of shares, i.e. the selling of unowned goods with the intent of buying at lower cost before the day of delivery, an act forbidden as early as 1610. Persons owning no shares placed spies everywhere to uncover trade secrets, spread false rumors, and manipulated prices in order to insure their own profits. Such jobbers with little or no investment of personal funds turned over more tons of gold than many important merchants combined.

Not all such jobbers deserved their bad reputation, and Vega was milder in his judgment of such jobbers than were Dutchmen like Muy van Holy. It was Vega's purpose to demonstrate the sound core of the market, for everyone, directly or indirectly, was involved in it, particularly the Jews of Amsterdam and those established in London. When in 1688, the very year of the publication of the *Confusión*, regular exchange dealings began in the British capital, there began a decline in the Amsterdam market. The London system in use today is reminiscent of the seventeenth-century Amsterdam market, and Vega's book, a condensation of the Portuguese Jewish experience in that trade, may well have contributed to its success (VCN II, 18–31, 36–39). Stockjobbing required imagination and spirit, in fact a gambling instinct, that attracted Jews to the profession.

Of all the books published in seventeenth-century Holland the *Confusión de confusiones* reveals best a knowledge of the

Dutch world. Vega's spelling and explanations were not always perfect, of course, and in the market's hectic atmosphere a kind of hybrid language developed where Dutch words adopted Spanish endings. In his portrayal of Dutch character he avoided the commonplaces of Spanish Golden Age literature that emphasized excessive eating and drinking; he saw the Flemish as phlegmatic, he rebuked the pride of the British and the arrogance and blasphemous language of the Spanish, but he always spoke with the greatest respect for the members of the House of Orange. The patriotic feelings of the Sephardim reached a peak when William III, Prince of Orange of the United Provinces of The Netherlands, and King of Great Britain tried and managed in 1690 to establish his power in Ireland and Scotland. Prayers were offered in the synagogue for his successful campaign (FH II 246), and Vega dedicated to the monarch a panegyric, *Retrato de la prudencia y Simulacro del valor* (1690), filled with conceits in the style of Spanish poets. William III, hero of the day in his fight against the imperialism of the French king, is compared to David, and Louis XIV, foe of both Holland and England, to the unaccountable Saul. The seven arrows in his allegory, inspired by those in the coat of arms of the United Provinces, symbolized the unity, love, and speed of William's acts to safeguard his realm (VRe. 53, 89).

In *Ideas posibles* (1692), a collection of short stories of unusual style, Vega returned to the novelistic genre. In his dedication to the Portuguese ambassador in the United Provinces, he demanded that the sovereignty of the republic be with parliament and not with the stadtholder. His pun on the word *La Haya* (The Hague, the beech tree, and the subjunctive of *haber*) welcomed the ambassador to the Dutch residence town (VI 8–9, VCN II, 18).

Conclusion

Gratitude for liberty, however limited, prevailed among the Amsterdam Sephardim. Theirs was a sincere attitude, not one imposed by a community fearful of displeasing the governmental authorities. They did not appreciate Calvinist attempts to convert them by means of persuasion or financial help (ZH 130); Spinoza made a clear distinction between the broadminded rulers of the state and the narrowminded preachers of the state church. No ruling Prince of Orange ever failed to visit the synagogue at least once, and the Portuguese Jews always professed love for the dynasty. In the prayer *Hanôten* heaven's blessings for the Dutch government are still invoked (SG 96. BF 457). Yet in spite of all their sufferings in the Peninsula, the Jews yearned for its warm climate and cultural atmosphere, and they retained Spanish and Portuguese as their everyday languages (ScB 158). Their knowledge of Dutch was poor or nonexistent, but they helped Dutch translators of Spanish *comedias* to make a contribution to the theater (SG 103–4. PrS 31). In the centuries that followed, the development of Spanish literature among the Sephardim in The Netherlands came to a standstill as they gradually mastered the language of the country; some even became great authors of Dutch literature. Only a minority of their descendants survived the Holocaust. Yet the synagogue of 1675 remains intact; and in the beautiful buildings that surround it like a protecting wall is housed the 25,000 volume library of Ets Haïm. The almost complete holdings are at the disposal of scholars from all over the world (PS 68. FB 189). This oldest Jewish library still in existence is a living memorial to the most northern outpost of Iberian literature in the seventeenth century and one of the most captivating chapters in the cultural exchange between The Netherlands and Spain.

Breda, The Netherlands

Notes

Am.   Amsterdam.

BF   *Geschiedenis der Joden in Nederland.* Eds. Hk. Brugmans and A. Frank. Amsterdam: Holkema, 1940.

BNM   Biblioteca Nacional. Madrid, Spain.

BT   "TRIUMPHO DEL GOVIERNO POPULAR. / en la Casa de Iacob ... PROEMIO / De los Primeros Iudios que concurrieron a la ciudad de Am." *Triumpho del Govierno Popular. / Y de la Antigüedad Holandesa.* / Dedicalo en el Año de 5443 [1682-3]. DANIEL LEVI DE BARRIOS. / A los muy Ilustres Señores Parnassim, y Gabay del Kahal Kados Amstelodamo (s.l.n.f.). Ets Haïm, 2 F 9. The first numbers after BT indicate the handwritten page numbers of this copy, then those printed numbers of the Casa de Iacob.

Ca.   *LOS SIETE DIAS / DE LA SEMANA, / SOBRE LA CRIACION / DEL MVNDO.* / Por Josepho de Cáceres. Amstradama: Alberto Bouwmeester, 5372 [1611]. BNM, R 4657.

Co.   *EL / PASTOR FIDO, / POEMA / DE / BAPTISTA GUARINO. /* Traducido de Italiano en Metro/Español, y Ilustrado con / Reflexiones / POR / DOÑA ISABEL CORREA. / ... Amberez: Henrico y Cornelio Verdussen, 1694. BNM, R 3241.

D   E. Diez-Echarri y J. M. Roca Franquesa. *Historia de la literatura española e hispanoamericana.* Madrid: Aguilar, 1960.

DV   Theun de Vries, *Spinoza, beeldenstormer en wereldbouwer.* Am.: Becht, 1977.

ES   J. Meijer. *Encyclopaedia Sephardica Neerlandica.* 2 vols. Am.: Port. Is. Gem., 5709-10 [1948-50].

F   R. H. Fuchs. *Rembrandt en Amsterdam.* Rotterdam: Lemniscaat, 1968.

FB   L. Fuks and R. G. Fuks-Mansfeld. "De bibliotheek van de Portugees-Israëlitische gemeente Talmud Torah te Amsterdam in 1640." *Jaarboek Amstelodamum,* 70 (1983).

FF   Id. "Memorias do establecimento e progresso dos Judeos Portuguezes e Espanhoes nesta famosa cidade de Amsterdam. A Portuguese Chronicle of the History of the Sephardim in Am. up to 1772 by David Franco Mendes. Ed. with introd. and annotations by ... and a philological commentary ... by B. N. Teensma." *Studia Rosenthaliana,* IX, No. 2 (July 1975). The transliteration of Hebrew names in this article is done according to the ISO system used in FF 172-182; cf. FB 190.

FH   Id. *Hebrew and Judaic Manuscripts in Am. Public Collections.* 2 vols. Leiden: Brill, 1973.

J   J. C. E. Belinfante. *Joods Historisch Museum/Jewish Historical Museum.* Haarlem: Enschedé, 1978.

Ka.   M. Kayserling. *Biblioteca española-portuguesa-judaïca. Dictionnaire bibliographique des auteurs juifs, de leurs ouvrages espagnols et portugais et des oeuvres sur et contre les Juifs et le judaïsme.* Strasbourg, 1890.

L	Franz Landsberger. *Rembrandt, the Jews and the Bible.* Tr. from the German by F. N. Gerson. Philadelphia: The Jewish Publ. Soc. of Am., 1962.
MC	*Menasseh ben Israel, 1604–1657. Catalogus van de tentoonstelling georganiseerd door het Genootschap voor de Joodse Wetenschap en het Joods Historisch Musem.* Am., 1957.
ME	[In Hebrew characters, *Mikweh Yisrael*] *Esto es, ESPERANÇA / DE ISRAEL /* Obra con suma curiosidad compuesta / por MENASSEH BEN ISRAEL / Theologo, y Philosopho Hebreo. Am., 5410 [1649–50]. Ets Haïm, 18 G 28.
MG	*GRATVLAÇAO / De /* MENASSEH BEN ISRAEL, *Em nome de sua Nação, / Ao CELSISSIMO / PRINCIPE DE ORANGE / FREDE-RIQUE HENRIQUE, / Na sua vinda a nossa Synagoga / de T. T. / Em companhia da SERENISSIMA RAYNHA / HENRICA MARIA / DIGNISSIMA CONSORTE / Rey da grande Britannia, / França, e Hibernia. /* Recitada em AMSTERDAMA, aos / XXII. de Mayo de 5402 [1642]. Ets Haïm, 16 H 71[II].
MP	[In Hebrew characters *Eben Yekarah*] *PIEDRA GLORIOSA / O / DE LA ESTATUA / DE / NE BUCHADNESAR . . . /* Compuesto por el Hachem / MENASSEH BEN YSRAEL. Am., 5415 1655]. Ets Haïm, 21 H 27.
N	Neapolis. *Het leven van Rubens en Rembrandt.* Leiden: Sijhoff, 1947.
Oe.	T. Oelman. *Marrano Poets of the Seventeenth Century; an Anthology of the Poetry of João Pinto Delgado, Antonio Enríquez Gómez and Miguel de Barrios.* 1982.
Pe.	Abraham Pereyra. *Espejo de la vanidad del mundo.* Am.: Al. Janse, 5431 [1671]. Ets Haïm, 2 E 29.
Pi.	Wilhelmina Christina Pieterse. *Daniel Levi de Barrios als geschied-schrijver van de Portugees-Israëlietische gemeente te Amsterdam in zijn "Triumpho del govierno popular,"* Academisch proefschrift. Am.: Scheltema and Holkema, 1968.
PrA	J. A. van Praag. "Almas en litigio." *Clavileño,* I, No. 1 (Madrid, 1950).
PrS	Id. *Los sefarditas de Am. y sus actividades.* Madrid: Univ. de Madrid, Fac. de Filosofía y Letras, públicacion de la cátedra "Archer M. Huntington," 1967.
PS	M. C. Paraira and J. S. da Silva Rosa. *5376–5676. Gedenkschrift uitgegeven ter gelegenheid van het 300-jarig bestaan der Onderwijs-instellingen Talmud Tora en Ets Haïm . . . te Am.* 1916.
PT	*Portegiezen en Tedescos. Joods leven in Am. 1592–1796. Jewish Life in the Golden Age of Am. 1592–1796.* Joods Historisch Museum, Am. / Beth Hatefutsoth, The Nahum Goldmann Museum of the Jewish Diaspora, Tel Aviv, 1982.
S	H. P. Solomon. "The 'De Pinto' Manuscript. A 17th-Century Marrano Family History." *Studia Rosenthaliana,* IX, No. 1 (1975).
ScB	Kenneth R. Scholberg. "Miguel de Barrios and the Amsterdam Sephardic Community." *The Jewish Quarterly,* 53 (1962–63).
ScP	Id. *La poesía religiosa de Miguel de Barrios.* Columbus, 1962.
SG	J. S. da Silva Rosa. *Geschiedenis der Portugeesche Joden te Am.* Am.: Hertzberger, 1925.

SO   Id. "Over de verhouding tusschen Joden en niet-Joden in de Republiek der vereenigde Nederlanden gedurende de 17e en 18e eeuw." *Nieuw Israëlisch Weekblad*, 58, Nos. 5–9 (1922).

SR   Reprint and texts from the Library of the Portuguese Jewish Seminary Ets Haïm, Am. Vol. 1. *Narração da Vinda dos Judeos Espanhoes a Am.* With an introd. by J. S. da Silva Rosa, Librarian. Facsimile Print. Am.: Algemeene Handelsonderneming, 1933.

V   W. R. Valentiner. *Rembrandt and Spinoza. A Study of the Spiritual Conflict in Seventeenth-Century Holland.* Oxford: Phaidon Press, 1957.

VB   S. A. Vosters. "El simbolismo bíblico de Lope de Vega." *Lope de Vega y la tradición occidental.* I. Madrid: Castalia, 1977.

VC   *CONFUSIÓN / DE CONFUSIONES / Diálogos Curiosos Entre un Philosopho agudo, en Mer- / cader discreto, y un Accionista erudito / Descriviendo el negocio de las Acciones, / su origen, su ethimología, su realidad, / su juego, y su enredo.* / Compuesto / por Don Iosseph de la Vega, / Que con reverente obsequio lo dedica / al Mérito y Curiosidad / Del muy Ilustre Señor / Duarte Nuñez da Costa. / En AMSTERDAM: Año 1688, ed. facsimilar, Artes Gráficas Soler. Valencia: Saetabis, 1977.

VCN   *CONFUSIÓN DE CONFUSIONES / VAN / Josseph DE LA VEGA / Herdruk van den Spaanschen tekst met Nederlandsche vertaling / Inleiding en toelichtingen door / Dr. M. F. J. SMITH / vertaling door Dr. G. J. GEERS. WERKEN / uitgegeven door: de Vereeniging / Het Nederlandsch Economisch-Historisch Archief / gevestigd te 's-Gravenhage.* 2 vols. 's-Gravenhage: Nijhoff, 1939.

VD   *Discursos / ACADEMICOS, / Morales, Rethóricos, y Sagrados, / Que recitò en la florida Academia / de / Los Floridos / Don Iosseph de la Vega ... / EN AMBERES / Año MDCLXXXV.* BNM, R 10.697.

VI   *IDEAS POSSIBLES / De que se compone un curioso ramillete / De fragantes flores. / Cultivadas, y cogidas, / Por Don Joseph de la Vega.* Amberes, 1692. Ets Haïm, 2 G 22.

VR   *RUMBOS PELIGROSOS, / Por donde navega con título de Novelas / la çosobrante Nave de la Temeridad / temiendo los Peligrosos Esco- / llos de la Censura. / SVRCA A ESTE TEMPESTVOSO MAR / DON JOSSEPH DE LA VEGA, / ... EN AMBERES / Año MDCLXXXIII.* Ets Haïm, 15 E 30. BNM, 2–43.551.

VRe. *RETRATO / De la PRUDENCIA / Y / SIMULACRO DEL VALOR / Que en obsequioso Panegírico Consagra / AL AUGUSTO MONARCHA / GUILLERMO TERCERO / REY DE GRAN BRETAÑA. Don Joseph de la Vega. / Impresso / En AMSTERDAM, / En la Emprenta donde tiene la Administración JOAN BOS, Aº 1690.* Ets Haïm, 20 E 75.

W   Chr. White. *Rembrandt as an Etcher. A Study of the Artist at Work.* London: Zwemmer, 1969.

ZH   Jac. Zwarts. *Hoofdstukken uit de geschiedenis der Joden in Nederland.* Zutphen: Thieme, 1929.

ZS   Id. *The Significance of Rembrandt's The Jewish Bride.* Amersfoort: Van Amerongen, 1929. Brochure Rosenthalianum, Univ. Library Am. 4º E 29.

Tabula Gratulatoria

Frederick de Armas
Sylvia Bowman
Alicia de Colombí-Monguió
Bruno M. Damiani
Amelia Agostini de Del Río
Glen Dille
John Dowling
Nancy Jo Dyer
Susana Redondo de Feldman
Margit Frenk
*Dulce María Hernández de García
Marie-Lise Gazarian
Michael E. Gerli
Esperanza Gurza
Warren Hampton
Francis Hayes
Daniel Heiple
Everett Hesse
The Hispanic Society of America
George A. Huck
Carmen Iglesias
Ronald G. Keightley
Lawrence H. Klibbe
Kathleen Kish
David and Ruth Kossoff
Arlene Lakin
Rafael Lapesa
Joseph Laurenti
Myron I. Lichtblau
Raymond R. MacCurdy

Carroll E. Mace
Thomas Martínez
Oleh Mazur
Thomas Montgomery
Alton Moore, Jr.
Margherita Morreale
Catherine Perricone
Robert Piluso
Helena Percas de Ponseti
Kurt Reichenberger
Elias and Georgina Rivers
Enrique Rodríguez Cepeda
María Brey de Rodríguez-Moñino
Elena M. De Jongh de Rossel
William F. Smith
Joseph Snow
Margaret Pol Stock
Cecil G. Taylor
Robert ter Horst
Mercedes Tibbits
Frank L. Trice
University of Puget Sound
    Frank Peterson, Dean
A. Julian Valbuena
Kenneth Vanderford
Simon A. Vosters
Gerald E. Wade
Bruce W. Wardropper
Duane L. Wetzler
Ann Wiltrout

* The friends and colleagues of Dulce María were greatly saddened by her tragic death, September, 1985.

251

Scripta humanistica

Published Volumes

1. Everett W. Hesse, *The "Comedia" and Points of View.* $24.50.
2. Marta Ana Diz, *Patronio y Lucanor: la lectura inteligente "en el tiempo que es turbio."* Prólogo de John Esten Keller. $26.00.
3. James F. Jones, Jr., *The Story of a Fair Greek of Yesteryear.* A Translation from the French of Antoine-François Prévost's *L'Histoire d'une Grecque moderne.* With Introduction and Selected Bibliography. $30.00.
4. Colette H. Winn, *Jean de Sponde: Les sonnets de la mort ou La Poétique de l'accoutumance.* Préface par Frédéric Deloffre. $22.50.
5. Jack Weiner, *"En busca de la justicia social: estudio sobre el teatro español del Siglo de oro."* $24.50.
6. Paul A. Gaeng, *Collapse and Reorganization of the Latin Nominal Flection as Reflected in Epigraphic Sources.* Written with the assistance of Jeffrey T. Chamberlin. $24.00.
7. Edna Aizenberg, *The Aleph Weaver: Biblical, Kabbalistic, and Judaic Elements in Borges.* $25.00.
8. Michael G. Paulson and Tamara Alvarez-Detrell, *Cervantes, Hardy, and "La fuerza de la sangre."* $25.50.
9. Rouben Charles Cholakian, *Deflection/Reflection in the Lyric Poetry of Charles d'Orléans: A Psychosemiotic Reading.* $25.00.

10. Kent P. Ljungquist, *The Grand and the Fair: Poe's Landscape Aesthetics and Pictorial Techniques.* $27.50.
11. D. W. McPheeters, *Estudios humanísticos sobre la "Celestina."* $20.00.
12. Vittorio Felaco, *The Poetry and Selected Prose of Camillo Sbarbaro.* Edited and Translated by Vittorio Felaco. With a Preface by Franco Fido. $25.00.
13. María del C. Candau de Cavallos, *Historia de la lengua española.* $33.00.
14. *Renaissance and Golden Age Studies in Honor of D. W. McPheeters.* Ed. Bruno M. Damiani. $25.00.
15. Bernardo Antonio González, *Parábolas de identidad: Realidad interior y estrategia narrativa en tres novelistas de postguerra* $28.00
16. Carmelo Gariano, *La Edad Media (Aproximación Alfonsina).* $33.00.
17. Gabriella Ibieta, *Tradition and Renewal in "La gloria de don Ramiro"* $27.50

Forthcoming

* Carlo Di Maio, *Antifeminism in Selected Works of Enrique Jardiel Poncela.* $20.50.
* Philip J. Spartano, *Giacomo Zanella: Poet, Essayist, and Critic of the "Risorgimento."* Preface by Roberto Severino. $24.00.
* Juan de Mena, *Coplas de los siete pecados mortales: Second and Third Continuations.* Ed. Gladys Rivera. $25.50.
* Barbara Mujica, *Spanish Pastoral Characters.* $25.00.
* Susana Hernández Araico, *La ironía en tragedias de Calderón.* $25.00.
* *Estudios literarios en honor de Gustavo Correa.* Eds. Manuel Durán, Charles Faulhaber, Richard Kinkade, T. A. Perry. $25.00.
* Francisco Delicado, *Portrait of Lozana: The Exuberant Andalusian Woman.* Translation, introduction and notes by Bruno M. Damiani. $33.00.

* Salvatore Calomino, *From Verse to Prose: The Barlaam and Josaphat Legend in Fifteenth-Century Germany.* $28.00.

* Darlene Lorenz-González, *A Phonemic Description of the Andalusian Dialect Spoken in Almogía, Málaga - Spain.* $25.00.

* Juan de Mena, *Coplas de los siete pecados mortales: Second and Third Continuation.* Ed. Gladys Rivera. $25.50.

* Maricel Presilla, *The Politics of Death in the "Cantigas de Santa María."* $27.50.

* Zelda I. Brooks, *The Poetry of Gabriel Celaya.* $26.00

* Jorge Checa, *Gracián y la imaginación arquitectónica* $28.00

* Pamela S. Brakhage, *The Theology of "La Lozana andaluza.* $27.50.

* George Yost, *Pieracci and Shelly: An Italian Ur-Cenci.* $28.50

* Gloria Gálvez Lira, *María Luisa Bombal: Realidad y Fantasía.* $28.00

* *Studies in Honor of Elias L. Rivers*, Eds. Bruno Damiani and Ruth El Saffar. $25.00

www.ingramcontent.com/pod-product-compliance
Lightning Source LLC
Chambersburg PA
CBHW020810100426
42814CB00001B/8